毓 老 师 说

孙子兵法

爱新觉罗·毓鋆 / 讲述

陈絅 / 整理

花山文艺出版社

图书在版编目（CIP）数据

毓老师说孙子兵法 / 爱新觉罗·毓鋆讲述；陈綑整理. —
石家庄：花山文艺出版社，2019.6（2020.8重印）
ISBN 978-7-5511-4651-7

Ⅰ.①毓… Ⅱ.①爱… ②陈… Ⅲ.①兵法－中国－春秋
时代－通俗读物 Ⅳ.①E892.25-49

中国版本图书馆CIP数据核字(2019)第102189号

书　　名：**毓老师说孙子兵法**
讲　　述：爱新觉罗·毓鋆
整　　理：陈　綑

责任编辑：贺　进
责任校对：林艳辉
美术编辑：胡彤亮
装帧设计：棱角视觉
出版发行：花山文艺出版社（邮政编码：050061）
　　　　　（河北省石家庄市友谊北大街330号）
销售热线：0311-88643221/29/31/32/26
传　　真：0311-88643225
印　　刷：三河市嘉科万达彩色印刷有限公司
经　　销：新华书店
开　　本：880×1230　　1/32
印　　张：13.75
字　　数：300千字
版　　次：2019年8月第1版
　　　　　2020年8月第2次印刷
书　　号：ISBN 978-7-5511-4651-7
定　　价：68.00元

凡例

一、本书系根据毓老师在书院多次讲授《孙子兵法》综合整理而成。毓老师所用教本为《孙吴兵法太公六韬》（夏振翼纂订，包国甸校对），台北夏学社于 1981 年 3 月在台北印行。原书名《增订武经批注》。

二、《孙子兵法》原典文本以宋三体呈现，如"将不听吾计，用之必败，去之"；每篇前之夏振翼总论、【批】【注】【解】均以细黑体呈现（【注】【解】中所引历代兵家言、兵书解，均一一标出），如"始，初也"。毓老师讲述以宋一体呈现，字词解释、引文出处以括号楷体表示。《武经七书》中《施氏七书讲义》注解，摘录部分以参究之，以细黑体呈现。

三、为帮助大众深入阅读起见，师尊讲述文中有关背景或需进一步说明部分，则另起行，以仿宋体呈现或以脚注体现。参考网络及相关著作者，略交代出处，有的以脚注体现，有的于正文以仿宋体体现。如有疏漏之处，尚祈指正。

·目录·

孙子本传

姜宝曰：苏老泉云，《孙子》之简切，其十三篇只二字尽之。

毓师曰"简切"，简又切，切要，说："你写的玩意儿不切题。"

《孙子》之书本于兵，兵之术非一，而以不穷为奇，宜其说者之多也。

不穷为奇，所以解释《孙子兵法》(下简称《孙子》)的说法太多了！

按七书首《孙子》者，以行兵之法，惟《孙子》为最精，诸家皆莫及也。

《武经七书》，第一本就是《孙子兵法》，以《孙子兵法》为最精，诸家皆不及。

《汉书·艺文志》称《孙子兵法》八十一篇；杜牧亦谓武书数十万言，魏武笔削之，以成此书。然《史记》两称《孙子》十三篇，且文词贯穿，当为全书无疑，非笔削者也。要之，明仁义、使机权，其大略云。

"明"与"使"，为动词。"仁义"与"机权"相对。

明的是仁义，使的是机权。也就是说，《孙子兵法》大略四个字：仁、义、机、权。所以，《论语》说："可与适道，未可与权。"

"可与适道"是什么境界？"可与权"是什么境界？明理不难，知所以用理之为难。明理，就达于适道的境界；知所以用理，才是可与权的境界。

孔子于兵，自云："我战则克。"以此取《孙子》可知也。是故孙子而不当孔子已耳，孙子而当孔子，则必引而附之。

战则必克，"无所不用其极，无入而不自得"，这都是孔子说的话，我常说比法家还法家，可怕不可怕！

我这么一讲，把孔子讲得不是闭着半只眼睛了！这成了什么样的人？他说，我战，战则必克。

孔子"集大成"，就是这么集大成的，他也法孙子。

世传《孙子》十三篇，其言或不尽传，大要与《管子》《六韬》《越语》相出入。

说《孙子》一书，现在传的不一定是完整本。

那么，《孙子》的境界是多高多低？《孙子》的地位是什么？地位多高？说《孙子》一书的地位，大抵和《管子》等这些书相等。

这个认识还不够深刻，因为他的智慧不够高。

遂拟以《论语》《易》大传之流。

《孙子》的地位是什么？说拟于《论语》《易经》大传，一流的。《易》大传是什么？就是《易经》的《系辞传》。

三代王者之师，司马九伐之法，昭如两曜，安所取诡道用之？是不然也。

什么叫两曜？就是日月。昭如日月，你怎能说兵法都是诡示之道？

孔子尝相其君，会夹谷矣，逆揣齐变，而具左右司马。兵莱夷，万世而下，慕为神武。

"神武"，即《易经·系辞传》所谓"聪明睿智，神武而不杀"。"民胞物与，天下一人；聪明睿智，神武不杀"，我们从这些打出去，则"战无不克"。

易而深，畅而可用，《论语》《易》大传之流。

都是《论语》《易》大传之流。《孙子》为什么和《论语》与《易传》相提并论？

盖唐杜牧之喜论兵，其论武大略："用仁义""使机权"。因备注以发其意。

仁、义、机、权，在注里都有。

"苏洵揣摩《孙子》，最为得力，故仿之为权书，一句一义"，说苏洵解释兵法，是"一句一义"。"一句一义"，我以为太笨了！

我这个书是"一字一义"，我的不传之密就是"一字一义"。所以，我这六十年绝不会白费了！

你们要辩经，如希腊人，真理愈辩愈明。辩什么？就辩怎么用，不是讲得高深。是怎么用孔学，不是怎么讲孔学。还讲孔学？古书讲得多好，就是我们看不懂。

你要懂得怎么用，就证明你看懂了。为什么读那么多书，什么都用不上？就因为你一件也没懂。

谨按：此系师尊于 2007 年 4 月 1 日讲授《增订武经七书·孙子本传》，时师尊高寿 102 岁，犹头脑清晰，析理精湛，条理分明，言简意赅，弥足珍贵。

孙武，字长卿，后人尊称其为孙子或称孙武子。春秋末期人，生卒年月不详，约和孔子同时。

孙武祖妫满，被周朝天子册封为陈国国君（今河南东部和安徽一部分，都宛丘，今河南淮阳）。因为陈国内部发生政变，孙武直系远祖妫完乃携眷逃至齐，投奔齐桓公；到齐国后，齐桓公见他仪表堂堂，言谈不俗，有经天纬地之才，又是陈国公子、虞舜帝后裔，于是就让他担任管理百工（全国所有手工制造业）的"工正"。

妫完在任职工正期间，不仅帮助齐国完成了"工盖天下""器盖天下"的争霸目标，据传还组织人编订了《考工记》（后被收入《周官》，作为《冬官考工记》）一书，齐桓公便赐给他一些田庄。陈完食邑于田，改姓田（《史记·田敬仲完世家》载，田完死后，谥号敬仲）；

后来娶齐大夫懿仲之女为妻，家世逐渐兴旺，富贵盈门，成为齐国望族。子孙世代都是齐国大官，传至田和时，进一步列为诸侯，其子田平进而取代齐国，成为史上所谓的"田齐"。

田完后代子孙田无宇，承田氏家族尚武遗风，以勇武著称，力大无比，受到齐庄公宠爱和器重，官至大夫，并赐封采于齐国莒邑（孙武出生地）。田无宇有二了：田开（武子）、田乞（厘子）和田书。田开没有官职，是平民布衣，曾为齐景公登台鼓琴，是齐国有名乐师。田乞为齐国大夫，在政期间，暗施小惠，收取赋税时，用小斗；放贷给民众时，用大斗，行德政于民，收取民心。从此，田氏深得民众爱戴，归之如流水，田氏家族日益强盛。田书为齐国大夫，颇具军事才干，因为领兵伐莒（今山东莒县）有功，齐景公封以乐安采地，并赐姓孙氏，因此，田书又称孙书；孙书儿子孙凭，即孙武父亲，为齐卿，成为齐国君主以下的最高一级官员。

由于生长于贵族家庭，孙武有优越的学习环境，得以阅读古代军事典籍《军政》，并闻知伊尹、姜太公、管仲用兵史例，加上当时战乱频繁，兼并激烈，他的祖父、父亲都是善于带兵作战的将领，从小耳濡目染，这对少年孙武的军事培养是非常重要的。但孙武生活的齐国，内部矛盾重重，危机四伏。齐景公初年，左相庆封灭掉右相崔杼。接着，田、鲍、栾、高四大家族又联合赶走庆封。

田氏的支系子孙司马穰苴（田完后裔，又称田穰苴。官拜大司马，由此被称为司马穰苴，春秋时代齐国将军、大夫、军事家、军事理论家。战国初期，齐威王命令大臣追述古代的司马兵法，同时也把司马穰苴的兵法附入其中，称《司马法》）因战功被任命为大司马，因田氏势力扩大，高张、国夏惧而流言，司马穰苴被免官。田乞立志要除掉高氏和国氏。内乱日甚一日，齐国公室同四大家族互相矛盾，四大家族之间又互相争权夺利，斗争愈演愈烈。孙武不愿纠缠其中，遂远奔他乡，另谋出路，寻求施展自己才能的机会。

当时，南方吴国，自寿梦称王以来，联晋伐楚，国势强盛，颇有新兴气象。大约在齐景公三十一年（前517）左右，正值青春年华的孙武，毅然离开乐安，告别齐国，长途跋涉，投奔吴国。

孙武到吴国后，便在吴都（今苏州市）郊外结识了从楚国而来的伍子胥。两人十分投缘，结为密友。此时吴国正处于动荡不安中，两人便避隐深居，待时而动。

公元前515年，吴国公子光利用吴国伐楚，国内空虚之际，用专诸袭杀吴王僚，自立为王，称阖闾。阖闾即位后，礼贤下士，任用伍子胥等一批贤臣，体恤民情，不贪美味，不听淫乐，不近女色，注意发展生产，积蓄粮食，建筑城垣，训练军队，大得民心，吴国呈现一派欣欣向荣景象。阖闾又注重求才，立志要使吴国更加强盛。

隐居吴都郊外的孙武，一边灌园耕种，一边写作兵法，并请伍子胥引荐。年仅二十五岁的孙武完成旷世兵书——《孙子兵法》十三篇，他带着这十三篇晋见吴王。吴王阖闾对孙武作品极为欣赏，知孙子能用兵，爱拜为大将。孙子以三万兵，西破强楚二十万兵，北威齐晋，显名诸侯。

因《孙子兵法》一书，孙武声名鹊起，被誉为"兵圣"，也称"武圣"。

吴王阖闾十二年（前503），孙武见阖闾日益专横，生活糜烂，沉溺于酒色，不纳臣谏，遂以回国探亲为由，隐遁山林，从此不知其踪。

《汉书·艺文志》载："兵权谋家吴《孙子兵法》八十二篇，图九卷。"八十二篇中的十三篇著于见吴王前，见吴王后又著问答多篇。唐代流传的《孙子兵法》，共三卷，其中十三篇为上卷，还有中、下二卷。

曹操熟读兵书，现传世的曹操《孙武十三篇注》是最早的注本，也是目前有关整理、注释《孙子兵法》最早也最重要的底本。曹操行军用师，大较依孙吴兵法，因事设奇，应敌制胜，变化如神。

曹操《孙子略解序》中评关于《孙子兵法》"训说况文烦富"，应包括吴《孙子兵法》八十二篇中"十三篇"之外的各篇在内。杜牧《注孙子序》中说："武所著书，凡数十万言，曹魏武帝削其繁剩，笔其精切，凡十三篇，成为一编，曹自为序，因注解之。""削其繁剩"，应包括十三篇之外的六十九篇，"笔（校、注）其精切"则指十三篇。曹操只注十三篇，称《孙子略解》，因而使其得以广泛流传，其余则因其"烦富"且"未得旨要"，而陆续散佚。曹操《孙子略解》问世，标志着《孙子兵法》真正进入了注解的时期。曹注重文字训解，但他本人又是军事家，更重实际运用，因此，其注理论性、实践性兼备，对后世有重大影响。魏晋南北朝时期除了曹注"孙子"之外，还有东吴沉友撰《孙子兵法》、贾诩《钞孙子兵法》，曹操、王凌集注《孙子兵法》、张子尚《孙武兵经》《孟氏解说》等。从目前所见到的这一时期的注解内容看，其注文大都比较简略，偏重文字训诂，表现了《孙子兵法》早期注解时期的特点。

宋吉天保《十家孙子会注》，十家指曹操、李筌、杜牧、陈皞、贾林、梁孟氏、梅尧臣、王晳、何延锡、张预。

《宋史·艺文志》录有吉天保辑《十家孙子会注》，又名《孙子十一家注》《十一家注孙子》《孙子集注》。此书最初名为《十一家注》，十一家是指三国曹操、梁孟氏，唐李筌、贾林、杜佑、杜牧、陈皞，宋梅尧臣、王晳、何延锡与张预。清代毕以珣认为，十一家注中不包括杜佑，因为杜佑并没有为《孙子》一书作注，只是在作《通典》时，对所引《孙子》书中文句作了训释。辑成年代不详，刊于南宋孝宗年间（1163—1189），最早著录于尤袤《遂初堂书目》，分上、中、下三卷。此书宋、明、清代版本颇多，并有日本宽文年间刊本和朝鲜枫山官库活字本，以清孙星衍校本《孙子十家注》刊印和翻刻最广。

1935年，中华学艺社影宋刻《武经七书》本。丁氏八千卷楼（八千卷楼，清朝浙江杭州丁丙私人藏书楼），藏刘寅（明刘寅，善于经文史书，著有《三略直解》）《武经七书直解》影印本。

《武经七书》集中了中国古代兵书的精华，被自宋以后的历代统治者视为武学经典；至于宋以后的历代名将和学者，更将《武经七书》视为必读必研之书。历代为之作注或疏解者竟达六十余

9

家，其中最具代表性的有宋施子美的《武经七书讲义》、明刘寅的《武经七书直解》和黄献臣的《武经开宗》、张居正的《武经七书》、李贽的《七书参同》以及清朝朱墉《武经七书汇解》、夏振翼《增补武经三子体注》、鲁经《武经大全标题会解》、陈玖学《七子兵略评注》等。这一现象，说明《武经七书》对中国古代军事思想的发展产生了重要影响。

1972年，出土竹简本——汉初抄本，为现今为止最早的版本。

1972年4月，山东省临沂银雀山一号汉墓中出土了四千九百四十一枚竹简，发现其中有两部兵书，一部是《孙子兵法》，另一部是《孙膑兵法》。孙膑，战国人，是孙武的后世子孙，与商鞅、孟轲同时期。《孙子》书简三百余枚，整简每枚长27.6厘米，宽0.5—0.9厘米，厚0.1—0.2厘米。简上的文字全为隶书，用毛笔蘸墨书写，字迹有的端正，有的草率，显然不是出自一个人的手笔。每简字数多少不等，整简每枚多达四十多字。是现存的最早版本，也是十分珍贵的一部竹书实物资料。

《孙子兵法》可谓才子书，其思想影响所及，已超越军事范围，更是博弈策略经典之作，应用于棋艺或运动竞技上。《孙子兵法》不仅在世界军事领域发挥着重要的影响力，对政治、经济、商业、人事管理及市场策略，甚至家庭教育乃至个人自我开蒙等，都具有指导意义，颇值得人手一本，终生读之，可以从中汲取智慧，祛愚昧，去迷惑，建立一个智慧而光明的人生。

施子美:《管子》曰:凡攻战之道,计必先定于内,然后兵出乎境,是以先计后战……此《始计》之所由首也。

"始",开始的第一步;"计",十言为计。作事谋始,遇事,都必合计合计。

"知行合一",非马上做,中间必经过合计的功夫。问:"闻斯行诸?"答:"有父兄在……"言外之意,叫他回去商量商量,合计合计。每个人不同,因材施教。

必因己之长短训练自己。别人长短,与你无关。成就事业非易事,应研究其何以成何以败。以此作为训练自己的入手处。因人的短处,都差不多。

《孙子兵法》传入日本,备受推崇,日本人拼命念,战后用于商场上,但是他们了解的境界低。日本对中国学问,勉强来说只有阳明学谈得上懂。因为文化不同,真了解一文化不易,就如同我们在国外十几年，但也未必真懂得别国文化。每一个国家都有其高明之处，想学到一定境界不易。

求智慧时，必要有信心，"心诚求之，虽不中，亦不远矣"（《大学》）。心诚则灵，只要有信心，就如老太太错将猪骨头当佛骨拜，因为有信心也会拜得发光。

世路人情皆学问，人生就是跑接力，学做事才能历练，经验愈多，得的愈丰富。《孙子》真要有所得，必熟，熟才能玩味。时常玩味，年龄愈大，体悟愈深。智慧与年龄并进，熟才能生巧。玩味、体会，真明白才行，体验方知其难。应将《孙子》置于床头，读一辈子，一生受用不尽。

学多少不重要，不懂得用，没用。学，必要懂得怎么用。看书必细心才有用，学任何一东西必细心，心细了，学过的就能用，否则尽管读书也未必能用到事上。

一切事皆始于计，生死、成败、荣辱攸关之所在，修身、齐家、治国、平天下皆如此，天下事"一致而百虑，殊途而同归"（《易经·系辞下传》："天下何思何虑？天下同归而殊涂，一致而百虑"）。方法有别，及其成功，一也。

在"计"时，要先计失败，而非计成功，因为失败的事能处理好即智慧。有机智，如诸葛亮使"空城计"，可以善后，还可以要一阵子；如无机智，则时过境迁，就到此结束了。

大凡成功的人，乃是下过真功夫的。做事能够成功，莫不是有其远因、近因，绝非凭空而来，突发而至，所以平时就必须有万全的准备，一如诸葛亮能"借东风"，因他平日对天文早有研究。所以要多读有用书，常识愈丰富愈好，因为不知哪一天就用上了。

读书，熟了才能生巧，融会贯通了智慧才用得上，自"敬事而信"入手。敬，本义恭敬、端肃。引申为敬事、敬业。恭在外，敬存心，《论语·宪问》"修己以敬""修己以安人"，《学而》"敬事而信"；《礼记·曲礼》"毋不敬"。

《大学》曰："知止而后有定，定而后能静，静而后能安，安而后能虑，虑而后能得。"遇事，要冷静，才能达"定、静、安、虑、得"，真静了，才能用智慧。

聪明是天生的，但是智慧可以培养，要用古人的智慧，启发自己的智慧。书有古今，智慧无古今，运用之妙存乎一心。

读《孙子》，必要懂得怎么详细思维。读古书，不要存有神秘感，前人立说，绝不会故意和后人捉迷藏。历代帝王只要自家儿孙读明白，对别人则实行"愚民政策"，以保住自家江山万万年。所以，要读历代帝王儿孙读的书，不要读御用文人写的书，哪代都有八股，哪代都愚民。读书是要学习解决问题的智慧，要"智周万物，道济天下"（《易经·系辞上传》云"知周乎万物，而道济天下"），以"裁成天地之道，辅相万物之宜"（《易经·泰卦》："后以财成天地之道，辅相天地之宜，以左右民"）。

始，初也。

"始"，不是"始计第一"吗？
"始"是什么？初也。《说文解字》（下简称《说文》）的解释。应自字本义了解一字，始不同于初，万物之始，非万物之初。

"初"从哪里来？就是"元"。"大哉乾元，万物资始乃统天"（《易经·乾卦》），有始，才有初，羲皇，人文元祖；黄帝，人文初祖。《易·讼》称"君子以作事谋始"，做事必谋始，慎始才能诚终。《易·既济》曰"初吉终乱"，日中则昃，日落西山。

计，算也。

"计，算也"，此解不对。

计，十言为计，十者物之成。遇事找人商量商量，即计。

"算"，竹、目、廾。"竹"头，昔用竹简；中"目"，有纲有目；"廾"，非一遍，必经多遍。造字本义：双手操持着竹枝或竹签计数。《说文》云："算，数也。从竹从具。"从竹者，谓必用筹以计也；从具者、具数也。筹定，将二十个细目笔之于书，是实计得出的结果，可以付诸实行的。

"算"，有面对的东西。"计"，为面对的东西。中国字的结构，智能的产物。真读一本书，费时，每字都必认识。昔先识字，再读书。先读小学，真懂字，才知其深义。不深知，就得不到真智慧。

都说"你这个人计算得很好""算计得很好"。"计算"和"算计"，不是一件事。筹、筹、策，一也。

"策"，竹束，简也，连编诸简乃名为策，即将竹片一条一条地捆在一起。划策，将决定的事笔之于书。如《治安策》《教战守策》《战国策》。

"谋"，言某，二人对议。《说文》称："虑难曰谋。"《尔雅·释言》云："心也。谋虑以心。"《尚书·洪范》云："聪作谋。"出谋，乃提出自己的主张。

"韬"，《说文》云："剑衣也。"《广韵》云："藏也。"弓或剑的套子。韬略，用兵的谋略，如太公《六韬》，姜子牙的兵法就叫韬。常赞美一人，说"这人很有韬略"。"韬"和"略"有什么区别？

"略"，田各，一块田画成四等分，各自经营，《说文》云："经略土地。"经略，经营天下，略有四海。凡举其要而用功少皆曰略。谋略，张良受黄石公《三略》，分上、中、下三略。

"猷"，《尔雅·释诂》云："猷，谋也，言也。"《尔雅·释言》云："猷，图也，可也。"引申为鸿猷、计划、谋划。

算，竹、目、廾。算定，将二十个细目笔之于书，是实计得出的结果，可以付诸实行的。

经过计、策、谋、韬、略、猷后，所得出的"算"，乃兵之全胜也。

言欲兴师动众，君臣必先订计于庙堂，而后决胜于千里。

"师"亦"众"，但与众不同，如乌合之众。有组织即成师，"师，贞""师出以律"（《易经·师卦》）。两者分别在有组织与否。想成功，必有组织之智，大小事一也，过家亦然，有组织就不易散。

何以人人羡慕的家庭，男女孩长大后，家却散了？旧社会，家庭组织以"孝"为本，为信仰；社会组织以"忠"为信仰。"忠"乃维护众人的利益，高于"孝"，必要时要尽忠，忠孝不能两全。

成事与成功为两回事，成功是有始有卒的，但不易，"有始有卒者，其唯圣人乎"（《易经·乾卦·文言》），卒业、卒岁。

"庙"，宗庙，议政之处；堂，朝堂，施政之处。以现在而言，就叫政府。

欲兴师动众，君臣必先"定计于庙堂"。庙堂议政，比君前会议还重要，如宣战、投降等大事。庙，太庙，皇帝的家庙，也有陪祀，如开国元勋、世袭罔替的大臣，皆有世爵。国有大事，事关生死，有世爵的都在一起开会，无人敢在祖宗面前不说真话，不表忠心。在庙堂议完，然后于朝廷施政。国如亡，世爵也没了，人皆自私！袭侯，亡国也没了。所以，真智慧、真牺牲都拿出。

一东西之胜利，取决于什么？庙算胜。议政的结果，得出计策、谋略，而后"决胜于千里之外"。千里，形容词。《中庸》"知远之近，知凡之目"，皆用智慧的境界与分寸。

祖宗留下丰富的遗产：计、策、谋、韬、略、猷。

计，乃兵之先着也。

"着"，下棋落子。落一个子，叫一着。"先着"，就是第一着。无论做什么事情，要是不懂什么是第一着，永远不会成功。赢了，别人就说"你就这一着高明"。

"计，乃兵之先着也"，练把式，出招。事未做之前，必先好好合计，此乃理事之第一着。遇事，未合计就做，不行。办事在求成功，非跑百米。

做事必知其所以，故必计算。"计，乃兵之先着也"，可见做一事得用多少思想。处事不经大脑，怎能不失败？自一个人的一举一动，即可知其成事与否。

权、巧、应、变，是应变的四步功夫，第一就是权，第二就是巧。为什么要用"权"和"巧"？为了应当前、面前之变。面前之变是什么？就是无备之变，亦即无预之变。例如在屋里什么都计好了，到那边开会，往里一坐，全盘都变了，要以权、巧应未备之变、应未预之变。

"算，乃兵之全胜也"，算，花费多少。即使全盘皆输，也得算一算。事情盘算好了，因为经过计、谋、策、略了，乃没有问题。但是战争没有胜负，胜负只是美其名而已，胜负双方的损失皆不可胜计。所以不到生死攸关时，决不可以轻言战。

计所指，盖兵之体要所在。

"计"，第一着；"算"，在后面，结束后才算。"计"与"算"，为两回事。

什么叫"计"？说这个人很有计策，很有计谋。

"计"，就是"兵之体要所在"。有计谋，有韬略。"计"和"谋"，"韬"和"略"，有何不同？有何关系？

十三篇言制胜之略详矣，实托始于此。

制胜之略，兵之体要，计、策、谋、韬、略、猷。

"托"字，托始于此。

中国的智慧在"智、仁、勇"三步骤完成。智者不惑于欲，因为"智者利仁"，智必以义控制之，"义者，宜也"（《中庸》），即恰到好处；仁者爱人，仁者无不爱，故仁者不忧己私；勇者见义必为，能不惧人势。

用兵不以此始，则荀兰陵（荀子）所谓后世无本统之兵，胜不胜无常者也。故《孙子》十三篇，以《始计》为第一。

好好悟，到最后我们绝对"战无不克"。

做事必重视大本，"物有本末，事有终始，知所先后则近道矣！"（《大学》）终始，终而复始，生生不息。事情是没完没了的，家务事永远有。做事时，何者先做何者后做，懂得层次了，才能事半功倍。人生是跑接力的，学做事才能历练。学得经验，有智慧加上经验，才能应事、应世。

此篇分两截看，各有结语。前结以计之得失分胜负，后结以算之多少分胜负；中间过脉处，谓"为之势以佐其外"。

"为之势"，造势，系客观环境。要造人为之势，在我们外边作辅助。"为之势以佐其外"，谁支配谁？用人为之造势，以辅佐其外。

我那时候，没有钱就去干事，完全是用人为之势以佐其外。

用现在话来说，就是利用"机"来制造环境。

夫后为佐之者，则前其主之者可知已。

你要不知环境，你就没有方法造人为之佐。

以篇内前半为胜之主，后半为主之佐，盖经、权互用之义也。

从哪儿来的？就从"经、权互用"，运用得妙来的。

经主常，故计所指者，其数五。权主变，虽所列亦止八事，而万变宗焉，不可穷以数也。

"经"，为常道，人人皆懂，跟着做；"权"，主变，因利能制权，变但反经而不失道，不违背人性。

"万变宗焉"，"穷则变，变则通，通则久"，穷、变、通、久。

"不可穷以数"，告诉你了，那上面数是假的。勉强说个数，无数可计。

故归之多算。通篇大旨，在"计算"二字。

"多算胜，少算不胜"，就在"计算"两个字啊！

前后各具一"胜负"，中间特揭"佐"字，分言之而合同之也。

注意！中间特别揭发出来一个"人为之佐"，那个"佐"字，注意！

夫经权互施，端末孰见，胜负宁有两耶？盖理不分不明，而用不合不神也。

什么叫"神"？"民咸用之，谓之神。"（《易经·系辞上传》）

欲擒故纵，做任何事都必用此一智慧，如谈恋爱时，不能丢盔卸甲。善其始，才能诚其终。

夫妻相处，必"相敬如宾"。

《左传·僖公三十三年》记载，晋大夫臼季出使外国时，经过冀地，看到冀缺（郤缺别名）在田里除草。他妻子给他送饭时，两人以礼相待，相敬如宾。《后汉书·梁鸿传》载，梁鸿家贫却有才学，不愿出仕，和妻子在乡间隐居，过着自力更生、男耕女织的生活。当他们一起进餐时，妻为具食，不敢于鸿前仰视，举案齐眉。

"敬"，敬事、敬业，对任何事必认真，发真。"知止，而后有定、静、安、虑、得"，乃成就事业的真功夫。近代史自曾文正之后，成功的有几人？非做官即成功。

人都喜欢对方尊重，不喜欢人家说长道短，所以要懂得做人之道，不可以时常刺激别人。做一切事，必守分寸，分就是分，寸就是寸，不能超过。

学者率以"计算"二字合言之，何以处两结语？乃世将守常而不知合变，用权而至于拂（违背）经，非其相佐之旨。此既失之不分，彼复失之不合，去《孙子》远矣！

这段你们明白了，和《孙子》就近了！还用多？就这一套，我们就百发百中。

看看人活着的趣味，智慧、才能就在下棋。不就是下棋嘛！我天天坐着，闭着眼睛晃，既要成佛，又要成圣，还要成能，人的贪心多大啊！所以我告诉你们，《吴子兵法》《六韬》都要再印，我劝你们好好读，虽然不能成大业，但是也不会白活一辈子。看看天下之大，所要成的事之多，那就看你有没有智慧了。

人生最重要的是要过智慧生活，即"安于仁"，造次、颠沛皆必于是，不论在流离失所之际，或是在生活困顿之时，都必须过智慧的生活。"富贵不能淫"，就是富贵了也不过分，有所逾越；"贫贱不能移"，虽在贫贱下犹不改变自己之所守；"威武不能屈"，即在人势下亦不能屈服。在任何环境都不改变自己，为所当为，不失己之志。

任何事都得用脑，有了想法，即有智慧，但是用智慧中间得经过多少步骤才能完成？否则即是妄想。所以，就是盘算好了也未必就成功，还要看是否真正了解客观环境，亦即"势"。做事，天时、地利、人和，三者缺一不可。

孙子曰：兵者，国之大事、死生之地、存亡之道，不可不察也。

【批】揭一篇之冒。

【注】用兵乃宗庙社稷所系，圣主贤臣再三致谨，方令举行，故

为"大事"。"死生"，民之死生也。"存亡"，国之存亡也。"地"，谓战阵之所，不胜则死于此，胜则生于此。而国之存由得其道，国之亡由失其道也。

刘寅曰：孙子开口，辄致叮咛，有其难其慎之意，盖以为君与将者不可不臧其谋也。

【解】通义：首言"大事"，足征《孙子》用兵之慎。

《论语·述而》曰："子之所慎，齐（斋，祭也）、战、疾。""兵者，凶事也"，唯有中国人才有这么深的体验。

《老子·第三十一章》云："夫兵者，不祥之器，物或恶之，故有道者不处。君子居则贵左，用兵则贵右。兵者，不祥之器，非君子之器，不得已而用之，恬淡为上。胜而不美，而美之者，是乐杀人。夫乐杀人者，则不可得志于天下矣。吉事尚左，凶事尚右。偏将军居左，上将军居右。言以丧礼处之。杀人之众，以哀悲泣之；战胜，以丧礼处之。"《孟子·离娄上》称："善战者服上刑，连诸侯者次之，辟草莱、任土地者次之。"

"兵"，𠬪，象双手持斤（斧）。本义：兵器，武器。《说文》云："兵，械也。"以人执兵亦曰兵；引申为战事，包括兵源、兵力、兵备，皆国之大事。

"大"，大，是顶天立地的成年人。《说文》云："天大，地大，人亦大。"引申为无偶，故最为重要。中国字最难用的是引申义。古书，每字皆有深义。读书，每字都要注意。后用引申义，多忽略本义。读古书必自文本读，才能深入。得到好处，能不读书？

施子美：兵之为国之存亡也，兵之所系如此其重，则人君之举兵，可不深思孰察而审计之乎？

"死生之地"：人与国的生死，皆决之于兵。

"存亡之道"：存亡的方法。如何"存而不亡"？不可不好好研究研究。道，比方法境界高，不二法门。研究兵法，求如何"存而不亡，生而不死"。

施子美：察云者，盖量敌而进，虑事而举，惧其或失也。又云：察者，详视之谓也。

"不可不察也"："察"，《穀梁传》曰："常事曰视，非常曰观。"观详于视。《说文》云："覆审也。"察密于视，看得仔细。

"不察"，犹言忽略也。不可不详究，因为国家存亡亦在兵之道中求。

既"不可不察"，又如何察法？要经之、校之、索之。战争为国之大事、生死存亡之所系，故不可不察也。必先主动考虑，然后知己知彼，方能百战百胜。国家大事是实际的，实事，非做梦或祷告就能解决。

故经之以五事，校之以（七）计，而（能）索其情。

【批】总揭不可不察之要。

【注】经，常也，如《中庸》"九经"之经。五事，即下"道、天、地、将、法"是也。

通义曰："经之"者，理之也，"之"字，指兵事而言。

施子美：经以五事，此先自治之说也。计，七计也。既以五事经之于己，又以七计校之于彼，则胜负之理，可得而知，故可以索其情。

"经之以五事"，乃胜之道也。承上，总结不可不察之要。

"经"，名词，常也，常道；当动词，理也，是功夫。"经"，织纵丝，为大纲，亦即大本之所在；"纬"，织横丝，可显出织布之美。经纬天地，即"文"，亦即政事。

【解】陆萝雨曰："计"字原无定用，顾所指何如耳，故先指出"五事"以见计，而计可知矣。

"经之以五事"，此"经"当动词，是主动的。经之、营之，要知己知彼。遇事，好好经营、经理，慢慢地琢磨。

"校之以七计"："校"，考核，以实校之。"校"，同较，比较，较量，乃被动的，是功夫，有一相对的力量存在，作互相比较。如一布所织的时间不同，一校之下，好坏大家评。

杜牧曰：先须经度"五事"之优劣，次复较量"七计"之得失，然后可以探索彼己之胜负。

以实比实后，才生妙计。人每天皆以兵戎相见，乃斗智也，所以做事要"始于计"，不可以逞一时之快，而贻无穷之后患。遇事必"密察"，不要捡便宜。捡一时的便宜，造成终身之忧。记住：便宜与吃亏，乃是相对的，吃小亏占大便宜，贪小便宜吃大亏。

做事贵乎有组织、有步骤，即有既定之程序。想成功，必要有组织的智慧，大小事，一也。家庭过日子亦然，有组织家就不会散。"孝为德本"（《孝经》："夫孝，德之本也，教之所由生也"），旧社会的家庭组织是以"孝"为本，以孝作为信仰，家庭就不散。组织必须有信仰，而成功则必"有始有卒"（《论语·子张》），即要慎始诚终，做事不可以半途而废，有始无终。

指南："校计"是一层，"索情"又是一层，有一步紧一步之意，正"多算"之旨。

杨道宾曰：初计以索彼我胜负之情，乃通篇大旨。

"索其情"，"索"，当动词，搜，曲求也。"其"，兼言敌我。知彼己之情。"索之"，委曲以求全，曲求以求对方之情，真知敌。

十三篇一言以蔽之，在索兵之情。

委曲以求全。"曲求"二字最发人深省，表明用了很多术。想求一件事，不易达到目的，必磨炼耐力，牺牲自己而曲求之。在没有办成之前，完全是在"曲"的环境中求成功。想达目的必曲求，懂得曲才能伸，故大丈夫能"曲"能伸。委身于这个曲，是为了那个"全"，能曲方能伸以得全。"尺蠖之屈，以求信（伸）也。"（《易经·系辞下传》）做事如果粗心大意，又如何能曲求？愈是无知识、无智慧的人，愈是大而化之。

遇事必加以推敲，用事之前必详加密察，用脑。找一问题，绝非单刀直入可得，得自多方面搜集资料，作为参考，再做决定。自曲求以了解真情。

欲求得敌人之真情，"开门见山"往往难以达到目的，总得绕个弯（曲），慢慢地达到目的。做事要能"无所不用其极"（《大学》），即无论在哪个地方都要用最高的办法，才能"无入而不自得"（《中庸》），无论在哪个环境都能够自得其志。儒家乃是箭不虚发，百发百中，"知进退存亡而不失其正者，其唯圣人乎"（《易经·乾卦·文言》），一辈子也不吃亏。中间绝无一点"自欺"，皆自得也，别人是爱莫能助的。

处世之要道即"索其情"，曲求对方之情，故要下"通德、类情"的功夫。人世，高明者往往现诈情，而断情才能断苦。

一个人骄傲自大，一生不会有成就，注定失败。有成就的人必须谦虚，就是假的也必如此，"久假而不归，焉知其非真"（《孟子·尽心上》："久假而不归，恶知其非有也"），如光知重视自己，而忽略了别人，就会只剩下自己。"朋友之道，先施之"（《中庸》），必叫对方先得到好处。今天年轻人最缺少群德，美更不用谈了，看朱光潜《谈美》。

朱光潜（1897—1986）有《谈美》《美学原理》《给青年的十二封信》等书。朱学贯中西，博古通今。以自己深湛的研究，沟通了西方美学和中国传统美学，是中国美学史上一座横跨古今、沟通中外的"桥梁"，是我国当代最负盛名并赢得崇高国际声誉的美学大师。

在人面前摆一样子，别人也在你面前摆一样子。知道容易，行出可不大容易。

一曰道，二曰天，三曰地，四曰将，五曰法。

【批】列言五事之目。

施子美：此言五事之目，必有其序也。

【解】用兵，贵以有道伐无道，故"道"居一焉。

道（䭭），《说文》云："道，所行道也。"道，乃人人必经之路。《汉书·董仲舒传》："道者，所由适于治之路也。""恩信使民"，结之以恩，"小人怀惠"（《论语·里仁》）；"无信不立"（《论语·颜渊》），法不能行。

所谓"道"者，乃恩德信义，素孚于下，能使林林总总之民，亲爱君长，同心敌忾，虽与共死生可也，绝不以艰危而畏惧之。

用兵贵以有道伐无道。道、将、法，是人事。人和，"德不素积，人不为用；备不豫具，难以应卒"（《后汉书·桓谭冯衍列传上》）。人和为要。

《中庸》所谓"率性之谓道"，顺着人性，人人必经之路，"人同此心，心同此理"，上下同意也是人和。

《孟子·告子上》云："心之所同然者何也？谓理也，义也。圣人先得我心之所同然耳。"

"道二，仁与不仁。"（《孟子·离娄上》）以力不能服人，服人在克己，所以"克己复礼为仁"（《论语·颜渊》），能行仁、能服人则能和。人能和，先"立于不败之地"（《形篇》）。用兵要先立于不败之地，如何立？人"无信不立"。信不立，"徒法不能以自行"（《孟子·离娄上》）。

【注】上顺天时。

天（兲），《说文》称："天，颠也。至高无上。"本义，人头顶上方的无边苍穹。

【解】"顺天者存，逆天者亡"，故"天"居二焉。

所谓"天"者，如晦明风雨之变，祁寒大暑之月，辰日支干、孤虚往亡之类，不宜兴师而犯之。

《尚书》"天工，人其代之"，上知天文。中国人赞美天，老子说："生而不有，为而不恃。"孔子则说："天无私覆，地无私载。"（《庄子·大宗师》《礼记·孔子闲居》）

中国人的智慧完全是从"法自然"（《老子》第二十五章："人法地，地法天，天法道，道法自然"）来的。中国第一部法自然的产物是《大易》（即《易经》），伏羲画八卦，目的是要"通德类情"。

【注】下知地利。

地（坤），《说文》云："万物所陈列也。"广大疆野，地域，地基，地平线。

【解】"得地者安，失地者危"，故"地"居三焉。

以兵所在为中心，"得地者安，失地者危"。

所谓"地"者，于远近之里，则计其劳逸；于险易之势，则论其步骑；于广狭之形，则分其众寡；于死生之方，则筹其战守也。

自然环境有一中心点，以此分出方位、远近。
人都以自己的环境作为中心点，去处理周遭的事物。

【注】委任贤能。

主事者必有德，"贤者在位，能者在职"（《孟子·公孙丑上》）。

【解】"得全材者胜，不得全材者不胜"，故"将"居四焉。
所谓将者，必也先有料敌如神之智，诚一无欺之信，且有爱恤士卒之仁，摧坚陷阵之勇，更有整齐明肃之严，始可以为将也。

"将"，兵之首，以"料敌"为先，因"上兵伐谋"。

【注】节制详明。

效天运之轨，以施于人世（事）者。天、地，乃自然环境；道、将、法，则是人事。法，有国法，有家规，如《弟子规》。

《弟子规》原名《训蒙文》，是中国传统启蒙教材之一，清朝康熙年秀才李毓秀编，后经贾存仁修订改编而成。内容取自《论语·学而》："弟子入则孝，出则弟，谨而信，泛爱众，而亲仁。行有余力，则以学文。"三字一句，两句一韵。先《总叙》，再分《入则孝》《出则弟》《谨》《信》《泛爱众》《亲仁》和《余力以学文》，加以演述。列举为人子弟在家、外出、待人接物、求学等应有的礼仪和规范，特别讲求家庭教育和生活教育。

【解】"法行则士卒用命，法壅则士卒离叛"，故"法"居五焉。

所谓法者，队伍分部曲也，旗鼓定节制也；贵贱列官爵也，转运有道路也；事务责主掌也，器物资财用也。

"律者，所以范天下之不一而归于一，故曰均布也"（《说文解字注》）；"律者，所以定分止争也"（《管子·七臣七主篇》）；"师出以律"（《易经·师卦》），按应做的去做。"无规矩，不能成方圆。"（《玉篇》："圆曰规，方曰矩。规，正圆之器；矩，正方之则。"《庄子·马蹄篇》："圜者中规，方者中矩"）法详，明告明行。节制以明，节制详明。

天、地、人，三才之道，即始、壮、究、终（究）而复始。数始于一，终于十，成于三。三为成数。王者，通天、地、人之道。三画连一为王，即参通三才之道。《说文》云："王，天下所归往也。"董仲舒曰："古之造文者，三画而连其中谓之王。三者，天、地、人也，而参通之者王也。孔子曰：一贯三为王。"

下列言五事之目：此五者乃国之常事，不可稍忽。

兵事取胜于常政，不在取胜于疆场，有备无战，有战无胜，胜亦败也。胜负乃名词也，其伤亡一也，何胜之有？为国者可忽常政乎？

道者，令（使）民与上同意也，可与之死，可与之生，而不畏危也。

【批】此申言经之以五事之实。

【注】令，使也。同意，谓体君之心，从君之命，同患同仇也。畏，惧也。危，艰难也。

施子美：此言人君有道，可以得民之心也。

道，人人必行之路。《中庸》云："道也者，不可须臾离也；可离，非道也。"

在古文中，"人"是做官的，"民"则是纯百姓。"令民与上同意"，"同意"，下与上同意，愿意与领导人同生死，而不畏危，"说以犯难，民忘其死"（《易经·兑卦》），此为实际，非作文章。

"志，心之所主"，"唯上知（智）与下智，不移"（《论语·阳货》），上智之士，按己志干，成败不论，明知死，都去做，因上智不移，孔子"知其不可而为之"（《论语·宪问》）。脑子先冷静，再学智慧。中智之人，见异思迁。还必上智之士，中智之士学完，还帮人做坏事。希望你们整理、调整自己，自己先上轨道了，再求有所为。

【解】拟题镜："令"是潜移默化，日相忘于训行之中，不是用术以邀结之。

"潜移默化，日相忘于训行之中"，但非一日之工。
"性相近也"，上下一体，乃无所隔阂，才能情投意合。

题炬："令"字当重看，盖与上同导，共死生，不畏危者，虽在民，而令之权，实自上操也。

"先难后获"（《论语·雍也》），"先之，劳之"（《论语·子路》），结之以恩，以德治民，因为"小人怀惠"，所以"世路人情皆学问"。半时用钱不能浪费，到用时必用，"世路难行钱为马"，但"宁填城门（主事者），不可填壑沟（非主事者）"，否则为无底深渊，且不得其效。

做事的入手处——"通天下之志"，找志同道合的，而非以利合，因为"势利之交，无不凶终隙末"，没有好的结果。《中庸》称"凡为天下国家有九经"，其一"体群臣"也，不是用嘴说，而在行为。需要而有用，不在多少。

一个成功的人必是个超凡的人，成功非简单容易的事。最亲密莫过于父子、夫妻，如都未能同意，何况其他？不能使太太与你同意，最后的结果是"同床异梦"。必要有"德之行"。

道者，不言而民信，不倡而民应，故"可与之死，可与之生"。

"而不畏危"：死生，战争是死里求生。能为国效命，至此境界，则无敌，可以同生共死，可以临危致命，如刘、关、张"桃园三结义"。

但究竟要用什么道，可有此一结果？"贵通天下之志"（《易经·系辞上传》），志为人心之所主，故知民之好恶为入手处；由"通志"而"同志"，进而"贵除天下之患"（《春秋繁露·盟会要》），尽国家、社会责任。

事之不成，内奸最为可怕，必防之！知人难在此，故谓"知人者智"（《老子·第三十三章》）。

天者，阴阳、寒暑、时制也。

【注】阴阳，以向背言；寒暑，以冬夏言。时，谓辰日支干也；制，即孤虚旺相之属，五行相制克也。

施子美：此言在天有时，用兵者必顺乎天时也。

"天"，讲自然。"阴阳"，以昼夜言；"寒暑"，以冬夏言，会影响人的心理。"时"，谓天干地支；"制"，五行相制克也。

"太极"，中国人的智慧，不说空话。"太极生两仪"（《易经·系辞上传》），其作用在生。"两仪"，相对的，如善恶，黑白，阴阳……中国人不造谣。生十二个小孩，自己一点也没缺；如是分，一分二，二分三，则愈分愈少。说上帝造物，忙六天，累了，第七天休息，睡觉去了。此"生"与"分"之别。民族立说不同，智慧有别。

智慧的东西，必有智慧来接受。先好好调整自己，过智慧的生活。"富贵在天"，而非在人。观念必弄清，才知祖先是智者，不必造谣。去想，细分析，每字皆不落空。深思熟虑，中国智慧皆自自然界来，法自然。伏羲，仰观俯察，"近取诸身，远取诸物"（《易经·系辞下传》），画八卦。"人同此心，心同此理"，性相近也。《易》"易则易知，简则易从"，既容易，又简单。现最大的失策，把小孩教得都不会想。入了门，好好认真看。学了，必要能用，活用之。

施子美：时制者，乃因天之阴阳、寒暑之时而制之也。

始计第一

四时之运，相生相克。"时制"，以时制之。制，"孤虚旺相"，五行相生相克。旧黄历。黄道吉日出兵，以主帅时辰算。非迷信，是智慧。愈有智，愈能制势。中国人制势，御天：制势，控制一切环境；御天，"时乘六龙以御天"。以史、今、人为鉴，经验多，就明白。遇事如历史倒演，有成方子。历史为办事之成方子，如《史记》《三国演义》《资治通鉴》，要时常浏览。

1945 年 8 月 15 日，日本投降。国民党 10 月接收东北，穿美国配给的衣服前去；到东北，补给来不及，接收人员手脚皆生冻疮。国民党的情报人员连"时制"都不知，又如何作战？不论做什么，就是移民到海外，也必弄清楚再去，大小事皆如此。

站在今天，没有今天，就没有明天，要重视今天的事，才能求明天的事。读书，不是食古不化，贵乎用古人智慧，以启发自己的智慧。

地者，远近、险易、广狭、死生也。

【注】远近，以地里言；险易，以地势言；广狭，以地形言；死生，则以机言也。盖安营决胜之处也。

施子美：此言地有异形，而施其宜，乃可以用众矣。

"地"，地势，远近、险易、广狭；"死生"，以环境而言。此皆必具有分析、判断之智，方能临事即断。

"地"，自然环境，以兵所在为中心，而分出方位。中心点极重要，做事应先求重点，再看方位、远近，各有其利弊，由远近、险易、广狭，决定死生。

有生地，有死地，由此决定死生。置人于死地，看风水。但是他人的死地，可能是自己的生地，必要随时留心环境。计划做任何事，不可以忽视自然环境，必摸清楚了再去做。

相生相克。昔结婚，先合婚，合八字，讲生克。个人的八字，四柱：年、月、日、时。

将者，智、信、仁、勇、严也。

【注】智，明哲也；信，诚悫也；仁，慈爱也；勇，果敢也；严，威厉也。

施子美：计谋之士，非智不可，故先之以智。

智能发谋，以"智"冠下面四德。智者不惑于欲，智者利仁。将，必才德兼备。主持一事，必懂得用将才。

俗语说"千古文章千古贼"，同样，"千古智慧千古贼"，但智慧最难用。智者，必先有"自知之明"（《老子·第三十三章》），不以知人为智。人必自知，而后能知人，故曰"知己知彼"。至死不悟，乃因不自知也。儿子不听老子的话，老子必自己研究研究。

信能赏罚。人言为信，诚也。"信近于义，言可复也"（《论语·学而》）。人无信不立。信则不疑，军中"信"特别重要，无伸缩可言，朝令夕改就坏。军无戏言，军令如山。治军、为政贵乎立信，言出法随。但必信而有权，不能学"尾生之信"——愚信。

《庄子·盗跖》载，尾生与女子约定在桥梁相会，久候女子不到，水涨，乃抱桥柱而死。福州民间信仰：八爷为守信约，被水溺死；七爷见八爷抱桥梁而死，也先跳河、后上吊而死。七爷的形容是背着雨伞，吐着舌头；八爷则脸赤黑，面貌难看。为了尊敬他们为信义而死，建庙奉为谢将军和范将军。

仁能附众。《韩诗外传》云："夫兵之要，在附亲士民而已。"故"仁"乃为将五德之一。二人相偶为仁，"仁者，人也"（《中庸》）；"仁者，爱人"（《论语·颜渊》）；"仁者，无不爱也"（《孟子·尽心上》）；"仁者能爱人能恶人"（《论语·里仁》）。"为人君，止于仁"——为民之父母；"为人父，止于慈；为人子，止于孝"（《大学》）。

勇（勈），甬力，《说文》云："气也。"健。胆大无惧，勇能果断。勇者见义必为，勇者不惧人势，胆小不得将军做。

"严"，《玉篇》云："威也。"严能立威。公而无私，公然后能严。"严于司命"，最后决定。

"严"，要严于无形。《尔雅·释诂》云："严，敬也。"敬己，严己身，律己，有德。先试问自己："律己严否？"自此入手。律己不严，绝不能"严以律人"，因"其身不正，虽令不从"。"师严然后道尊"（《礼记·学记》）。

父亲称"家严"，家之所敬，能严己身，为家之所尊、所敬；母亲称"家慈"。严不易，自家儿女，明知不对，有无好好管？

国之败亡，必有许多远近因。谁近，用谁，坏！虽是学生，但并非皆能任事。

法者，曲、制、官、道、主、用也。

【注】曲，部伍有分也；制，形名有别也；官，偏裨校列，有职守也；道，粮饷辎重，有路径也；主，管库厮养，各司其事也；用，牛马器械，需用之物也。

"法"，古字"灋"。

古字"灋"，最早见于金文，字形由字形由" 氵（水）""廌（zhì）""去"组成。《说文》云："灋（法），刑也。平之如水，从水；廌，所以触不直者，去之，从去。"从水，平之如水；表示法律、法度公平如水；从廌，即獬豸，法兽，似鹿而一角，神话传说中的一种神兽，据说它能辨别曲直，在审理案件时，它能用角去触理曲的人。中国古代法官戴的帽子称"獬豸冠"。

法，方法，法则，刑法，法律，法度。法令，法典，法式。军令如山，言出法随。

律，按应做的事去做叫律。国为法律，家为家规。"没有规矩，不能成方圆"，以前就是两个人过日子，仍有所守，三餐一定。家如不完整，想使大团体完整，绝对办不到，大本不立。"家者，国之基也"，乃一国强弱之所系。

不必天天吵，应过得好些，不能管人，就管自己。不论做领袖或当家长，都必有德。"不恒其德，或承之羞"（《易经·恒卦》），必恒己德，始终如一，不是"日月至焉而已矣"。真正想做领袖，必先律己，即严己身，管好自己，率先垂范，"子率以正，孰敢不正"？此与做老大不同，必具领袖规范。

"官"，管也。做事，"先有司"，设官分职，各司其事，分层负责。"出纳之吝，谓之有司"（《论语·尧曰》），称其官为"有司"，乃专掌一事之官。

大臣与具臣不同，具臣，备数之臣也，能发挥作用？必视责任与智慧而定。有专学，才可以做此事。术语，必专家才懂。皆败在"以外行领导内行"，用人以情不以才，专找关系近的。许多事皆自毁长城，一个"私"字害尽天下苍生。就是煮饭的也必是专家，否则那饭能吃？

"主"，主持一事，"官盛任使"（《中庸》），分层负责。官不同于主，主其事权大。"事务责主掌，器物资财用"。

"用"，需用之物。

昔大家庭，有大当家、二当家。以前四世同堂的多，可有一百多人。家族常有械斗事。几个乡，一个姓。

就是不当政，也得当家，养儿育女。现女人就光知化妆，动机何在？一个人应知什么是美，民风之可怕！知识分子必不同于一般人，一般人随风，如"草上之风，必偃"（《论语·颜渊》）。知识分子的责任在"易俗"，作中流砥柱，使一般人学你的朴素。齐家治国，先齐家才能治国。盲目读书没有用。读完，应知自己责任之所在。

闲人多，没事做，应好好研究，究竟是人力过剩，还是不足？

书不在读多少，在多想，而且要细心想才能用上。

凡此五者，将莫不闻，知之者胜，不知者不胜。

【注】魏武曰：为将不徒闻此五者，而知其变极斯胜也。

张预曰：凡举兵伐罪，先察恩信之厚薄，次度天时之顺逆，次审地利之险易，三者已熟，然后命将征之。兵既出境，则法令一从乎将，此其次序也。

【解】贾林曰：专任智则贼，固守信则愚，偏施仁则懦，恃勇力则暴，令过严则残，五者兼备，用之各当，斯为才德之将。五者相须，阙一不可。

指归：凡聆于耳者，即当体诸躬。"闻"字浅，"知"字较有实际。

施子美：此言用兵之本在是，为将者不可不知也。故闻之非难，知之者胜。

"闻"，属乎耳；知，存于心。口耳之学，"入乎耳，出乎口；口耳之间，则四寸耳，曷足以美七尺之躯哉？"（《荀子·劝学》）口耳之学，过耳的知识，缺少"存于心"的力量，乃一事无成。

"子路有闻，未之能行，唯恐有闻。"（《论语·公冶长》）子路是"知行合一"的祖师，被王阳明捡去，倡"知行合一"学说。

指南：道、天、地、将、法，是用兵现成头脑，紧要只在"知之者"三字上。"胜"字，是说知之效验处。"知""不知"二句，见孙子叮咛再三，要人加意于此。

言之重复，再三叮咛，即深意之所在。

主持一事，必懂得用将才。"知"，在于心。"知之者胜"，因能知行合一，知中有行，行中有知。真知者，知而必行，身体力践；不能身体力践，结果一事无成。

你读《孙子》，人亦读《孙子》，就看谁妙境高！

故校之以计，而索其情。

【批】申言校之以计，而索其情。其所校量之"七计"，究不出乎"五事"之中。

"校之以七计"，胜之实也，此申言"经之以五事"之实。

做事必有对象，即敌，相匹，相对。既有对象，故必较量较量，敌我两相较量、对比，校谁有高深之修养、内涵。"校之"，必实际校量。每个作战的都自以为有必胜的把握，最后之所以失败，乃因校量不实。人比人，气死人，"既生瑜，何生亮！"

随时注意：自己的行为、做事有所偏差时，应将之矫正过来。

"计"，是主动的；"试"，乃马后课心理。不要说你不想战，人生即战场，遇事就计一计。想做事，先想失败，看失败后，是否会因此发疯？有智慧，有担当，失败后足以再站起来，才可以做。

"七计"，谁用，谁胜！胜负在谁执行。其实，道一也，就在能行与否。原料一，何以口碑不一、品牌有别？就在于实在，货真价实。北京同仁堂对联"修合无人见，存心有天知"。不要把得失看得重，皆过眼烟云！但活有活的环境，应争有像"人"生存的环境。

成功乃是每个人梦寐以求的目标，但事与愿违，不成功者比比皆是。做事应先做最坏的打算，而不是存着"试试看"的心理，此为小学生说的话。如是试，又何必用计？遇事无能详虑就做，试试看，又不是买鞋。真看破世情惊破胆！大而化之，怎能成事？

"经之、营之"，是主动的，慢慢地琢磨。经之、校之，都未必能成事哩！以小占大，知微之着。以小事类推，"闻其声知其政"，自一个调调，可以知其政。此为用智的问题。见一事，可以判断多事。当外交官，必具备此一智慧。

以什么态度经之、校之，而能"索其情"？"索"字，乃一部功夫。正面不明白，必辗转反复求之。"曲求"，非表面下手即能明白，必"委曲求全"。天下无速成的事，欲速则不达。

"索"，搜，曲求也。"情"，指用言，"喜怒哀乐之发"，表面看的皆情，用情。"论笃是与？君子者乎？色庄者乎？"（《论语·先进》）不知真，就被骗。外面表情令人相信，才能骗人。判断错误，乃不了解真情。要了解真情，必下曲求功夫。

做事开门见山，难以达目的，总得绕个弯，慢慢达目的。做事的目的在求成功，不在乎多绕几个弯。做事如用恋爱之术，就可以成功，此乃人与生俱来的智慧。谈恋爱，大家都会，也不必学恋爱经、性经。

曰：主孰有道，将孰有能，天地孰得，法令孰行，兵众孰强，士卒孰练，赏罚孰明，吾以此知胜负矣。

【注】"曰"，是心口相语之词。"孰"字，皆兼彼己言。"道"，恩信也。

七事俱优者，未胜而先胜；七事俱劣者，未战而先败。故彼己胜负，可由是知之。

施子美：未战之时，以谋为主。谋有长短，则势有成败，吾以此七计而知之，则胜负决矣。

"主孰有道"，哪一方主有道、有德？

为主者，必有道；为将者，要有能。"贤者在位，能者在职"，在位者必有德，才能领导人，天下皆有德者居之。

真有道，方法多，路子多，抓不住。

【解】通义：然必先之以有道之主，盖有"主胜"而后有"将胜"也。

但有人专用必败之将！

为主的，韬略必多。主其事者，应是贤（有德）者，"贤者在位"。在未战之前，敌我相较，看谁与民心合，得民心者得天下。

读《孙子》，目的在求一"胜"字，而最要在"本"能立。立本，欲有所成，必有所牺牲。"嗜欲深者，天机浅"（《庄子·大宗师》："其耆欲深者，其天机浅"），想成就大事业太难！一个成就大事业的人必天机（智慧）深，故必牺牲自己之嗜欲。

年轻人无不有志，但能成其志的究竟有几人？必是上智者，天机深者。要好好培养，"人之视己，如见其肺肝然"（《中庸》），骗不了人，只是自欺。真有抱负，必先去自己毛病。一个人失去分寸，不上轨道，敌人必乘机取你，战胜你。人生不能乱七八糟，夫妇都得如此，家和万事兴。

"将孰有能"，哪一方将有能？

【注】能，才智也。

【解】以才智之偏全，校彼己之将，谁为有能与否？

一方面之能为"偏"，对整个事务皆有了解为"全"。

能者在职，能干。将两方的将互相作一比较，看谁较有才能。必用真能者，不能光用情。无长才，即不能，是具臣，焉能发挥作用？

为将者不能一人胜敌，必领军胜敌，能视兵如子才叫"能"。将要视兵如子，才能领军，故"可与之生，可与之死"。与兵出生入死，同甘共苦，打成一片，即所谓的"子弟兵"。

"天地孰得"，天时、地利，看谁得优势。

"法令孰行"，法令，看谁先执行。

【注】纪律森严而不乱，上下遵守而尽职，是谓行。

法贵乎能行，立法容易，执法难。徒法不能自行，光有法，不能执行，也没有用！

"兵众孰强"，两方兵众，谁强谁弱？

【注】军坚马良，士勇兵利，是谓强。

作战时，全国皆兵，有前勤与后勤。

"士卒孰练"，两方士兵，谁练谁疏？

【注】前却有节，左右应麾，是谓练。

《说文》云："士，事也。数始于一，终于十。从一从十。孔子曰：'推十合一为士。'"

兵士，武士。在车曰士，步曰卒。士兵，尤指将帅身旁的卫兵。干部要受严格训练，才能出去作战。

"赏罚孰明"，两方赏罚，谁明谁昧？

【注】爵不可以幸邀，刑不可以贵免，是谓明。

不可吝赏，易失军心；亦不可泛罚，则不前。赏罚明，最不易！赏罚不明，所有人的信心都没了！

无论做任何事，赏罚必分明，没有功劳，也有苦劳。许多事外人不一定知，主管自己必知，此乃"慎独"功夫。

就是自己太太，对她赏罚不到也不行。为人就在分和寸上，任何事你赞美他总是对的，故夫妇之间必相敬如宾，家礼必得经常维系。

昔女子早起不整好装不见人，彼此保持美好形象。以前中国式建筑，以二门作为男女分工，丈夫白天不许待在二门内，夫妻距离远，不常见面。

将听吾计，用之（用计）**必胜，留之；将不听吾计，用之必败，去之。**

【批】欲出奇制胜，务在偏裨之得人。

"裨"，辅。"偏裨"，副将、将佐。想出策略后，亦贵乎偏将能执行、有作用。

计之胜，无论做任何事，这是人事去留的标准。此一去留，专指任事说。有功必留，是大智慧。

【注】其于胜败皆曰"必"者，盖预料其必至此，不待胜负既分之后，而留之、去之也。

"花好也得绿叶扶"，想成功，副手最为重要。

【解】"听"字，有作"任"字看，盖择人任势之也。

"择人任势"，看势用人，不感情用事。

造就人才非易事，不要轻易开革，应不使之任事，再加以严格训练。

但去留不易，事的成败乃现，在乎善用智慧，不背感情包袱。人事之去留，长官必有魄力，不养冗员以祸事。不怕敌人厉害，就怕窝里反。

计利以听，乃为之势，以佐其外。势者，因利而制权也。

【批】度势以制权宜，以佐内谋之不逮。

【注】制，裁制也。权，称锤也，随物之重轻而转移者。

指南："因利"二字，当重看。"制"字，正从"因"字出。

"计利"，以五事计之，于我皆利；"以听"，能用上；"乃为之势"，造势；"以佐其外"，以助其外。

施子美：所谓势者何？乃因敌人之利，而制为之权变，此乃吾有应敌之机，随敌变化而应之也。

"为势"二字，义至极矣。圣人不能生时，君子能为之势以佐其外，此特揭一"佐"字，佐者助也。计也，算也，经五计七，以虚佐实之不足也。自"秘招"分出胜负。

【解】所谓势者，虽在于外，而机之发也无常，惟在能因其有利于我者，而裁制合宜，以为兵家权变之方耳。

大家都听命行事，犹不足，得制造一自然环境，以佐其外。在本利外，又得好处，要利上加利。怎么做？得有大智能，制造一个情势，人为的，如此，利以外，还得利，利利。

"士可杀不可辱"，不理他就是侮辱他。时势一逼，乃揭竿起义，此"时势造英雄"也。

"英雄造时势"，为势者也，可以旋乾转坤；"时势造英雄"，乘势者也，可以拨乱反正。

计算之利已得，而另为之势，此"乃为之势"也。

定解："乃"字，文义甚缓，有从容自如之意。总见得"计"为本，而"势"为末也。

"乃为之势"最难做，洞悉环境，造成人为之势，此端视人智慧之高低，境界有别。

由此可见，内谋为本，利上加利，何等智慧！何等魄力！何等阴险！

"博学而笃志"，广博地学，而，能也，"士尚志"，可见"笃志"之所以重要。既"尚志"，如不"笃志"，焉能成事？

读书无串在一起的功夫，就发挥不了作用。人一条道跑到黑，有时就发财了！成功者多半没读什么书，就能笃志。书读多了，反成"赌志"，赌一辈子，不到底，就不是元老。尚志，得有"笃志"的功夫，否则"赌志"，净钻尖取巧，最后不堪闻问。细看那些政客，岂不是如此？

将来领航的必是你们这一代，"焉知来者之不如今也"。我讲书，但求无愧于心，以经验启发你们，希望因一句话，智慧够者可因此成功。每个人的智慧是天生的，但仍必"为之势以佐其外"，有名师指引，造成客观环境，以人为力量为之佐，更有成功的机会。"亦足以发"（《论语·为政》），能将所学用上。先将头脑发挥起来，会动最重要。

记住：你读《孙子》，对方亦读《孙子》，想胜人，必有超人之智。

"势者，因利而制权"：度势，不单考虑本身问题，还要考虑客观环境，再去做事。权，因其势能行其事。"制权"的目的，佐其外以达其利。"因利而制权"，要控制临时之变，因势就利能制其权，此一"制"字，言运权之审慎也。

"巽以行权"（《易经·系辞下传》），"权"不易，无法用言语表达出，必用"悟"。权，乃知道随时要怎么用理的境界，贵乎随机应变，是最现实的。"可与适道，未可与权"，但行权必反经。

《论语·子罕》曰："可与共学，未可与适道；可与适道，未可与立；可与立，未可与权。"《春秋公羊传·桓公十一年》《传》曰："权者何？权者反于经，然后有善者也。权之所设，舍死亡无所设。行权有道，自贬损以行权，不害人以行权。杀人以自存生，亡人以自存，君子不为也。"

必懂经了才知用权。权，知所以用理，放诸四海而皆准。权不离道而得其成功，"反经而合道"，既非诈亦非诡，以"时"为标准，用得合乎时，但在智慧。试看《辜鸿铭的笔记·权》：

张文襄（张之洞）尝对客论余曰："某也知经而不知权。"余谓文襄实不知所谓权者。盖凡所以运行天地间之物，惟理与势耳。《易传》曰："形而上者谓之道，形而下者谓之器。"道者，理之全体也；器者，势之总名也。小人重势不重理，君子重理不重势。小人重势，故常以势灭理；君子重理，而能以理制势。欲以理制势，要必知所以用理。权也者，知所以用理之谓也。孔子曰："可与共学，未可与适道；可与适道，未可与立；可与立，未可与权。"所谓可与适道者，明理也；可与立者，明理之全体而有以自信也；可与权者，知所以用理也。盖天下事非明理之为难，知所以用理之为难。权之为义，大矣哉！譬如治水，知土能克水，此理也。然但执此理以治水患，则必徒为堵御之防。如此，水愈积愈不可防，一旦决堤而溢，其害尤烈于无防也。此治水者之知经而不知权也。知权者，必察其地势之高下，水力之大小，或不与水争地而疏通之，或别开沟渠河道而引导之，随时立制，因地制宜，无拘一定成见，此之谓知所以用理也。窃谓用理得其正为权，不得其正为术。若张文襄之所谓权，是乃术也，非权也。何言之？夫理之用谓之德，势之用谓之力。忠信笃敬，德也，此中国之所长也；大舰巨炮，力也，此西洋各国之所长也。当甲申一役，清流党诸贤但知德足以胜力，以为中国有此德必可以制胜于朝廷，遂欲以忠信笃敬敌大舰巨炮。而不知忠信笃敬，乃无形之物也；大舰巨炮，乃有形之物也。以无形之物，攻有形之物，而欲以是奏效于疆场也，有是理乎？此知有理而不知用理以制势也。甲申以后，文襄有鉴于此，遂欲舍理而言势。然舍理而言势，则入于小人之道，文襄又患之。于是，踌躇满志，而得一两全之策，曰为国则舍理而言势，为人则舍势而言理。故有公利私利之说。吾故曰："文襄不知权。文襄之所谓权者，乃术也，非权也。"

成规之外，人的智慧更重要，因高低、深浅有别，成败不一，以"秘招"分胜负。先装孙子，再动手，无毒不丈夫。

行权最难，要根据事情、情势之演变，因我们之利，随时而权变。此必有"知时"的功夫，要控制临时之变。要时常问自己："此何时也？"因为时、位的不同，利就有别。

兵者，诡道也。

【注】通义曰：以道胜者，必讳言诡。而《孙子》直以兵为诡道焉。凡兵有情，情见则势屈，虽欲无诡，乌得而勿诡？诡者，"示其形，隐其情"之谓也。

【解】盖兵无常形，以诡诈为道，无往而非愚敌者也。

顾充曰：兵不厌诡。战阵之事，君子不厌诈焉。

"诡"，危言，正言（《论语·宪问》：邦有道，危言危行；邦无道，危行言孙）。"正"以外，为"诡"，"诡其处而逆其理，鲜不乱矣！"

（《春秋繁露·仁义法》）行权可以诡其处，不可逆其理。诡，非诈。

四诡八权，人世之诡！将真情叫对方看不懂。声东击西，叫对方摸不清。处小事，也应当大事处理，必特别慎重，成形了就动不得。

以下四诡，胜之术也。

故能而（能）示之不能，用而示之不用，近而示之远，远而示之近。

【批】因利制权之事。

【注】示，故令敌见也。示不能，以怯为诡也；示不用，以废为诡也；示远氛，以缓急为也诡也。利诱、乱取、怒挠、卑骄，此因敌之失者制权也。备实、避强、劳佚、离亲，此因敌之得者而制也。

"诡"，"能而示之不能"。作秀，"不能而示之以能"，废才，自欺。"能"，事能发挥作用，但装傻，"示之不能"，也就是伪为。以怯为诡，作伪，先装孙子，使对方无戒心，如良贾（商人）深藏若虚。脑中不要尽是乡愿式的圣人偶像。

何以用不上？因没人认字。每字皆有其深义。昔先识字，读《说文解字》。要下真功夫，否则解决不了问题。

许多人不懂得人生之诡，到哪儿尽显自己有才华，但是"出头的椽子先烂"。一个人真能，也必在别人面前示不能，使对方无戒备心，然后措手不及。不要总想露一手，而藏下失败的危机。稍留心时事，乃活兵法，比《孙子》还值钱。

一个人能，要叫他能而示不能，极不易。"有若无，实若虚"，

"以能问于不能，以多问于寡"（《论语·泰伯》），诡中之诡！只有颜回能如此，伪君子，大弟子，列孔门"德行科"之首，中行之士，有小圣人规模，"具体而微"（《孟子·公孙丑上》）。

不要假惺惺，讲诡道的是贤人。兵家曰"诡道"，儒家曰"自谦"，其实一也。

经与子有何区别？南宋之前，《孟子》就是子书。此何时也，还分经、子？不要走腐朽的路子，专制时代只许"一家春"，不许大家多说话。孔老夫子"有教无类"，打倒专制。必正视我们文化的精神所在。

子书较为开门见山。如孟子称："臣弑其君可乎？""贼仁者谓之贼，贼义者谓之残，残贼之人谓之一夫。闻诛一夫纣矣，未闻弑君也。"（《孟子·梁惠王下》）此即师说所在，孟子"乃所愿则学孔子"（《孟子·公孙丑上》）。

【解】示不用，以废为诡……使之无忌惮之心。

有用，而示之不用，"以废为诡"。用事，对什么事能发挥作用？

苏武北海牧羊十九年，终造就自己成功。李陵投降匈奴，最后？事之权衡，全在智慧。活着的意义最为重要。

既发心读《孙子》，没事躺在床上，多看两遍。讲现代史，免得你们查书。

欲近袭之，而反示之以远去以诡之，使之撤防。

"近而示之远"，与人关系近，却示之远。越是有关系的，表面越是疏远。

"远而示之近"，拍你肩，示亲近，然后把你弄得视听皆乱。乱人视听，叫人摸不着边。

罗大经曰：与敌对垒，必分兵以扰之，设诈以疑之。扰之，则其力不给；疑之，则其心不安。力不给，则败；心不安，则遁。孙子示远示近，意在于此。

以下八权——利诱、乱取、怒挠、卑骄，此因敌之失者制权也；备实、避强、劳佚、离亲，此因敌之得者制权也。

利而诱之，乱而取之，实而备之，强而避之，怒而挠之，卑而骄之，佚而劳之，亲而离之。

【解】汇解："利而诱之"八句，分明写出"权"字示人。故析观之，有锱铢不爽意；统观之，有低昂无定意。而究权之用，则因也。

"四诡八权"，示诡之道：声东击西，用言语计你什么都摸不到。诡者，"示其形，隐其情"。好好深悟。"权"与"经"相对。不懂"经"，也难以懂"权"。必知正面，才知反面如何用。正面读书，反面用术。

人活一天，每天睁开眼，即在道理活，"百姓日用而不知，故君子之道鲜矣"（《易经·系辞上传》）。其实，三岁小孩也得用权，只是不懂而已，可见权是与生俱来的，但"知其然，不知其所以然"。女朋友"骗"到手了，也应分析分析是怎么到手的。

"利而诱之"，人皆好利，利能诱之，不一定用钱，恋爱就是利以诱之，可见很广泛。有智，随时显出。"世路难行钱为马"，投其所好，视对方好色或是好财，使他上道，"无所不用其极"，以达自己的目的，"无入而不自得"也。

我阿玛曾对我曰："钱不可乱花，但也不可爱财，有时必用钱。世路难行钱为马。"这句话使我活到今天。

人生就是战场，商场亦如战场，随时随地皆可运用。对方如好利，就以利诱之。故不可示人己之所嗜，否则就被人抓住弱点了。

中国人懂"人情"，"小让如伪"（《礼记·儒行》："其大让如慢，小让如伪"），客气客气就算了！

"乱而取之"，对方乱，乱其心志，乱能取之。

"乱"，违背直路而走，如天下大乱，非指战争。

我看"乱"，你们看似"时髦"。一叶落而知秋！怎一个"乱"字了得？

以下言自己方面。

"实而备之"，对方实，不打没把握的仗，必等，严备以伺其虚，然后乘虚而入。不可以硬克硬，要备之，不虚发一枪，否则少一粒子弹。

办事的对象如实，则必备之；当对方打盹时，再乘虚而入。以什么作标准？以时，看目前。用，得合乎时，还要看对象，如天时、地利、人和。花钱，亦得有智。

为政最惧"虚内务而恃外好"（《春秋公羊传·隐公二年》何注："凡书会者，恶其虚内务恃外好也"），军事亦如此。做人有一规范，不可巧取。人生极不易，最后胜利的必有长才。重视人家是怎么成功的，不要嫉妒。对方很实在，不打硬仗，应加倍备之，以实对实。

你们生活多半从心所欲，极危险。有知识，有智慧，才懂得摆布自己的人生，走向成功之路。读书贵乎能明理。

"强而避之"：你强，老子躲开。对方强，暂避以俟其弱，不以硬碰硬。但非守株待兔，必想方设法叫对方弱。

真团结一致，敌人难以取之。如人心各有所向即乱，就容易对付，"物必自腐而后虫生"。对方如充实，真有实力，当好好防备着。不知敌，焉能百战百胜？想要胜敌，必先知敌，知其所好所恶，然后知如何运用。

"怒而挠之"，对方暴躁、好怒，故意刺激他，设法使他发脾气。知此，想做事，必练成不发脾气的功夫。定、静、安、虑、得，修养特别重要。

你的短处为人知，则人易用以打击你。年轻人易犯"遇事先怒"的毛病。"智者不怒"，如对方知你易怒，则天天刺激、激怒你，不花本钱，就可以把你送进精神病院。

一受刺激，大发雷霆，人家导演，你当演员。应反转，你当导演，使对方变成演员，能叫对方气死！这就是世事。没运用好，乃失败，非你欲不欲。

有抱负，必要好好修为自己。人必面对社会，挑一自己喜欢的子书，终生读之。胜负，全视谁细心而定。

"卑而骄之"，对方自卑，骄之，骄兵必败。骄者多半内自卑。如自己有自卑感，为对方所知，对方表现出骄傲貌，就使你心神不宁。

"卑"，人的心理行为。自己无主宰，对方能不骄之？皆自作践。

有尊严的女子，男子敬之。招蜂引蝶，自我糟蹋！能骗到一老婆，就能成一政治家。一个问题，自两方面看，我方，他方。

"佚而劳之"：对方佚，必声东击西，使之疲劳。

如敌人天天摆出闲情逸致貌，必劳之，想办法使他坐卧不宁。

现敌临城下，每天叫阵，愈叫愈震！为生存，必想出一应敌之道，看自己实力如何，非什么都不怕。得胜，得了解何以得胜了？出其不意，可不易！人家一反击，招架不住。不可多言，言多必失，一生永不会成功。自时事悟，才能深入。

"亲而离之"，敌人和谐，使离间计，必反间流言以离之。

两股力量合力对付你，必先离之，找机会离间。

必懂得道理，不可以轻信流言。二人处得好好的，要保存朋友的力量，不受人离间。

明朝之亡，在中离间计，杀袁崇焕。

袁崇焕（1584—1630），广东东莞人，明万历四十七年（1619）进士。万历四十五年努尔哈赤起兵攻明，逼近山海关。天启二年（1622），明军广宁大败，十三万大军全军覆没，四十多座城失守，明朝边关岌岌可危。袁崇焕挺身而出，投笔从戎，进兵部，守卫山海关及辽东，出镇山海关。四年之后，努尔哈赤率兵十三万，攻打孤立无援的宁远，却被袁崇焕的一万守军打得大败而归。努尔哈赤纵横天下数十年，第一次尝到了惨败的滋味。这是长期交战中，明军取得的首次胜利。又过了一年，皇太极欲为其父报仇，"灭此朝食"，亲率两黄旗、两白旗精兵，围攻宁远、锦州，攻城不下，野战不克，损兵折将，连夜溃逃。袁崇焕从此威震辽东，令清兵闻名丧胆。崇祯二年（1629），皇太极采高鸿中建议，率领大军，绕过袁崇焕驻防的辽东，直抵北京城下。袁崇焕回师解围。

皇太极则施反间计，崇祯帝听信谗言，以通虏谋叛、擅主议和、专戮大帅毛文龙等罪名，将袁崇焕下狱后凌迟处死，此举使忠臣良相蒙不白之冤，不啻自毁长城，加速了明朝的覆亡。

崇祯乃亡国之君，至死不悟，犹曰"君非亡国之君，臣尽亡国之臣"。国家领袖与元帅，都不可"因怒而兴师"。"智者不怒"，是最冷静的，得用智慧考虑后，再决定兴师与否。

亲密关系不能为人知，人会利用以毁你。没有自信心，常受离间，不会成功。说是非者，就是是非人，必注意！看人的智慧在此。

不能中离间计，要有自己的见解。凭己智慧判断，不听是非。

攻其无备，出其不意，此兵家之胜，不可先传也。

【注】王皙曰：乘机决胜，不可预为传述也。殆不可先为泄漏于人也。

不是不先传也，正无可先传耳。如可先传，则非"权"矣，且非"因利制权"矣！

【解】攻不恃力也，伺其空虚无备之隙而攻之，出无一定也，乘其懈怠不虞之际而出之，皆所以愚敌而为制权之道也。

"攻其无备，出其不意"，此八字，为求胜之要诀。慎用之，永立于不败之地。

于此原则下，方可用以上之"十二诡"（四诡、八权）也，慎用之可济也。

令对方措手不及，此随机应变，随时而变，非先有预谋也。

"有若无，实若虚"，"以能问于不能，以多问于寡"（《论语·泰伯》），必棋高一着。不要天天显己强，刺激对方，有肉要埋在碗里吃，自己香就好，否则被抢就吃不到了！

指归：兵家之胜，在计定于中，而持之以密。不第不可形于言语，并不可露于迹象。

"此兵家之胜，不可先传也"，此为将临事之智，不可先公布出来，完全在主将当机立断。机不可失，不可先叫人知，必守机密。

人生、事情的胜负，自此表现出来。事情之权衡，完全在于智慧，悟到深处，方能有用。所以"子孙虽愚，经书不可不读"，读经书才可以用古人的智慧。人生即是跑接力，到该接棒时，不接也不行。

夫未战而庙算胜者，得算多也；未战而庙算不胜者，得算少（疏忽）也。

【批】五事七计，选将度势，总以多算为贵。

【注】古者遣将出师，露布奏捷，必告于庙，故曰庙算。庙算胜者，言未战之先，君臣相与议于庙堂之上，便已胜券在握，非其得算多乎？

吕氏曰：庙算者，得算于庙堂之间，后有庙战、庙胜。

"庙谟"，皇帝出的主意，大家认为是高；"庙算"，大家出的主意。

【解】焦六霭曰："未战"，不是竟不战，不过尚未战；"胜"，不是竟胜了，不过是算胜。注中"庙堂"字，不必拘泥，总是运筹帷幄之中。

运筹帷幄之中，设想得周到，得于庙算的准确性大。遇事，不可以粗心大意。

国之大事，如逊位、讨伐边疆等，必至宗庙议政。于国家兴亡有责，必有世爵的才可至宗庙议政，其祖为开国功臣，从祀太庙，关系特别近，其子孙世袭罔替，享血食。不亡国，才能保祖宗血食。

台湾祭拜祖先，供品做熟再拜。应用血食祭祖。鸡肉往开水一扔，马上拿出，只要血不流就可，尚有血腥味。自己杀的猪牛羊，必留一碗血，上放皮毛，称"痤毛血"。

多算胜，少算不胜，而况于无算乎？吾于此观之，胜负见矣！

【注】此篇前半言"经"，后半言"权"，而归重于"庙算"。经者，常也。有经，然后可以行权。盖经以立本，权以尽变，始计之要，尽于是矣！

【解】焦六霭曰："多算"，亦非泛常人做得来，须有大精神、大识见、大智慧、大才干，算得始有实际，始无遗漏。多，不是千万之多；少，不是一二之少，总是校计索情，超出于人意之表也。

张江陵曰：得算者，算之周到有得也。

算多，胜机多；算少，失机多。计、谋、算、策、略。

"多算胜，少算不胜，而况于无算乎"，糊里糊涂能胜？

"吾于此观之"，"观"的境界深于"察"；"胜负见"，分出胜负。

通篇大旨在"计算"二字，主意在"未战"二字。经在经、校、诡、权在为势，分言合用，经权互施，胜即得也。

"经"五，胜之道也；"校"七，胜之实也；"十二诡"，胜之术也；计算，存亡之机也、胜之机也，睿智之妙运也。以计谋始，以算尽功，计在事先，算重贵实也，谋为诡母。

第一章讲军政与主德之关系，确有玄机，必真懂，将之变成有用之学。

人做事，不是成，就是败；不是荣，就是辱。故必用脑，不可以掉以轻心。做事之始，必先合计合计。动机即"始"，实际去想即"计"。要实际研究，不可以空想，"终日所思，不如须臾所学"。

《论语·卫灵公》曰："吾尝终日不食，终夜不寝，以思；无益，不如学也。"《荀子·劝学》曰："吾尝终日而思矣，不如须臾之所学也。"

"思"，是有根据地思，"博学之、审问之、慎思之"（《中庸》）。"思"，"心作良田百世耕"，每天耕之、耘之，要下深的功夫。"思之思之，鬼神通之"。

《管子·心术下》云："思之。思之不得，鬼神教之。"《管子·内业》云："思之，思之，又重思之。思之而不通，鬼神将通之。"《荀子·劝学》称:"君子知夫不全不粹之不足以为美也,故诵数以贯之,思索以通之。"明代来知德《周易集注》自序云:"沉潜反复,忘寝忘食有年,思之思之,鬼神通之。"

书有古今,智慧无古今,有用与否在于"时","学而时习之",以时习之,不断演习;"君子而时中"(《中庸》),"时乘六龙以御天"(《易经·乾卦》),与时偕行。时,刹刹生新,片刻不留,所以时至要能不失之,圣人"知进退存亡,而不失其正"(《易经·乾卦·文言传》)。

"学"的不二法门,即"一勤天下无难事",要下功夫。战争求速,而做学问、做事得"戒急用忍",如猫捉老鼠,不出来就等着,有备就无患。"决定不移,戒急用忍",做到底就是对的。对错,只是人的观念,无决定性的,天下事无标准,谁强谁就是标准,人都有偏见。遇事要能耐,"真有能耐","拖"字诀,了不起就在能耐,慢慢爬。做任何事,想要想得彻底,做也要做得彻底,才能有必胜的把握。自己糊里糊涂,还称名士派?

读书要读成立体才有用,学好可以备而不用,到要用时就用上。善用头脑,每天都是最好的实验机会。藏书不行,必读书。读书,贵精不贵多;多读,不一定有用,能明理才有用。熟能生巧,终生受用不尽。学得精,至少可以自救,"留得青山在,不怕没柴烧"。

敌人的敌人,就是你的朋友。社会即人吃人,被吃了,应恨自己无能,不能恨人。环境生智慧,要自实际领悟,用以增长智慧。真有内里者,行为必与常人不同。培养气质,必自小就打基础，一举一动异于常人。要不偶俗才能化俗，做时代的中流砥柱。

《武经》（《孙子》《吴子》《六韬》）只讲一句话："神武不杀。"《易·系辞传》谓"古之聪明睿知，神武而不杀者夫""阴阳不测之谓神""知几其神乎"！《中庸》称"唯天下至圣，为能聪明睿知，足以有临也"。

什么都不足恃，所可恃者，智也。《武经》教人止战、止戈。仁者爱人，仁者无不爱也，故"仁者无敌"（《论语·宪问》）。仁的表现，在兵法的最高境界就是"神武不杀"，用的是"聪明睿智"。

《始计篇》只在"经、权"二字，以经为体，以权为用。

"经事、校计、索情"，《易经》讲"类其情"，《易经·系辞下传》所谓"以类万物之情"；《孙子》则"索其情"，索，搜也，曲求也，委曲婉转，别净用硬的。

"为之势，以佐其外。势者，因利而制权也"，环境改变了，得自己另开辟一个局势，辅佐自己，借高骑驴、乘势骑驴，以势为佐。造势、佐，即在创造一有利的环境，完全是人为的功夫，越是隐而不显，越是有效力。人要能绝处逢生，自救才能救人。

"因利制权"之外，更进一步要"权权"，要"圣时"。"权权"，权这个"权"，以"穷、变、通、久"（《易经·系辞下传》谓"易，穷则变，变则通，通则久"）。

"学而时习之"，每个人都时时能够"圣时"，最后才能成为时圣，成为"圣之时者"也，即《易·乾卦·文言》所说的"知进退存亡而不失其正者，其唯圣人乎"！

权这个"权"，圣这个"时"，这中间要经过"据乱世、升平世、太平世"三个阶段。平天下而后天下平，要先有平天下的本事，然后才可以天下平。一步步地，由齐家而治国进而平天下，然后达天下平的境界！

如何能够天下平？要经过三个步骤：一、正学——不可以索隐行怪，智慧是由正知正见而来；二、正权——权权之权，穷变通久；三、正业——经过正学和正权两个步骤，才能有正业。

学术不是私产，是要为苍生谋。"民吾同胞，物吾与也"，"为天地立心，为生民立命，为往圣继绝学，为万世开太平"，这才是中国文化，要遗爱人间！

作战第二

战争不易，最好不要战，人饿最苦。

读古书的目的在能"古为今用"，即用古人的智慧启发我们的智慧，否则书就白读了。读书如看报似的，没有多大作用。会背《孙子兵法》，只是录音带而已。

你们讲书之前，必细看一遍；讲完必想一遍，要负责任。许多讲书的不负责，你们的智慧绝对不低，就是懒得惊人！看书，必注意要点。读书不在多少，在于精，"惟精惟一，允执厥中"（《尚书·大禹谟》）。

作，起也，造也。庙堂既有胜算，然后计程论费，起造战事也。

细心多者，胜算也多。遇事不可以大而化之。

做事一切以不浪费为原则，必视距离"计程论费"，如计程车般，不多也不少，一点也不落空。

治国、平天下之基在齐家，齐家之基在立身。家用齐，不能用治，一辈辈齐。家想齐好，主人的立身特别重要。今天一些家不像家，"闲内助"必负莫大的责任。到一家，即可以看出贤内助的程度。地方太小，大小事传染得快。

家庭过日子有无好好计程论费？计程论费，即一点也不落空，一切不浪费，不多不少。家计、国计有概算、预算，一切必恰到好处；追加，乃设计出了问题，愚人也。决算，作事后的审核。

首篇以"计"与"算"，决兵之胜负，其立论在未战之先；此篇以"久"与"速"，明国之安危，其为虑，在战胜之后。

战争如开始，必求速战速决，久则钝兵挫锐。拖久必败，久战，国随之而亡，虽有智者，不能善其后矣！必须速战速决。长年打仗不行，一炮，就不知要轰掉多少钱。战争，"胜负"只是个名词，双方皆损失惨重，有时战胜国比战败国损失还多，鳏寡孤独无不需要救济。

此篇通篇言战，其大旨在于务速，盖不欲匮乏公帑，劳苦百姓也。自古好兵之主，往往民穷财罄，祸生肘腋，皆由不知用兵之害，而无以告之者。《孙子》于《始计》之后，即为之会计所费，开陈利害之端，惓惓以"速胜"为勉，"久暴"为戒，岂非所以立万世法耶？

作战耗费多，因此利于速决。久战，即使兵器再锋锐，也会受挫。久战在外，国家用度必然不足。

篇名"作战",而不详于战事者,以前篇于决胜之策,载之颇悉,惟望知兵者一举而速决耳。故此篇首尾各揭一"胜"字,中间特致意于"久"与"速"也。

要拙速,而不可以巧久。

学东西必自根上学。满人好武,严格学习骑射,一马三箭,我赶上了。人贵乎有实力,学什么都要彻底,绝不可以虚内务而恃外好。

孙子曰:凡用兵之法,驰车千驷,革车千乘,带甲十万,千里馈粮,则内外之费,宾客之用,胶漆之材,车甲之奉,日费千金,然后十万之师举矣!

【批】用兵既众,费用必繁,以起下文"不可持久"意。

【注】驰车,攻车,以载战士者。古者一车,两服两骖,凡驾四马,故曰驷。革车,重车也;以皮缦其轮,笼其毂,载刍粮器械衣装之类。乘,即驷也。带甲,即披甲。千里,言其远。馈粮,馈运粮饷也。内,国中;外,军前。费,耗也。宾客,使命游士也。用,宴飨之需。胶漆,所以治弓矢器械者。奉,供奉。日千金者,见所费之多也。举者,起行之谓。

【解】大凡用兵之法,车甲未充,未敢轻于赴敌也。

李筌曰:古者一人役,七家供之;兴师十万,不得操事者,七十万家,故云"内外之费"。

指南:如此劳民伤财,非万不得已,必不可轻动也。

施子美:用兵千里之外,其所费如是其大也。

此章讲军政与经济之关系。"养兵千日，用之一时"，如养兵千日却不能为时所用，糟！

养兵，自古就非易事，战争极为浪费，但并不能解决问题。当年左宗棠新疆平叛，多少千里馈粮！

沙俄趁鸦片战争期间中国处于劣势之际，出兵占领了中国的巴尔喀什湖东南的塔拉塔勒河、伊犁河等七河地区，迫使清政府签订《中俄伊犁塔尔巴哈台通商章程》。1864 年，沙俄再与清政府签订《中俄勘分西北界约记》，成功取得伊塞克湖和巴尔喀什湖以东以南地区（现在划入吉尔吉斯和哈萨克等国的四十四万多平方公里，原为清朝领土）。阿古柏和布素鲁克于 1865 年底，以喀什噶尔为中心，成立了"哲德沙尔汗国"；1867 年，自行建立"洪福汗国"，一统南疆；1870 年，攻占吐鲁番，切断了北疆和河西走廊之间的联系，并收降了以白彦虎为首的陕甘回军残部；1871 年底，攻克迪化、玛纳斯、鄯善。1871 年，俄国亦出兵占领伊犁。左宗棠认为"既事关君国，兼涉中外，不能将就了局"，率所部湘军进驻兰州，准备收复新疆，他采用"缓进急战"策略，先筹措军饷，积草屯粮，整顿军队，减少冗员，增强战斗力。光绪元年（1875），对收复新疆，朝廷有"海防"与"塞防"之争。李鸿章等主张放弃塞防，将"停撤之饷，即匀作海防之饷"；左宗棠指西北"自撤藩篱，则我退寸而寇进尺"，尤其招致英、俄渗透，中国随即失去西北边防的关卡要塞和重镇，使西北边防无以屏障，届时中国边防兵力不但不能削减，反会大大增加。于是，光绪帝和慈禧太后下诏授左宗棠为钦差大臣，全权节制三军。左宗棠雄踞新疆，对中俄谈判是一个巨大的精神力量，1881年2月24日，曾纪泽与俄方订立《中俄伊犁条约》和《陆路通商章程》，沙俄归还伊犁，但仍割去了伊犁霍尔果斯河以西的领土，中国赔偿俄国兵费九百万卢布（折合白银五百余万两）；俄商在中国新疆各城贸易暂不纳税，对于伊犁居民规定"愿仍居原处为中国民，或愿迁居俄国入俄籍者，均听所便"，中国收回了伊犁九城及特克斯一带地方。左宗棠对曾纪泽赞扬道："劼刚此行，于时局大有裨益，中外倾心，差强人意也。"

征西藏也是。国土之可爱，一寸山河万滴血，绝不能随便把土地给人，因为再收复时不知又要死多少人，让后世子孙流血！

《易·师》曰："师，众也。"《说文》云："二千五百人为师。"请愿，签名，也是兴师，劳师动众。我十几岁就参加运动，好动。不反对你们动，但不可以盲动，必要"有智慧地动"。"帝出乎震"（《易经·说卦传》），帝，主宰、领袖也；皇，大也。皇帝，大的主宰。领袖是从动里出的。"动乎险中，大亨贞"（《易经·屯卦》），有智慧地动，即"御天下"，《易·乾》"时乘六龙以御天"。司机、掌舵者，视往哪个方向开，必用智慧操作。看群众喜欢谁，说自己要说的事。志同道合不在多少，而在于有作用。

年轻人必多动，成就是从动来的。平时可以练习写文章，练习吵架、笔战。

成舍我（1898—1991）、龚德柏（1891—1980）是民国时期最好的两个读书人，但龚来台后被陈诚（1898—1965）抓入狱中，一关就关了十九年。因为自己一生救国救民不成，他乃要儿子当医生救人。这两人直接与军阀捣蛋，现在年轻人想都不敢想！

读书要活用，要做事，但绝不能意气用事，要用真理服众。做事利人必损己，损己不易，名望、地位都必得受损。

其用战也胜，久（经久暴师）**则钝兵挫锐，攻城则力屈，久暴师则国用**（财政）**不足。**

【批】久战于外，自贻其患。

【注】用战，谓用兵以战也。胜，贵速胜也。钝，不利。挫，摧折也。屈，竭也。暴，露也。攻城不下，力必困屈。久持于外，财自空虚。

【解】惟贵速胜。题炬："久暴师"句，宜重看。

大全：如秦皇、汉武，穷黩不休，天下疲弊是也。

施子美：此言用兵贵神速也。

战争一开打就是死活，不到你死我活绝不轻易发动，因为不论胜负，损失皆一也。如天天有战争，国家用度焉能充足？作战耗费多，利于速决。久战，则兵器的锋锐也受挫。久战在外，国用必不足。

做买卖亦如是，出门在外，能快回家就快回家，否则费用不足就赔钱。

兵法中第一要义即"智"。日本武士道用一个"仇"字训练，太偏激，误解中国文化。读书也得有智慧。

巧妇难为无米之炊！做事，在环境中制造一个气氛，让对方没有力量战，但在智慧上亦得求速战速决。

第二次世界大战留给欧亚多少的祸根！日本的"大东亚战争"，自以为有必胜把握。

第二次世界大战时，日本在远东和太平洋战场的战争，总称为"大东亚战争"，包含东亚、南洋的日中战争和太平洋战争，其目的在建立以日本为中心的"大东亚共荣圈"，与英国、美国等同盟国势力争夺殖民地，自以为是"为大东亚新秩序建设而进行的战争"。

结果？朝鲜分南北，德国分东西，越南亦分南北。亚洲人太憨厚，道德观重，故第二次世界大战后吃亏大。

夫钝兵、挫锐、屈力、殚货，则诸侯乘其弊（财尽民疲）**而起，虽有智者，不能善其后矣！故兵闻**（知道）**拙速，未睹**（看到）**巧之久也。**

【批】持久且有外患，而为国家之害。

【注】殚，尽也。弊，困也。起，谓起兵袭我。闻拙速，犹言或有此事也；未睹巧久，犹言决无其理也。

【解】指南：孙子极言持久之弊，故言巧迟不如拙速，非真谓兵可以拙用。

李卓吾曰：凡不得已而用战，宁速毋久，宁拙毋巧。拙者巧之至，而人不知也。

指归：速则不拙，拙便不速，久则不巧，巧便不久。孙子以"拙"冠于"速"之上。"速"字是一篇纲领，余皆明速之利，久之害耳。

施子美：人必赢疾而后外邪客气得以乘之，物必先腐烂而后虫鼠得以生之，国必疲弊而后敌国仇邦得以取之……是以鹬蚌相持，反为渔者之所取。

关于兵的事，我们所知的，军事贵速，不贵久。

"兵者，诡道也"，诡，非奸诈，乃与拙相对。即使再笨拙，也应速战速决，言用兵速胜之利。

夫兵久而国利者，未之有也。

【注】指南曰：孙子生战国时，所著书，主于列国相争，故欲速胜，恐久则诸侯乘弊而起。

【解】速虽拙，不费财力也；巧虽久，恐生后患也。

施子美：兵，凶器，久则生变。

要保存实力，储备自己，一步皆不许走错，人必自侮而后人侮之。要深藏若虚，将来才能用事，即对人要藏己之巧，显己之拙，如曾文正公之养拙、求阙。

曾国藩（1811—1872），字伯涵，号涤生，其书房名"求阙斋"。与胡林翼并称"曾胡"，因讨伐太平军时，有大肆屠杀之情事，被称为"曾剃头"。与李鸿章、左宗棠、张之洞并称"晚清四大名臣"。官至武英殿大学士、两江总督。同治年间封一等毅勇侯，又授世袭罔替，谥文正。

许多失败，皆因自以为巧而久战。事临头了，不能则牢骚多。

我在屋内教六千多人，你们必精明，应好自为之，往前奋斗。成功不限制地域，就看能否。本身不够，墙倒众人推。有些人什么都不缺，就缺德，无立身之道。

有机会读书，必得拼命读，不能扯闲，否则出社会了，想读书也要有心境与环境，一般人不易办到。

故不尽知用兵之害者，则不能尽知用兵之利也。

【批】用兵速胜之利。

【注】害，以持久言；利，以速胜言。

施子美：惟不为利害之所惑者，乃能知利害之所在；不惑于利害者，乃能明乎利害。

"全"与"尽"，两个境界。全，完整无缺，保全；尽，一点也没保留，用尽。说"用尽了"，即一点都没有了。为什么似是而非？因为缺乏"尽"的功夫。

失败，增长对方的气焰，不可再战。知害，才能知利；知利，才能知害。利害相生！利害攸关，取敌人之利，就是要消耗敌之力。所以必须下真知的功夫，先将利害想周到了再去做事，就能百发百中。读书人知道利弊善恶，但要不助人为恶，宇宙就清平。不要天天闭门造车，以为读完《孙子》就会做事。

读书要读成立体的，如医师之"方脉"（医方与脉象，引申指医术），看社会有什么病，以此诊病。能互相印证，所学才能有所用。临床实验乃通时弊，了解今人的心理。对事情要真认识，了解人的心理。做事失败了，就是因为违背了人性。

说女人有月事污秽，那佛也是父母生的，就是污秽的结晶，何以能成佛？因为不伪为，诚也。不自欺，拿出真心，如保赤子，"心诚求之，虽不中，亦不远矣！"（《中庸》）以诚治国，不诚无物。现在当政者忽略了为政之大本，以为骗人就可以成功，但"人之视己，如见其肺肝然"（《中庸》）。看社会上有多少人开奔驰，却没有职业，其付出与所得不对称，就失大本。做事不可以失大本，否则必败。

环境安详，刺激不足，乃不用脑。我的时代，年轻就必自卫，必得每天不停地用脑。真替你们担心，你们什么都用了，就是没用脑！一个人当什么官不重要，而是这辈子要做什么，对人类必要有所贡献，这就是人的精神，不可以如行尸走肉般活着。

善（最会）用兵者，役不再籍（召兵之符，征兵），粮不三载。

【注】役，丘甸之役。籍，召兵之符。不再籍，谓成师以出，一举即胜，不复召丘甸之役也。三载，随粮、继粮、迎粮也。不三载，谓军出，载粮以送之；归国，载粮以迎之，不必三载也。

【解】魏武曰：籍，犹赋也。言初赋民，而使取胜，不复归国发兵也。

指南：不再、不三，总是一"速"字尽之，见得要"速战速胜"为主。

指归：再籍，便无所不再；再馈饷、再器械衣甲，一之为甚，其可再乎？

"役不再籍"，籍，召兵之符，不再次征兵。一次解决，有必胜的把握。征兵，绝不可征第二次，劳师动众太久。

但不再征兵，如兵皆用尽，岂不死光了？中国人多口众，兵源多，而小国寡民就不行，所以全国男女皆兵。

作战久，不可送粮，送粮代表未占领。只可随粮，战胜就有地盘。继粮，准失败。迎粮，即兵回，还得以粮去迎。战争，粮不可三载，只可一载。储存重要，军出，载粮以送之；归国，载粮以迎之。不必三载，走哪吃哪，就地取粮。

取用于国，因粮于敌，故军食可足也。

【注】用，器具也。粮，储积也。

施子美：器用欲其便，故必取于国；粮食欲其备，故必因于敌。

但以何智慧保证敌人不烧粮？昔中国有义仓制，至少储存三年粮，有多的甚至可有五七年粮。你不三载，他也是，将你的粮都烧掉，没得吃能不失败？

关心时事，每天必读几份报。论政，必天天关心时事，遇事才能判断要如何处理。尼克松（Richard Milhous Nixon，1913—1994，第三十七任美国总统）已不当国，但其留心时事，仍不亚于现任总统。都谈中国问题，但立论不一。天天留心，才能谈时事。不论读历史与否，都应读读近代史。中国近代确是千年未有的乱史。政治有渊源，事由历史演变过来，故必追源。要懂近代史，才知道何以演变至今。

抗战局势转变，两个人是关键人物：张学良（1901—2001）与杨虎城（1893—1949）。张为绿林张作霖之子，我曾与他同一老师，以前人都在家里读书。

西安事变，老蒋签了许多同意书。周恩来（1898—1976）斡旋之功不可没。

红军长征到延安后，蒋采"安内攘外"政策，国共一直处于紧张局势。1936年12月4日，"西安事变"爆发，经由此一事件达成"逼蒋抗日"的政策目标。张学良之决定兵谏，受东北知识分子影响甚大，还有东北军的质变，间接助长东北军内部反对内战的舆论。12月9日纪念"一二·九"运动一周年，大规模群众游行示威，东北大学生高呼"中国人不打中国人""东北军打回老家去，收复东北失地"等口号。最后由周恩来以第三者身份，促使蒋接受张所提出的诸条件，亦即停止内战，全国共同抗日，然后由张释放蒋。张亲自护送蒋返南京。中国共产党因此开启"国共第二次合作"，联合抗日。张却自此遭软禁，但宋美龄数十年来一直对张备极保护、关怀。张生前也说，他因蒋夫人而保命。

周恩来调停"西安事变"，智慧颇高。周其人，有学且智高，修养好又肯吃苦。

人人皆有领导欲，也就是志。但光有志，没有修为也不行。当年中国群雄并立，到1922—1923年时，以吴佩孚（1874—1939）为最盛。国民党勇于内斗，西北军冯玉祥（1882—1948）、南天王陈济棠（1890—1954）、广东军陈炯明（1878—1933），虽是国民党，但都"反蒋"。川军杨森（1884—1977），湖南王赵恒惕（1880—1971），云南王龙云（1884—1962），桂系李宗仁（1891—1969），白崇禧（1893—1966），都想当中国皇帝，当时鹿死谁手犹未知。还有内蒙古德王（德穆楚克栋鲁普，1902—1966），东北张作霖（1875—1928）。

你们应关心时事，读近代史，历史详看，可以学术。没有比搞政治更累的，必须有实才。丘逢甲（1864—1912）、丘念台（1894—1967）为人正派，不索隐行怪、铤而走险。索隐行怪，孤高自赏，曲高则和寡，与百姓距离远，不易被接受。将不可以因怒而兴师，以己之好恶决定一切，铤而走险。此点，可以近代史印证，个人的修为极为重要。

《战国策》、子书好好看，练习用心。看《战国策》时，得琢磨理由。《三国演义》于你们有助益，可以学会动动脑。天天处在太静的环境，头脑没有受刺激不行。《孙子》是个原则，你学，敌人也学，运用之妙在乎智慧。不学无术，反之学就有术。学问就是"问学"与否，不是读哪本书，世路人情皆学问。

每个人对事情都可以有想法，但得有方法做到，否则就是穷途末路。穷不同于贫，穷是没有职业，贫是没有钱。有很多有钱的穷小子，没事做；有人很贫，但天天拼命干，就很富有，因为懂得奋斗。

【注】陆希声曰：运兵计谋，或阻敌人之粮道，截之而为我有；或攻敌人之巢穴，掠之而为军需，在我无转输之劳，而三军受宿饱之益。

【解】何氏曰：如何是"因粮于敌"，谓克敌拔城，得其储积也。

指归：师行既远，万一馈运不继，何以支持？所以入人之国，必须设计出谋，使敌之所有为我资。

走哪吃哪。设计出谋，使敌之所有为我资。"因粮于敌"，把它吃光。抗战时的八路军，光行军，后无随粮。但八路军到处捡废枪用，走时将枪捆绑在车上，兵则空手在后面走，怕枪丢了。当时大家认为共产党军队到处捡破枪怎能用？最后却能打败国民党，难不成有天兵、天将帮助？

做事必要善用环境，把左右环境变成我们的助力，反之则成为阻力。两个人一同做买卖，聪明者可以出奇招，因粮于敌。你们到哪儿，说话都要有分寸，举动有法度，给人留下好印象。做人没分寸，一生就完了！

国之贫于师（战争）**者远输，远输则百姓贫；近师者贵卖，贵卖**（百姓贵买）**则百姓财竭**（贵买致财竭），**财竭则急于丘役**（丘赋，昔按地出赋）。

【批】久战为私家之困。

【注】远输，运输之远也。近师，屯兵之地。贵卖，人多物少，售卖必贵也。财竭，贵其贵物，以致财竭也。兵役，即丘赋，因丘甸而出赋也。古制，丘出戎马一匹，牛三头；四丘为甸，出长毂一乘，戎马四匹，牛十二头。

孙镐曰：国用急迫，乃令出甸赋，违常赋也。

【解】"竭"字较"贫"字更甚，故"急于丘役"。

计划一事时必注意："远输民贫，近师贵卖。"就地取材很重要。"急于丘役"，急，迫也，赋重而不易供也。丘赋，违于常赋。作战，非一人之事。我刚来台时，看兵很多，兵搭草房住。

老蒋在"凯歌归"办公，任国民党总裁。

"凯歌归"原为川菜餐厅名称，李隆基有"今朝书奏入，明日凯歌归"句，应取自此。国民党"中央党部"迁台之初，将之指拨为党部办公室，该址日据时代曾为"赤十字会"台湾支部，亦曾为日军军官招待所"水交社"。

那时，哪里住的兵多，物价就贵。兵营距乡村近，兵不能管则比虎狼可怕。"食色，性也"（《孟子·告子上》），《礼记·礼运》称"饮食男女，人之大欲存焉"，必须正视并解决基本问题，大兵皆年富力强，饱暖思淫欲。

做任何事情都必须自基本解决问题，伪道学不能解决问题。

旧社会以"食色，性也"，本来就是最神圣的事。我们是从哪儿来的？天性也，谁能改变？

对事情要真认识，要了解人的心理。治国之道容易，不必求诸深。搞政治，别伪为，作假相。不伪为，诚也。以诚治国，不诚无物，人之所以失败，多半因为违背人性，"道不远人，人之为道而远人，不可以为道"（《中庸》）。做事不要自欺，拿出真心，如保赤子，"心诚求之，虽不中，不远矣"（《大学》）。

力屈财殚，中原（国家核心力量所在）**内虚于家，百姓之费，十去其七。**

【注】中原内虚于家，谓中原之内，民家皆致虚耗也。

【解】指南：丘役虽国家正赋，然征纳自有定期，急则暴于续赋矣。民既急于丘役，是必田禾未登之际，而先称贷以完课，安得不虚乎？

人多物少，因为供给前线，售卖皆贵，民家皆致虚耗，十去其七，所余三分如何过日子？许多事皆因一个"私"字，害尽天下苍生！

公家之费，破车罢马、甲胄弓矢、戟楯（jǐ dùn，干戈）**矛橹**（蔽卫之橹盾）、**丘牛大车，十去其六。**

【批】久战为公家之困。

【注】破，损也；罢，与疲同，困也。甲，以卫身；胄，以卫首。戟，戈属；楯，干属长牌也。矛，钩也；橹，车上遮蔽之大楯也。丘牛，一丘所出之牛；大车，长毂车，以载衣粮器仗之类。

唐荆川曰：凡在官器物，出师既久，多所损失。

【解】定解：百姓之费，十去其一，正所谓"百姓不足，君孰与足"之时也。而况十万之师，久暴于外，复有破车罢马等事，已去其六乎？

剩下十分之四用于国内其他开销，"百姓不足，君孰与足？"（《论语·颜渊》）

后勤极为重要！左宗棠新疆平叛，后备物资由内陆往外运送。当时曾、左意见不合，人人皆知，连慈禧太后也知。左宗棠为征新疆大元帅，曾文正却自告奋勇，做左的运输官。接济最难，可以想见古人的心胸！那时曾其实是真皇帝，"无湘不成军"。

曾国藩一生中，曾有四次被别人劝说当皇帝。虽有名士相劝，但他并没有要当皇帝的想法。曾氏从一个艰苦立学的农家子弟到京城高官，被提拔之速，在清朝、历代都不多见，这显然与清廷的特殊重用密不可分，因此曾心存感激。

·因此，新疆取得之功，国人皆归之于曾文正，因为后边的联勤最为重要，必用之得人。

故智将务食于敌，食敌一钟，当吾二十钟；其秆一石，当吾二十石。

【批】善用兵者，因粮于敌之利。

【注】务，专力也。钟，量名，受六斛四斗。当，犹抵也。秆，饲马料。百二十斤为石。食敌，所以省己之财费也。总结上文，能食于敌，则转饥为饱在此，变客为主亦在此。不食于敌，则百姓之财竭，公家之费繁，故曰"务食于敌"也。

皇甫肱曰：转输之法，费十方得其一。

【解】是故智谋之将，则无此患也。其用兵也，预虑乎百姓之财竭，公家之费繁，而常以取食于敌为专务焉。

王元美曰：下一"务"字，见为将者，精神要专注于此，以求必得之意。

前云"因粮于敌"，此云"务食于敌"，盖孙子恐人视"因粮于敌"为偶一为之之事，所以又说一番。

贵乎就地取材！战争失去的东西得补，又要浪费百姓的钱。有智之将必食于敌，消耗敌人的物资。做事必懂得就地取材，因为就地取材才便宜，此关乎经济学。运送东西时，损的量必算出，如中间的人事费、车马费等。

做事就地取材，则所花费者少，所收获者多。言善用兵者，"因粮于敌"之利，所以省己之财费。

投资即就地取材。如果中国都富起来，中国人的消费应是全世界的五分之一。

尼克松怕中国文化，说是神秘的文化。自尼克松所言，可知中国的潜力，可是得罪不得。美国前总统老布什说："那是个记仇的民族。"《春秋》所谓"三世必复，九世必复"，即有仇必报。中国人永不忘记当年美国对中国的八年禁运。

朝鲜战争期间，1950 年 12 月 3 日起美国对中国大陆及香港、澳门地区的出口实行全面的许可证制度（以前只对战略物资实行许可证管理），要求"美国应当运用一切努力防止中国共产党人从非苏联的来源获得直接用于军事目的的物资与装备"，"凡是一个士兵可以利用的东西都不许运往中国"，甚至包括纺织品和废橡胶，从而对中国实行了实际上的全面禁运。接着美国政府颁布"港口管制"，限令美国船只和飞机不得运输或起卸以中华人民共和国（包括香港和澳门地区）为目的地的战略物资和重要工业原料。为了从经济上扼杀中国，美国还极力促使其盟国和其他中小国家参加对中国的经济封锁和禁运。为加强对中国的封锁与禁运，更严格地实行对华贸易管制，制定更加严格的"禁运货单"，其清单远远超出了欧美各国制定的"巴统贸易管制"范围。据统计，朝鲜战争期间共有四十五个国家参加对中国的禁运。

再远的有英法联军、八国联军……英国坏透了！

1900年（光绪二十六年）庚子义和团事变后，英、法、德、美、日、俄、意、奥等国组成联合远征军，开始时总人数约三万人，后来增至约五万人，造成屠杀、抢劫等。慈禧太后挟光绪帝逃往西安，最终以光绪帝名义下"罪己诏"，召庆亲王奕劻和两广总督李鸿章与联军议和。清廷与包含派兵八国在内的十一国于光绪二十七年（1901）辛丑年七月二十五日签订《辛丑条约》，共十二款，外加十九条附件；付出巨额赔款，并丧失多项主权，因条约签订日为阳历9月7日，这就是所谓的故亦有"九七国耻"一说。参与八国联军的日、法、德、意、美都有分割中国领土的野心，而俄志在用其他条约获得中国东北。英、美则以商业利益为重，希望保持中国门户开放，并对日、俄的野心感到不安。最后达成的协议，没有要求清政府割地，而只要求巨额赔款，"庚子赔款"，总额为关平银（白银）四亿五千万两，赔款年息为四厘（4%），分三十九年还清，本息共计九亿八千二百二十三万八千一百五十两，以中国的海关税、盐税作为赔款抵押。还本付息定在上海，由汇丰银行、德华银行、道胜银行、东方汇理银行、正金银行经收。次年，美国花旗银行在上海设分行，参加组成"庚子赔款银行委员会"。清政府的关税收入仅能偿还以前的旧借外债，"庚子赔款"年额二千一百二十一万余两摊派给各省、关，引起田赋、丁漕、粮捐、契税、当税、盐斤加价、关税、厘金、统税和各种捐税的不断增加，当时称之为"洋捐"。有以"饿的话，每日熬一鹰"（俄、德、法、美、日、奥、意、英）作为八国联军口诀。

你们有时间必须看《韩非子》。

《韩非子》，先秦韩非论著，为先秦法家集大成的思想作品，对先秦时期社会各种领域的思维，有系统地对政治策略立场阐发，全面性的政策设计表述和深度的对统治技术探究，也间接补遗中国先秦时期史料之不足，书中许多寓言故事成为成语典故的出处，并提供不少"富国强兵"的霸道思想。

故杀敌者，怒也；取敌之利者，货也。

【批】作战之法，而归于知兵之要。

【注】怒，愤也。人心不愤，则不肯斗，在我有以激之，使之同心愤怒，以致果也。军无赏，士不往，得敌财货必以赏，人则自争先效命也。

怒敌！使兵杀敌，必激之以怒。但激怒兵，不能使兵知，应使他们自己感到怒了，才有效。职业化的作战，没有力量。

许多事必善用脑。创业之始，必设身处地去创业，摆架子不行，一个人不能成事，要合作。是同志，有利同享，有祸也跑不了。"怒事"才能卖命，想把事情做成功，必用方法激他们，使他们有责任感，才会脚踏实地去做。

最难得的是同道，以道相合。不能找"职员"，找"职员"，公司只是他的养老院。

施子美：使勇使贪，军之微权也。不勇则不怒，不怒则何以杀敌？不贪则不货，不货则何以夺敌？

说兵到"秋毫无犯"，是做文章，绝无此事。

"取敌之利者，货也"，要以敌赏兵。军无财，士不来；军无赏，士不往。重赏之下，必有勇夫。得敌财货必用以赏兵，则兵自争先效命。

车战，得车十乘以上，赏其先得者，而更其旌旗。车杂而乘之，卒善而养之，是谓胜敌而益强。

【注】得车，谓夺敌人之车。十乘以上，举大概而言。赏先得者，奖一以劝百也。更，易也。更易旌旗，与吾车同，所以使敌不识也。车，指所得之车。杂乘，令车不相聚。卒不同车，恐有变也。卒，指车中之卒。善养，谓以恩信固结，使不思归叛去也。

【解】车中之卒，加以恩信抚摩，庶彼尽为我用，不致思归叛去。如是敌车为我车，敌卒为我卒，岂仅曰"取胜于敌"云尔哉？不可不谓之增益吾之强盛，又何内外之足患耶？

题炬曰："益"字，从"胜"字看出。

战马有习惯性，不能换，因此必"杂而乘之"；战车上的士兵，亦得杂而乘之，令车不相聚，不使之成一帮，恐有变也，杂而处之，不相信但仍必用。本土作战难，语言相通，一有不利，兵就跑掉。

"一方水土一方人"，中国地大，南北兵习惯不同，必投兵之所好，"善而养之"，以恩信固结，使不思归叛。如兵的生活不安定，其他皆不能求。第二次世界大战时，德国希特勒失败原因多，如杀俘就增长敌人的战气。不像曾文正抓到战俘，问谁要回家，给路费；愿再战的则善待之。此为战胜敌人最好的方法。

故兵贵胜，不贵久。故知兵之将，民之司（当动词，执掌）**命，国家安危之主**（主宰）**也。**

【注】将不知兵，久而后胜，不惟境外之师徒暴露，士不恤死；抑且域中之井邑萧条，民不聊生，其为害也可胜言哉！故孙子丁咛以示之曰：知兵之将，民之司命。

李卓吾曰：我欲因粮，而敌则先清其野，将何所掠乎？我欲必战，而敌方高垒深沟，虽激赏亦何能为乎？足见久师之无善策也，明矣！

【解】总之，兵之为事，贵乎速胜以成功，不贵乎持久以自毙也。故知持久之不利，而务求速胜之将，乃天生执掌生民之性命，而国家所赖以安危之主宰也。

焦六霭曰：不曰贵速，而曰贵胜，用字最有斟酌；速而不胜，何贵于速？惟速而能胜，斯为贵也。

指南："民"字最宜着眼，"主"字亦不可忽略看过。百姓有其命，民安则国安。将能速胜，即可安而不危，危而能安。

出奇制胜！用《孙子》，必要知道敌人也读《孙子》。棋逢敌手，完全系乎运用之妙，贵乎能用智，存乎心。

施子美：将尽其能，则所系为甚重，事而有成，则民生国安，一或败焉，民死国包，故为民之司命，国家安危之主也。

了解战事的将领，就是掌握人民生命的主宰。主其事者必须有德、智，国家的好坏系于一二人之身。做官容易，做政治家难！机术不够高明，太无政治艺术。就是笑也要看场合，厉害在此。世愈是乱，愈要处变不惊，戒急用忍，实事求是。做事，不可做伪君子。

九一八事变后，满洲（东北三省及内蒙古东部）不易帜，山海关一关，溥仪"登基"，"满洲国"成立。

日俄战争后，1906 年日本成立"南满铁道株式会社"，以便对中国进行有效的渗透。1932 年 1 月 28 日，南次郎返回日本，向日本天皇作了《满洲近况》报告，建议在满洲建立"新国家"，如此可以方便日本今后进攻苏联，"向北发展"，而日本借控制这个"新国家"的经济，可使日本得到足够的资源，亦可通过向满洲移民解决日本地狭人稠的问题。而一直冀望复辟清朝的前满洲贵族以为时机到来。满洲宗室、时为吉林省军参谋长的熙洽打开吉林城门，向日本投降。熙洽密信溥仪，请"皇上"回到"祖宗发祥地，复辟大清，救民于水火"，在"友邦"支持下，先据有满洲，再图关内。以熙洽为首的前满洲贵族向日本方面提出迎接溥仪至满洲、建立君主制的国家。1932 年 2 月 18 日发布"独立宣言"："从即日起宣布满蒙地区同中国中央政府脱离关系，根据满蒙居民的自由选择与呼吁，满蒙地区从此实行完全独立，成立完全独立自主之政府。"3 月 1 日发布"建国宣言"，宣布"满洲国"成立。3 月 9

日溥仪宣布就任"满洲国"执政，年号"大同"，"满洲国"正式建立。9月15日，关东军司令官兼驻"满洲国"特命全权大使武藤信义与"满洲国国务总理"郑孝胥在勤民殿签署《日满议定书》，"满洲国"承认日本的既得权益，还约定日本军队所需各种物资、设备由"满洲国"负责，日本有权开发矿山，日本人有权充任"满洲国"官吏，日本有权向"满洲国"移民，等等。并允许关东军在"满洲国"内驻军。1934年3月1日，溥仪在新京（长春）登基，改"满洲国"为"满洲帝国"，称帝，年号"康德"。"满洲国"以"王道乐土，五族协和"为建国方针。直至1945年8月因日本本土受到美国原子弹攻击，苏联红军袭击驻守"满洲国"的关东军和"满洲国"军，日本战败；同年8月17日午夜至18日凌晨，溥仪宣读"退位诏书"，"满洲国"正式灭亡，计十四年。

简言之，当时的领导人都不成熟。我与宣统帝（1906—1967）同龄，宣统正月生，我九月生。我俩二十五岁时，"满洲国"成立。

中国如有福，中山先生（1866—1925）应活到八十六岁，但他六十岁就走了。后来掌权的都年轻，老蒋（1887—1975）年纪大些。志与妄想，是两回事。张学良与我同一个老师——沈梦九，此人是名流，在家中教我们；同争一块土——东北。

1928年皇姑屯事件后，张学良宣布东北易帜，标志着中华民国完成形式上的统一。1931年9月18日日本关东军发动九一八事变，东北军选择不抵抗，张退守锦州，带领东北军退至关内。1932年3月1日"满洲国"正式成立，不易帜而宣告"独立"。

天下无巧得之事，今天回头一看，能在百姓心中过关，如孙中山与周恩来，因为表里如一，"人之视己，如见其肺肝然"，你出什么主张人皆知。

上一代的错误，必须好好正视，国家的好坏系于一二人之身，即掌舵者。真是无言以对苍天，应有勇气向后人认错。

我是1947年"二二八"事件后坐军机来台的，当时一机坐三个人，三人被隔开，中间放些什么东西不得而知，东西都顶天。其实，掌权者亦痛苦！我经过阳明山时，必到昔日住处看一看，仍有老兵看守。我曾住十多年，后来严家淦（1905—1993）住。我以开玩笑的语气说："大丈夫不可一日无权，不可一日无钱。"提出教书要求，下山开始教书。

我从日本到德国学军事，后来从事行政。来台所做的两件慈善事，后来皆因失于贪，乃无疾而终。

我活这么久还不老，在能化气，并不生气。我七十岁就作墓碑，却愈活愈精神！

知识分子是时代的安定力，不是靠武力而是智慧。你们应善用智慧为未来奋斗，要用理智，否则偶一不慎就万劫不复。

谋，某人之言，二人对议谓之谋，乃彼此商量而成事。《说文》："虑难曰谋。"使难不临身。人生的目的是用世，人世如战场，天天都是战争，做任何一事必懂得虑难行谋，要有万全的准备。"君子以作事谋始"（《易经·讼卦》），"凡事豫则立"（《中庸》）。

用兵之法，最上为保存敌国。不战而取敌，连兵卒都保全。以智取，谋攻。谋和亦得谋，和得有道理。一举一动不可以走二流路子，上兵伐谋。最上上领兵者，伐谋。

下棋抢什么？棋眼。之后星罗棋布就不难了。世事就一盘棋，摆子要摆在棋眼上。抢得棋眼，做事就左右逢源。高手每天读棋谱。中国的经史子集，都是治世智慧的棋谱；中国人长于政事，任何一本书皆政论。中国棋谱之完整，却一百五十年不能用，故从鸦片战争后饱受欺凌！

湖南何以在近代中国人才辈出？岳麓书院校训：实事求是。毛泽东得此利很大。

岳麓书院，中国古代四大书院之一，始建于北宋开宝九年（976），历经宋、元、明、清，迨及晚清改为湖南高等学堂，至今仍为湖南大学下属机构，历史已逾千年，是世所罕见的"千年学府"。明清至民初是岳麓书院培养人才的鼎盛时期，鸦片战争前后有陶澍、贺长龄、严如煜、魏源；咸丰、同治年间则有曾国藩、左宗棠、郭嵩焘、胡林翼、李元度、刘蓉、刘长佑、曾国荃、刘坤一等；戊戌变法期间有谭嗣同、梁启超、唐才常、沈荩、黄遵宪等维新变法人士；戊戌变法失败以后有蔡锷、陈天华、程潜等。辛亥革命后，废学堂，兴学校，改为湖南高等师范学校，杨昌济、徐特立在此任教，蔡和森、邓中夏、舒新城等就读于此。1916年北洋政府改变学制，湖南公立工业专门学校迁入岳麓书院，宾步程任校长时，题写"实事求是"作为校训，倡导一种科学精神。其后，由杨昌济主持湖南大学筹备处。杨昌济为毛泽东老师，也是岳父。1962年2月正式在岳麓书院旧址成立湖南大学。（参见《岳麓书院史话》）

许多人将妄想当成志！但如敌人高过你太多，你怎么对付？学智慧要随时用上，常用就熟，熟能生巧，均非一日之工。

谋攻者，以谋攻人也。以兵攻者，决胜负于锋镝之下；以谋攻者，则以全策取胜，而不恃乎兵攻也。

遇事时不打硬仗，必善用心之机，"以全策取胜"，用万全之策，绝不出纰漏。谋攻之事，不能开门见山，要看势设谋。任何事无详虑不随便做，要志在必得才做；说话亦同，话到舌边要留半句。成功绝对不是白捡的，而是有所守，能有所不为。

一般讲兵法，以兵攻，以战相交，"此匹夫之勇，敌一人者也"（《孟子·梁惠王下》）；而谋攻，则不一定只敌一人，可以取天下。经深思熟虑后，以谋攻人，则箭不虚发。

《孙子》恐人泥于速战，伤残人命，故此篇言不战屈人，用谋为持重之本。

"不战屈人"，谈何容易！你懂《孙子》，别人亦懂，要以"人为之势"为之佐来取胜。斗智时，双方皆有智，不战而屈人必有奇招，才能有奇计，因为先人一着而胜了。都有高着，但胜你一着！

培智，自嗜欲入手，因为嗜欲深者天机浅，反之嗜欲浅则天机深，天机即智慧。必以刻苦修身，夜以继日，养成善知识、善智慧，才能谈其他。

吸收必有一番工夫，是脑子的训练。静心想一问题，才能有谋、有虑。

"有特殊立场，才有特殊地位"，特殊环境才能造就特殊人才。要以"战战兢兢，如临深渊，如履薄冰"（《诗经·小雅·小旻》）的精神培养智慧。要多读书，"终日所思，不如须臾所学"，学乃培智之不二法门。

人生就是战场，就是一盘棋。想求胜，不能不读棋谱。下棋，先读棋论，再看棋谱。昔学画，先学磨墨，看画论，再看画谱，然后按画理画。

谋攻第三

此篇言用兵以攻人之国，而能全人之国，即军、旅、卒、伍也，有以全之，斯为善战，斯为谋攻耳。盖唯以全人之国，为攻人之谋；又以伐人之谋，为谋攻之上策。故军旅卒伍，无往不得而全，始可谓"以全争于天下"。

观其不以百战百胜为善之善，而以"不战屈人为善之善"，总是"兵期无兵"之意。

国家充实国防力量，在期于无战。都有准备，势均力敌，谁也不打。

中国人的道德观，立刑在"刑期于无刑"（《尚书·大禹谟》）。

中国读书人必谈政。中国任何一本书皆政论，中国人最长于政事。社会上，人人皆有兵备、国防，但甚少用上，天天皆用冷战。中国人最长于冷战，中国所有的书，皆古人的智慧，皆政论、冷战之术。

谋国，在谋国家不受瓜分。民国时，有些政治人物中有可骂的，但也有贡献的，他们取消了不平等条约。

中国的废除不平等条约，并不是在革命胜利或宣布独立的一夕之间以一揽子废除的方式实现的，它是几代人不断努力的结果。北京政府的修约运动、南京政府的革命外交、抗战时期实现废约，直到中华人民共和国彻底清除不平等条约，形成了中国废约史上的一波波高潮。第二次世界大战全面爆发，由于中国与意、日为交战方，因此废除了两国对华的不平等条约。1943 年 1 月 11 日，美国和英国分别与中国签署《中美新约》《中英新约》，自愿放弃在中国的特权。治外法权废除后，中国司法权才完全独立。到1947年时，中国与比利时、挪威、加拿大、瑞典、荷兰、法国、瑞士、丹麦、葡萄牙九国的不平等条约已经陆续废除。1949年9月，中国人民政治协商会议通过了《共同纲领》，其第五十五条公开宣布："对于国民党政府与外国政府所订立的各项条约和协定，中华人民共和国中央人民政府应加以审查，按其内容，分别予以承认，或废除，或修改，或重订。"

政治就是跑接力，你们这一棒可能跑快些，但不可以否认前两棒。现在谈自由、人权，也是自前两棒来的。讲艺术，应是你们孙子那一代。当务之为急，生在今天，必知今天之当务，要急所当务。

孙子曰：凡用兵之法，全国为上，破国次之；全旅为上，破旅次之；全卒为上，破卒次之；全伍为上，破伍次之。

【批】谋攻者，当有以屈人而全人，始足称善于天下。

【注】"全国"者，不以兴戎，敌自来服，保全其国也。破国者，乘埋发机，溃众夺地，破其都邑也。万二千五百人，为军。五百人，为旅。百人，为卒。五人，为伍。

【解】用兵必有其法，惟在以谋攻人，使之降服归顺，保全其国方为上策。若夫以兵攻破，必致伤财害民，则为次矣。

王震曰：所以"全"者，只是用计使人降服，此与杀人盈野者固异，而视千羽之德化则远矣。

全，纯玉，《说文》云："全，完也。"本义为纯色玉，盖谓交纳的玉完整无缺。《孙子》讲全人，最高"全国"，是止戈之书，保全人类，停止战争，求得和平。

施子美：爱人者，圣人之本心；不杀者，圣人之神武。以是心用是武，虽未能息止干戈，而于敌孰无伤焉，故攻其国，爱其民，全之必也。

《庄子·养生主》中，庖丁解牛，以无厚之刀刃，入有间之骨节，既游刃有余，又不伤刀刃，即是"全"的功夫。

说谋容易，但如无沉静的功夫，就无法出谋。整天头昏脑涨，还能出谋？"谋攻"，以全策取胜，全人之国，全人之兵，也全此国之民。"全国"，不以兵戎相见，而使对方服者，为上上之智，最高的境界。"破国"，使其成附庸，则次之。"全军"，少杀伤敌人。中国人讲战，必保全对方。

是故，百战百胜，非善之善者也。不战而屈人之兵，善之善者也。

【注】屈，惧服也。善之善，犹言善而又善也。

【解】纪燮曰：不用兵刀，而使敌人倾心，举国来服，是最难底事，故称第一等。孔圣谈笑以却莱兵，不战屈人，当首推之。

施子美：以力服人，不若以德服人。以力服人，人犹有敌己者，琅为功未大；以德服人者，不期服而人自服，其为效岂不大哉？百战百胜，未免于有战也，不战而屈人之兵，谁与敌哉？

百战百胜，元凶。因为到处都是敌人，只要你力量一软弱，敌人都不服你。

孟子曰："春秋无义战，彼善于此，则有之矣。征者，上伐下也，敌国不相征也。"（《孟子·尽心下》）

做事要声东击西。不战而屈人，因以谋攻人，谋高一着。中国东西必冷静读。"仁者无敌"，真是仁者就没有敌人，"箪食壶浆，以迎王师"，欢迎都来不及。不是与民战，而是与昏庸的领导人战。民不战，主动归服你，岂不是"不战而胜"？懂得动员之术极为重要。"南面而征，北狄怨；东面而征，西夷怨。曰：'奚为后我？'"（《孟子·梁惠王下》）因为受不了领导人的压迫，就盼望有人来救。所以一来就服，浑蛋政客就流亡国外。

绝不打没有把握的仗，不敌绝对跑。不要打硬仗，以硬碰硬必败。要了解自己的实力，知己知彼才能百战不殆。

人生就是战场，成功很不容易，看清了都有成功的机会。欲是陷阱，越是留恋，越陷越深，成功的机会就越少。人一天废寝忘食所为何来？设若有朝一日你能为时代留下什么？当年板桥林家（台湾五大家族之一，自清代时发迹于台北板桥）有多少地，又留下什么？宜兰古道，林家也开辟一段。林家无出一败家子，自然环境造成的。行有余力，应做点留给后人的事，如王永庆修医院可以，但不能再开一条发财路。

努力应该有目标，有时一辈子没有达成目的，但依然成功。

故上兵伐谋，其次伐交，其次伐兵，其下（下焉者）**攻城**（兵临城下）。

【批】伐谋而推及攻城之害。

【注】上兵，上等用兵者，至极而无以复加之称也。伐谋，谓以计破其计，使敌畏服而不敢为。

计，乃最高机密，故所用之间必是上智之士。以计破其计，先招必知敌人之计。

【解】魏武曰：敌始有谋而伐之，易也。

李维垣曰：伐谋者，入敌人之意而攻之也，故曰上兵。

谋，《说文》云："虑难曰谋。"计谋，谋略，一般皆以为诡诈，实可指"筹划、计划"。谋，明于众人之前，谟明弼谐，大家互相合作，才能和谐。合作之人不能有隐私，必互相了解，但非谋略要公之于世。伐谋，必有大智慧，是冷战之术。

智者办事，必不同于常人，必善用智慧。智慧，可以功夫培养，"或生而知之，或学而知之，或困而知之，及其知之，一也。或安而行之，或利而行之，或勉强而行之，及其成功，一也。"（《中庸》）"生而知之者，上也；学而知之者，次也；困而学之，又其次也。困而不学，民斯为下矣！"（《论语·季氏》）

不要批评别人，要自根上入手，用修己的功夫去己之短，如曾文正公的求阙（缺）、养拙。

伐谋，必须有实力，才能兵不血刃而达到目的，指哪打哪。不动声色才是上上之策，既保全了自己，也保全了敌人。

将"伐谋"变成"结谋"，即结一帮人，"三个臭皮匠，胜过一个诸葛亮"。书呆子没有用，成孤家寡人。

【注】次，次于上兵者。交，党与。伐交，谓离其党与，剪其羽翼，以孤其势也。

【解】上等之兵，在于敌始有谋而扼伐之，以摧其萌。其次者，在于敌有交与而离散之，以孤其势。

"其次伐交"，"交"，交胫，共，相合。《易·泰卦》云："上下交，而其志同也。"伐交，交与国，亦含伐谋，冷战，孤立对方。清战胜明，即用反间计。

伐交，一是本身要结我们的交，直接去结交；二是敌人的敌人，就是我们的友人。此必结之以利，且好处还必超过对方所给的，要知人之所需。要天天备战，结志为上策，志同道合；结交为下策，如孟尝君养鸡鸣狗盗之士。

外交上处处失利，乃因头脑不足。有脑，厉害得很，不在学历高低。

培养智慧，要多读书，"终日所思，不如须臾之所学"。要正面读经书，反面用术。

【注】伐兵，谓临敌对阵，兵刃相接，或致之来而与战，或出其不意而掩袭也。

"伐兵"，热战。临敌对阵，兵刃相接，或致之来而与战，或出其不意而掩袭。

【注】攻城者，敌既坚其壁垒，而我锐意攻之，不惟师老费财，抑且死伤必多，故为下策。

"其下攻城"，下焉者，兵临城下。兵临城下，攻者与被攻者皆下策。

攻城之法，为不得已。修橹轒辒（fén wēn）、具器械，三月而后成；距闉，又三（喻久）月而后已。

【注】修，治也。橹，大楯也，所以蔽矢石者。轒辒，四轮车，排大木为之，下容数十人，上蒙益皮，且覆以士，用以攻城也。具，备也。器械，机关攻守之总名，如飞楼、云梯是也。距，相拒守也。闉，城外曲城。距闉者，附城为山，藉以登城也。又曰：闉，当作堙，积士为山，以距敌城，观其虚实也。三月，约经时成也。已，止也。

【解】其所以攻城者，亦万不得已而为之耳！

在壁垒之中，不得已而为之，自外围攻，不自正面攻。

张预曰：器械曰成者，言其久而成就也。距闉曰已者，言其久而毕事也。

定解：自修橹以下，攻久损兵，城究不拔，极言攻城之灾，所以明"谋攻"之善耳。

攻城，非徒手，必准备多少战具，经过多久时间。

"修距闉"，需准备时间。"闉"，保护城门之正门，城外曲城，城外城，城外土山，附城为山，借以登城，窥视之以观敌虚实。攻城挖地道，费时更长。曾国荃攻南京洪杨太平天国，即用挖地道成功。

将不胜其忿而蚁附之，杀士卒三分之一，而城不拔者，此攻之灾也。

【注】蚁附，言驱其士卒，攀缘上城，如蚁之缘墙者然也。三分之一，言为所杀之多也。拔，攻而举之。灾，害也。

何氏曰：士卒登城，死者将半，城且不下，斯害也已。

【解】总是戒人不可攻城之意；故举攻城为灾，做个样子。

忿，《说文》云："悁也。"藏之于心，比愠猛些，愤愤不平。读书自字义了解深义。《大学》称："身有所忿懥（zhì，怒也），则不得其正。"忿，乃战败之种子！不可忿而兴师。怒，形之于色，气愤盈怒，若强弩之发，人怒则面目张起，凡怒当以心节之，故从心奴为怒。智者不怒。

"将不胜其忿"，好发脾气者，成不了大事。领导人内心的忿气，忿则昏，无比"忿"再能坏事了！要有能耐，能耐则不忿，有纳气，真能受气，非无志也。有志，"无所不用其极、无入而不自得"。

"蚁附之"，攻城时，士卒攀缘，如蚁之缘墙。

想办一事，主要是要达目的，可能不择手段，如动不动就"和他拼了"，岂不是头脑简单？

故善用兵者，屈人之兵而非战也，拔人之城而非攻也，毁 (坏) 人之国而非久 (久战) 也。

【批】谋攻之法，在以万全之道，争胜于人而不可徒尚锋镝。

【注】非战、非攻，谓破其谋，败其交，截其粮，断其路，不用战攻而服之也。非久，谓乘其弊而胜之，不久露师也。

非战非攻，破其谋，败其骄，劫其粮，断其路，不用战攻而服人者也，乃乘其弊而胜之。"多行不义必自毙"，不必与之斗，"天作孽，犹可违；自作孽，不可活"。知时、知势，乘势而为之，善智也。

施子美：不见其为之之迹，而取其成之效，此不可以常势求也，必善于用兵者而后可也。

知时、知势，乘势而为之，善智也。

与人斗，不斗于其最盛时，要用纳气消耗对方的力量，然后乘其弊，攻其无备。杀人之心不可有，但防人之心不可无。

必以全（全争之德）**争于天下，故兵**（兵器）**不顿**（同"钝"）**而利可全，此谋攻之法也。**

【注】"全争"者，以彼我两全之计，争胜于天下也。

张预曰：不战则士不伤，不攻则力不屈，不久则财不费，无顿兵血刃之害，而有富国兵强之利，所以为"全争"也。

【解】谢弘仪曰："全争"，非不争也，以全而争也。"全"字以谋言。

"全争"，兼言全己全人言最是。不然，"兵不钝而利可全"句，便没着落。

一个"全"字，亦可说是孙子立说之所本。全，"以彼我两全之计，争胜于天下也"。必以"全"争于天下，即处处要取胜，但绝不损害对方，可见《孙子》中亦有讲仁义之处。

施子美：善与而不争，圣人之能也。以全取胜，圣人之所争也。盖圣人无意于伤民，惟其所争者大；所争者大，则其利必可得而全尽之也。

儒家讲"行一不义，杀一不辜，而得天下，皆不为也"（《孟子·公孙丑上》），但有罪者则必杀之，杀人以安人。因为最坏的人犹言"替天行道"，如张献忠立"七杀碑"。

民间流传，明末起义军领袖张献忠在四川大屠杀，杀人如麻，还特意立下一碑以解释其作为，上书一对联，文曰："天生万物以养人，人无一德以报天。"横批："杀杀杀杀杀杀杀。"

孔子一当官，就立诛少正卯。

《荀子·宥坐》载：孔子为鲁摄相，朝七日而诛少正卯。门人进问曰："夫少正卯鲁之闻人也，夫子为政而始诛之，得无失乎？"孔子曰："居，吾语女其故。人有恶者五，而盗窃不与焉：一曰心达而险，二曰行辟而坚，三曰言伪而辩，四曰记丑而博，五曰顺非而泽。此五者有一于人，则不得免于君子之诛，而少正卯兼有之。故居处足以聚徒成群，言谈足饰邪营众，强足以反是独立，此小人之桀雄也，不可不诛也。是以汤诛尹谐，文王诛潘止，周公诛管叔，太公诛华仕，管仲诛付里乙，子产诛邓析史付，此七子者，皆异世同心，不可不诛也。《诗》曰：'忧心悄悄，愠于群小。'小人成群，斯足忧也。"

要有冷静的头脑，遇事要冷静想。遇事绝不可以盲从，必仔细详加分析。下攻击令，攻与击，非一事。

全，是中国最高的战术。慢慢想，非造谣。

谋攻，步步为营，以谋攻谋，必先人一着。用兵，以智不以力，或用奇招，或用智慧。

智慧乃由多经事"煅炼"，越"煅炼"越聪明。不经一事，不长一智。智慧绝非空想、杜撰出来的。舜"好问"，是主动的；"好察迩言"，研究左右人的意见；"执其两端，用其中于民"，遇事好好研究，再去做。必要有负责任的精神，遇事能勇敢面对，愈做智慧愈出，绝不躲避！

昔皆致仕讲学，因为饱经风霜，经九炼十磨后才能成事。有智慧，必多经事的磨炼。青年做事吃亏是交学费，得经验，有警觉心了，不吃二亏。不二过，不容易；不二亏，则可以。

兵法，不一定是作战。谋攻，全争，不花钱，兵不血刃，而要的都得了。得失，指整体而言，人生有得必有失，小失不损己之所得。

人每天睁开眼即作战，宇宙、社会、国家就是战场，小两口儿怎么斗争和战？小孙女天天窥伺我。小孩自懂事就谋攻，要养成在外不吃亏。夫妇吵架，避之。比不上，得避之；小敌之坚，大敌之擒也。家庭完美，必用计策、谋略。自此理悟许多道理。

故用兵之法：十则围之，五则攻之，倍则分之。

【批】谋攻之事，而知彼知己，尤为切务焉。

【注】许洞曰：以兵围人者，必有主阵，有分阵，主阵以自固，分阵以合围，故必以十倍之众，乃可得也。

【解】刘寅曰：十围五攻，特就将之智勇等，而兵之利钝均者言耳。

两军元帅智、勇相当，就用"十则围之，五则攻之，倍则分之"。但大国与小国作战，不能泥于此规格。

"十则围之"，有十倍于敌人的力量，则围之，围得水泄不通，使他们不得逃逸。

"五则攻之"，如有五倍力量超敌，则可攻之。攻不一定流血，如谋得对，攻就有成效。要声东击西。

人生如战场，面对的都是敌人，非旗鼓相当不能轻举妄动，因为竟全功不易！

【注】倍，加倍于敌；分者，分为二部，一以当其前，一以随其后，使备前则后寡，备后则前寡也。

此为文人解释，无此作战法，不通！

不可以迷信注，以之当筌。读书必要有"得鱼忘筌"的功夫，要直接玩味本文，整个玩味，在乎自己的体得。要拿书当智慧读，用前人的智慧启发自己的智慧。

"倍则分之"，分班侍候，更番迭出，以逸待劳，使对方疲于奔命。合谋，群智，十个臭皮匠；然后合力，群德，众志成城，就能成事。

"二人同心，其利断金"，有纳气，能容，有容乃大。天生此人必有用，用人必用其长，尽看其长，则天下无不可用之人；尽看人之短，则无可用之人。

敌则能战之，少则能守之，不若则能避之。

【解】吴璋曰：能战者，制阵有法，奇正相生也。若致死争锋，则不可以言能矣。

施子美：三者皆以能言之，则能者可以胜，而不能者必败也。

"敌则能战之"，相敌，一比一，相等。势均力敌则以己所长，或设伏以待之，或出奇以击之。

"少则能守之"，少，不敌，以"能"全己，不盲动。

东西少，懂得少之用；多，懂得多之用。"不患寡而患不均"，"均无贫"（《论语·季氏》），少，都均，就没多，不觉得自己少了。

你们糟在心不能一，要以"惟精惟一"治"危与微"。读书精，心纯一，就怕不精不一！完全操之在己，自持。

萧吉曰：避敌亦自有道，或保险据隘，或诡情匿形，或假借声援，使不敢追迫。虽有退计，而无馁志；虽有弱势，而必无败形：此方为能。能避者，总非急走之谓。

施子美：势可以制敌，则胜之以其势；不可以制敌，则胜之以其机。

造声援！人都有腹心人，碰不得！用机心看一问题。你就是有完全的力量，也得用机心处事，不可以为已有万全的准备，就大而化之。

熊十力（1885—1968）说他"用心深细"（见《原儒·绪言第一》

《乾坤衍·辨伪》），我讲学总不马虎，即得自此启示。深细，即精一。

施子美：三者皆势有所不足以制人，而惟机之足用，此所以贵其能也。

"不若则能避之"，比不上，以己长避开，使对方抓不住。

做事目的在成功，不在壮烈牺牲，成功以后做元老，不可轻言牺牲。记住：留得青山在，不怕没柴烧。

故小敌之坚，大敌之擒也。

【解】设遭寡少、不若之境，则小敌在我，乃不能守、不能避，而坚意力战，将必为人之大敌所擒获矣。可不慎乎？

施子美：势不相若，而力不足以敌之也。

"小敌之坚"，力小于敌，必坚斗到底；"大敌之擒"，只成力量大的敌人之擒。小于敌，绝不可刚愎自用，否则被力量大的敌人所擒。光知刚愎自用，必做俘虏。

通义曰：敌而战，少而守，非能不可；不若而避之，亦曰能何哉？盖专为将之恃勇而坚意赴敌者戒耳！

对方与你实力相当时，不可轻举妄动。人有竞争心，必分一二，因此就有战。要善用头脑，没有万全把握，不要发动攻势。战争，成功与失败，其苦皆一也。

通义曰：能守、能避，正谋攻学问，所谓"攻守互用"者也。不然，此言"谋攻"，不应掺入"守避"二字。十围、五分、倍分，盖全争之策，此善兵而全人者也。敌能战、少能守、不若能避，亦全争之策，此善兵而全己者也。"小敌"二句，而申全己之意。

与人竞争，必以己"能"跑第一，平时就必培养之。想有成就必用心机，天天用心机就有一套。有智慧者在少说话，多用心机不说，战胜的第一步。好狗不露齿，保留自己的实力。熟能生巧，能"虑深通敏"（《尚书·尧典》"钦、明、文、思、安安"，郑康成解"虑深通敏，谓之思"）了，乃富有心机。

社会事无论怎么乱，就用两个术，即正与奇。正，乃摆出圣人样，但必有超人的力量才能用上。正，是奇的伏笔，奇正相生；用正，正是为了那个奇。势均力敌，必以能战之，出奇招，出奇以制胜。人生如战场，必用点滑头，不如人就用点力量抓住对方。

社会上总是有敌我之分，每个地方皆有可据之险，如常走窄路则寸步难行，得守住。各有所能，才能在社会上站得住，裙带关系次之。"看破世情惊破胆，世路人情皆学问。"各有所长才能立世，没有一个人不想成功，拍马屁也是一种能，一无所能就坏，永远失业！要以能全己。

夫将者，国之辅也。辅周则国必强，辅隙则国必弱。

【批】良将系重于国家，而人君之委任贵专也。

【注】徐象卿曰：全争之谋，自将操之。假令无将，则虽有争胜万全之意，亦不能行于天下矣，故郑重言之。

【解】金千仞曰：车无辅不行，国无将必危，见将乃国家必不可少底，这"辅"字须看得极重。辅周，正是能审全争之谋。全国、全军，而不恃乎攻，争胜、争利，而不恃乎战，乃所谓"周"耳。

施子美：得贤将，则兵强国昌。周也者，以其材能之周而且备也，亦其谋之沉几周密也。

"周"，周密，不易，必要虑深才能通敏。快，易出差错，欲速则不达。辅周，思想特别致密；"辅隙"，思想不周，大而化之。将想得周到，此必上智之士方能为之，才智具备，可敌天下。

将到处出纰漏、有缝，乃因才智不全，勇夫，敌一人也。

国无才智具备之将，必危。将重要，但必委之专，不要处处掣肘，也不要叫他兼职。

才为天生，智可修得，必下功夫。"舜好问，好察迩言"，舜无一不取于人。"读有用书，养浩然气"，读书养志，有专业的书，有浏览的书。素养，乃在平时的养。一个人的修为完全在乎素养，不可以天天大而化之。平时小事马虎，则大事也不会细密。

一个人如果有细心的老伴，乃是这辈子的福！找一个爱你的，则你什么都不必说，对方就会为你准备周到。人生就是大学问，人贵乎有一愉悦的人生，要建立一个快乐的家庭。

故军之所以患（担心）于君者三：不知军之不可以进而谓（命）之进，不知军之不可以退而谓之退，是谓縻（控制，牵系）军；不知三军之事而同（管理）三军之政，则军士惑矣；不知三军之权而同三军之任，则军士疑矣。

【批】庙廊不可侵阃外之权，以发敌国之难。

"庙廊"，朝廷。

"阃"，昔女子居住之处，以前女子大门不迈，二门不出，阃范、阃德。"阃以外者，将军所裁"，专阃，指领兵大将。

【注】不可进，如天时未得、众寡相悬、强弱不敌之类；不可退，如出万全之谋、收一举之利、乘三军之怒之类。縻军，谓羁縻系其军，不得进退自由也。事，指赏罚号令；政，事之见于行者。权，变术也；任，委任也。惑，人心迷惑，不知所从也；疑，人心疑贰，不信之也。

【解】军之所以见害于国君专制者，殆有三事焉。何以见之？不知三军之不可以前进，而命之前进；不知三军之不可以后退，而命之后退，是谓縻系其军，不得舒展，此一患也。不知三军之中，赏罚号令之事，而欲参理三军之政，则军中士卒迷惑，而无所适从，此二患也。不三军之中，政战权变之术，而欲同预三军之任，则军中士卒疑贰而不能听信，此三患也。

贾林曰：军之进退，将可临时制变，君命内御，患莫大焉。

施子美：国不可从外治，而军不可从中御也。不从中御，前进退得以自如，而无所牵制。

"军"，一本首句"军"作"君"。君或为文人，根本不懂军事，坐于京指挥。1949 年 1 月，平津战役。

1948 年 11 月 29 日开始，1949 年 1 月 31 日结束，共六十四天。林彪、罗荣桓、聂荣臻、刘亚楼指挥中国人民解放军东北野战军和华北军区部队进攻，以伤亡不到四万人的代价，消灭及改编国民党军队三个兵团、十三个军、五十个师，共五十二万一千人，控制北平、天津及华北大片地区。此役即"平津战役"，为国共战争"三大战役"之一。三大会战结束后，国民党军队损失超过一百五十万人，精锐部队丧失殆尽，国民政府在大陆的统治崩溃。（有关三大战役，参见《剑桥中华民国史·下部》，中国社会科学出版社出版，下略）

当时，解放军围攻北平，傅作义陷入绝境，蒋下令要傅作战到底，如四平战役（1946）一样。傅开口骂："不做千古罪人！什么都打垮，到最后你也完蛋！"乃与解放军谈判。

傅与解放军经过三次谈判，于1949年1月21日双方草拟并签署《关于北平和平解决问题的协议书》。协议书规定：从一月二十二日起双方休战，北平城内驻军二十五万人移驻城外，到达指定地点实行整编。至1月31日，傅部全部开出城外，平津战役结束。（参见《剑桥中华民国史·下部》）

共产党作战，不打没有把握的仗，既无飞机、坦克，但能打垮装备精良的军队。

读《孙子》，非读文章，而在运动脑子。

"不知军之不可以进而谓之进，不知军之不可以退而谓之退，是谓縻军"。于八楼指挥，遥控。縻军，把军牵扯住，不使之有进退自由。

七杀八绝，七、八数字皆不好：七，《说文》云："阳之正也，从一，微阴从中斜出也。"八，《说文》云："别也，象分别相背之形。"

"不知三军之事而同三军之政，则军士惑矣"，政，赏罚号令，事之见于行者。"同三军之政"，管理三军之政。惑，迷惑。政治家不讲理论，是使之行出。

刘邦入咸阳，与百姓"约法三章"，不长篇人论，简单明白。

"不知三军之权而同三军之任，则军士疑矣"，行权，随机应变，兵不厌诈。疑，乃无信心，不能信服。

三军既惑且疑，则诸侯之难（攻击之难）**至矣，是谓乱军引胜。**

【注】《孙子》于"全争"之意，反复致论，而归其责于将并及于君。一则欲为将者，必守"全争"之策，毋以君命而苟从；一则欲为君者，必听持重之言，无求必胜，而中御也。

施子美·谓乱其军，而引人以胜己也。此无它，疑志不可以应敌也。曹公曰：引，夺也。谓夺其胜也。

自乱其军，自去其胜。"三军既惑且疑"，则扰乱己军，为情报员探知，乃引敌胜我们，《易·需卦》"致寇至"，自毁长城。临事必要方寸不乱，坚强到底。不知事，完全凭智慧判断，乃隔山看海。

乱政引胜，自扰军心，引敌入侵。

不是做官就是搞政治，有些人对政治天真到极点，就想当官而已！一个官没缺过，用的人皆不胜其任，则全国人皆"既惑且疑"。既惑且疑，就没有信心，则和你同等的敌人就来了。

"物必自腐而后虫生"，故诸侯之难至矣！

《孟子·离娄上》云："夫人必自侮，然后人侮之；家必自毁，而后人毁之；国必自伐，而后人伐之。太甲曰：'天作孽，犹可违；自作孽，不可活。'此之谓也。"《荀子·劝学》亦云："肉腐出虫，鱼枯生蠹。"

中国人最通人情，《易经》讲通德类情，"六爻发挥，旁通情也"（《易经·乾卦·文言》）。中国人自开始就懂得管理大家的事，乃将政分门别类，《尚书》是最早的一部政书。《大学》修、齐、治、平，是一步一步来的。

《大学》：古之欲明明德于天下者，先治其国；欲治其国者，先齐其家；欲齐其家者，先修其身；欲修其身者，先正其心；欲正其心者，先诚其意；欲诚其意者，先致其知，致知在格物。物格而后后知至，知至而后意诚，意诚而后心正，心正而后身修，身修而后家齐，家齐而后国治，国治而后天下平。

"万般不与政事同"，你们要快快修养胆、量、识。真想管理众人的事，胆、量、识三者缺一不可。

社会上最怕外行领导内行。内行有专学，外行领导不了。都用外行，都不懂，都听我的，此乃无量也。遇事先考虑小舅子，就失败了一半，因为无量。"蒋宋孔陈"四大家族为前车之鉴，小舅子虽不是假的，但未必能任事。

二十世纪上半叶控制中国政治、经济命脉的四个家族：蒋中正家族、宋子文家族、孔祥熙家族和陈果夫、陈立夫家族。曾有"蒋家天下陈家党，宋家姐妹孔家财"的说法。

识，包含识人、知人，才能任人。读书才能知人、任人，不知人如何用人？我讲《人物志》，在求识。

妄想不同于志，先考一考自己，即自试也。然后自讼，"吾未见自讼者"（《论语·公冶长》子曰："已矣乎，吾未见能见其过而内自讼者也"）。每天检讨自己，不管别人好坏。看到别人比自己好有无嫉妒心？要"人之有技，若己有之；人之彦圣，其心好之"（《大学》引《尚书·秦誓》），到此一境界了，才可以做领袖，用此衡量己之量。

有量、有识，还要有胆。有胆不易，想练胆，必将事情与环境认清。人得视死如归，认清了就有胆，没有什么秘密。怕鬼，谁见过鬼？又何必怕！遇到鬼，问一问，请他吃个饭。如真有鬼，那些被杀的人何以还要警察破案？

我年轻时，奉母命听佛经，讨厌和尚念经的调调，就故意打瞌睡，我母亲骂："何以慧根这么浅？"但她老人家故去那么久，也没有托梦，相信如真有灵，她第一个托梦的一定是她的宝贝儿子。

何以高级知识分子在宗教面前丑态百出？年轻人对事必认清，到极乐世界去干什么？人活着，生下来就有责任，为求生存必有一套，家就累得你不得了，还谈什么为别人谋幸福？

故知胜有五：知可以与战、不可以与战者胜，识（音志）众（多）寡（少）之用者胜，上下同欲者胜，以虞待不虞者胜，将能而君不御者胜。此五者，知胜之道也。

【批】因上意而推广之，以尽全争之法，皆为君将者所当深晓也。

【注】君御者，遥制之也。不御，所以一其威，且尽其才也。知胜者，预卜其必胜也。所长在我、所短在彼则可战；所短在彼则不可战。用众宜分，用寡宜合；用众务易，用寡务隘。上下，兼君民将士言。同欲，谓所欲与聚，所恶勿施也。虞，备豫也。将能，有才智也。御，如御车之御。君御者，遥制之也。不御，所以一其威且尽其才也。

许洞曰：料敌之外有审势，审势之外有推心，推心之外有修备，修备之外有假权，五者有一不知，不可以言胜也。

施子美：兵虽不能必胜，而胜亦可以预决。

"知胜"，预卜必胜。有必胜的把握，有自知之明。

圣人不是砭砭叽叽，走路不踩死蚂蚁，讲话轻声细语的。儒家以圣人"贵通天下之志"，要知道百姓心里在想些什么；通完志，不是弄民，是要交成绩单——除患，因为"贵除天下之患"。

《春秋繁露·盟会要》：盖圣人者贵除天下之患。贵除天下之患，故《春秋》重而书天下之患遍矣。以为本于见天下之所以致患，其意欲以除天下之患，何谓哉？天下者无患，然后性可善；性可善，然后清廉之化流；清廉之化流，然后王道举，礼乐兴，其心在此矣。

现在老百姓进步了，会分别，懂得保护自己的利益，要求安定。《易·需》曰："需于泥，致寇至。"敌人是你自己请来的。

人的欲很可怕，我天天吃素，但到哪儿都闻到肉香。人要能克制欲不易！"可欲之谓善"（《孟子·尽心下》），当其可的欲就是善，可欲不是绝欲。欲可节，不能绝。"食色，性也"，人人都有需求，"喜怒哀乐发而中节，谓之和"。

如果你们都能冷静，这些书都能看，但未必会用。你们有时将宋明儒学变成禅宗，但这一禅宗是吃不到肉的"馋"，证明控制欲不易！

我没有成功是事实，但有大陆那一段失败的经验，大小仗都参加。想容易，但光有想法，没有做法，难以成功，成功在有做法。

鲍超（1828—1886）以做木匠的技术作战，很能用智慧。虽不识字，但每仗必胜，成常胜将军。

鲍超曾被太平军包围，请求曾国藩急派援兵救助却苦于不识字；只会写自己名字，急忙写一"鲍"字，再以毛笔圈一圆圈于上，飞信给曾；曾收信呵呵笑言："鲍超需要我们去救他！"派援兵出，鲍遂得救。

成败，总是一半一半。土匪遇事，就一鼓作气。书呆子读太多书，遇事胆小，因为知道多，戒惧也多。

"知可以与战、不可以与战者胜"，知己知彼，所长在我，所短在彼，则可战；所短在我，所长在彼，则不可战。以能守之，不若则以能避之。没有失败，就是胜利。

用智难，"可与适道，未可与权"。权，乃知所以用理也；解释作权变，谁都会用，但到何时要权变？许多毛病都发生在此，对任何字无一恳切的解释。最高境界是学以致用，天天读书所学的就是理，权就是知道怎么用理。学了许多理论，还得知道用理。

我们可以使一个人良心发现，本着良知做事，顺着人性去做事，但无法叫每一个人都懂得怎么用理。知理不难，知所以用理为难，必要真正能用上。

"识众寡之用者胜"，"识"，音 zhì，默而识之，心会神通。做事以"识众寡之用"为要。争胜，必明白多少之用。要了悟多少之用，用多宜分，用少宜合。用众务易，用寡务隘。有人专以少敌众，乃知寡之为用。兵少有兵少胜敌的智慧，愈少愈精，易于支配。

要以寡胜众，必有决心与牺牲之准备，一致对外，步调一致，同其心；对内，可以面对面有意见，不能搞一言堂，否则大家都敷衍了事，噤若寒蝉就坏！

【解】陆萝雨曰：首篇言"同意"，下同上也；此言"同欲"，上同下也。

"上下同欲者胜"，领导人得与部下同欲，则上下一心。

首篇言"同意"，下同上也；此言"同欲"，上同下也。

"同欲"，大家都欲，多聚一点，"裒多益寡，称物平施"（《易经·谦卦》），聚多以助少，公平给予。忽略百姓的重要，只知自己的政权就坏。"好民之所好，恶民之所恶"，此谓之"民之父母"。

同欲，"所欲与聚，所恶勿施也"（《孟子·离娄上》："所欲与之聚之，所恶勿施尔也"），是情欲的，大家都欲，多聚一点，不做大家都讨厌的事。"同意"，是理智的，所谓志同道合。同欲中的忍耐，要能耐！牺牲小我，成全大我。但"同心"最重要；不同心，就是人多也没有力量。

上下都有必胜之心，才能胜。谁有准备，谁就胜。最可怕的是粗心大意，遇事大而化之。

团体中绝不可以找乌合之众，最低要同欲，进而求同志，最高则是同道。选择对象应审慎，不要找有背景的，因为代表全民，忧民之忧，乐民之乐。你们不是笨，而是没有进入情况。

家庭要好，家道必合，夫妇间同意则胜，大小事皆一样，彼此得有所容忍，要弄清大前提。

昔选乳母，必出身正，身体健康，乳水强。昔子女与乳母关系近，遇事必与乳母说，因与母亲并不亲密，就是终身大事也是。乳母陪到结婚，有感情，甚至帮带第二代；地位高，可以乱发脾气。乳母一死，必服素三年，皇帝亦如此。

皇甫肱曰：世之庸将，但伺人之不虞，而不知己之失备，败则其常，胜则其幸耳。

题炬：总是以密防疏，以严防懈之旨，在治将心慎慼而勿施上。

"以虞待不虞者胜"，"虞"，有准备；准备万全，等待敌人的马虎，有备者胜，"凡事豫则立，不豫则废"（《中庸》）。

李卓吾曰：多寡均者论强弱，强弱均者论治乱，治乱均者论劳逸，劳逸均者论将之勇怯，理之曲直，诸长皆在我而短在彼，则可战；否则不可。知此理者，必持重之将，故知其必胜也。

"图难于其易，为大于其细。天下难事，必作于易。天下大事，必作于细"（《老子·第六十三章》），非胆大不足以任大事，非心细不足以成大事，心思必细，左右没有一人不满意，才能百发百中。要懂细心，看清事情，认识左右环境再做事，则易收事半功倍之效。

人多少要有点成就，绝不能落空！人失败有失败的原因，所以要多读书。我训练小孙子，问："这科何以只达九十八分？就差两分满分最可恨！"给戴高帽，再提示："必静静地多看一遍。"现在就少错了，会坐着多看一遍，当模范生。我有一子，没看他长大。现在看小孙子长大，天天拿他当大人教，还得训练他妈妈。你们在家训练自己，看到底有多大作为，必"自试"。知道怎么去做为难，看许多育儿书，知道许多道理，但能用为难。

小孩要快快早教，"三岁知老"，三岁就决定他的一生。教小孩，必要有爱心。他并不懂得太多，但自以为什么都懂。人生下来就自以为什么都懂，能自己想就自以为比别人都高。人有好胜心，也就是有进取心，若能"拨之以正"就成功了，不拨之以正就要成小流氓了！但"导之以正"也不容易。

叶伯升曰："将能"二字宜着眼。将而能也，是全国全军，有谋有勇之人，便当委任也。乃必攻守进退，惟我所令，乌得以展其能？故曰"将能而君不御者胜"。是在人君有择将之识，而御将之方又其次焉者矣。

"将能而君不御者胜"，"阃以内者，寡人制之；阃以外者，将军制之"（《史记·张释之冯唐列传》）。"阃"，特指城郭的门槛。大将专阃外之寄。将领有大能，国君不支配、遥控，不完全驾驭，由他自己做主，不要耽误他，一定胜。将有才智不用，完全自己指挥，终成常败领袖！

崇祯吊死在景山，山不大但必称大。景者，大也。清降罪于此树，用铁琏子将树锁起来，到民国才放掉。三百年了，却还长不粗。许多人至死不悟，如崇祯临死犹喊"君非亡国之君，臣尽亡国之臣"，证明人有智不易，人人皆称己智！

有任人权时，要先"自讼"，再"自试"一下，否则仍然一样！必叫部下发挥能力，要知其才智，不加以支配。

战争，第一步要料敌，其次为审势、推心、修备、假权，此五者有一不知，不可以言胜，人事上亦如是。料敌，想致胜，必先清楚对方，知其长短；审势，看其所居之势，审之；推心，要对对方推心置腹，如各怀己私，则难推心，但推心与同欲同样难；修备，乃有万全之准备，先为之备；假权，即借外面的力量，达我们的权变、成功。

故曰：知彼知己，百战不殆；不知彼而知己，一胜一负；不知己不知彼，每战必败。

【批】谋攻之法，虽有五者，知胜之道，尤在审查敌我胜负之形，出入精微，以图全胜，盖致叮咛之意也。

【注】凡言"故曰"者，引成语也，后仿此。知，知胜负也；殆，危也。一胜一负，胜负各半也。知彼又知己，知己又知彼，两两分明，

斯为万全之计。

李卓吾曰：通结上文，言谋攻者，于虚实、强弱、多寡之悄，长短、优劣、利害之故，固不可不审于料人，尤不可不明于观己；人可击而我不便于击，人可围而我不便于围，以短犯短，以败欺败，此冒险以徼幸，持重谋全之将，断乎不屑也。古人用兵，有交绥而退者，有相持数月，莫敢先发者，无它，两将俱贤，自知既明，料敌复审，各防其失败故耳。

此篇始终以"持重万全"为本，而谆谆以"轻发尝试"为戒。略无一言诡谲之术。

"知胜负"，校量精详，其胜其负，洞然目前。

【解】若不知彼之虚实，不知己之强弱，外既无以料敌，内又不能自料，而冒昧以交锋者，决无一胜之理，每与人战，必皆败北矣。

施子美：用兵之道，彼己而已，校计索情，彼己之说也。知彼知己，则胜负可决。故虽百战，而不危殆。

能知彼之虚实，又知己之强弱，此人己兼谋，"虽百战，而不危殆"。"思而不学则殆"（《论语·为政》），殆，不妥当。

社会、家庭皆需作战。时势与人际关系的配合。知彼为先，必了解对象。你们这一代与人少有横的关系，难以成大事！必要有群德群力。

将有才智而不用，完全由自己指挥，终成常败领袖！必叫下面发挥能力，要知其才智，而不事事加以支配。

活着要用世，必有高招。有时胜有时败，半胜的把握。大而化之的糊涂蛋，则成常败将军。

李九我曰：兵法有远哨、近探之卒，亦知彼知己者所必资。为将者，宜各养死士数十人，亲信既深，岂忍负主？若驱之哨探，令与远近侦卒，偕往偕来，伪口不至，敌情可获，乃所谓"知之"也。

做任何事，没有死士不行。

间谍必用上智之士，因到敌处无法请示，凡事必自己做主，故必用上智之士。最要在了解敌情，人生就是战场，必了解对方。任何事皆有敌我，想取胜必彻底了解对方。

以实事对实事，要体悟道理以用之。办事，事先没有准备，就是不用脑。脑是与生俱来的，不假外求，智慧愈用愈出。

持重完全为本，老成持重才能负谋国之责，老成谋国。"老要张狂，少要稳"，稳即不轻发。诸葛亮使"空城计"；司马懿面对空城，能不轻发，乃持重之士，所以有厚望焉。

满人先后有几个政权：渤海国（698—926）、金（1115—1234）、后金（1616—1636，皇太极1636年改国号大清，后金共历二十一年）、清（1636年或1644年入关—1912）。我回老家到抚顺（今辽宁省内，有煤都之称）。

清太祖（1559—1626）建立后金。

1559年（明世宗嘉靖三十八年），努尔哈赤生于建州左卫苏克素护部赫图阿拉城（今辽宁省抚顺市新宾满族自治县永陵镇老城村）。祖父觉昌安、父塔克世为建州左卫指挥。1583年（万历十一年）辽东总兵李成梁攻打古勒寨，觉昌安、塔克世遭错杀遇难。李成梁因而奏请让努尔哈赤得以承袭建州左卫指挥使，努尔哈赤以十三副盔甲起家，数十年间在李成梁扶植下逐渐强大，将女真部落逐一收服。1601年努尔哈赤去燕京向明朝朝贡。1603年迁都赫图阿拉。1615年李成梁去世。1616年（明万历四十四年），努尔哈赤在赫图阿拉（即兴京，今辽宁新宾）称汗，国号"大金"，史称后金。

抚顺，是清太祖打江山时，第一个攻下的城市。

1618年（明万历四十六年，后金天命三年），努尔哈赤以明朝朝廷偏袒女真叶赫部等借口，以"七大恨"誓师，向明朝宣战。以后便出兵偷袭辽东各堡，连陷抚顺、东州、马根单、抚安堡等地，东州守将李弘祖战死，马根丹守备李大成被俘。抚顺游击李永芳与五百守军乞降于后金，范文程兄弟亦降后金，抚顺守备王命印、把总王学道、唐钥顺等拒降而战死殉国。辽东巡抚李维翰急命广宁总兵张承胤、辽阳副总兵顾廷相、海州参将蒲世芳、游击梁汝贵率军一万前往救援，却遭后金军反击而全部阵亡。七月后金军攻入鸦鹘关，越过辽东边墙攻占清河堡，即今辽宁本溪，清河副总兵邹储贤、游击张旗、守备张云程战死，此役掳掠人畜三十万，获马九千匹、甲七千副。史称"抚清之战"，惊动明朝廷君臣上下。

"满洲国"结束后，溥仪成为苏联俘虏，后来交给中国政府，中国政府将溥仪接回后，亦安置于抚顺。

1950 年 8 月 1 日，溥仪与其他"满洲国"二百六十三名战犯，在绥芬河由苏联政府移交给中国政府，送抚顺战犯管理所，受到约十年的思想再教育与劳动改造。此时，他的编号是九八一。

何以天下这么大，却有这么多的偶然，岂不是因果？做事要对得起良知，否则早晚有报应。许多人造孽太多，一有病就看见鬼来了。人心里有愧，在观念上就显现，静下来就会觉得那人在那儿晃动！万物皆源于心，问心无愧最重要。因为人有良知，良知上会过不去的事就不要做，无愧于心才做，心里就不会有不舒服，此乃良知存在，不能欺心。

基督教讲"原罪"，人有什么罪？迷才会信，要善用智慧。

中国迷信极多，真信了，一步也难出门，啥事都不能办了。洋迷信，"十三"不吉利，与土迷信一样迷信！日本讳"四、十"，大陆送"四色礼"。

四样礼，四色即四季，表示一年，含有自始至终，完美、美满等意蕴，是后辈对长辈的祝福。

用"五福捧寿""六礼"。

《尚书·洪范》："五福，一曰寿，二曰富，三曰康宁，四曰攸好德，五曰考终命。"所以，画五只蝙蝠，围着寿字，或围着桃子，寓意"多福多寿";中国玉器、陶瓷器上多有此图案。六礼,中国古代婚姻需备的六种礼节:纳采、问名、纳吉、纳征、请期、亲迎。

"满"字不好,满而必溢。

天下事皆人之为道,宗教领袖以迷立说,因人心有欲、有贪念,乃有忌讳,一迷就信,迷信。同样,要注意:碰人的忌讳,人必不理你。

培养自己有能,是你能做什么,非老师叫你做什么,你才能发挥力量。天下无一处是养老院。袁项城（袁世凯,1859—1916）当过总统。

1908 年 11 月光绪帝和慈禧太后相继病死,年幼的溥仪继位,改元宣统,其父载沣为摄政王。1909 年初,袁世凯被载沣罢去一切职务,令回籍养病。但其部属仍多位居要津,实权在握,袁时刻准备东山再起。1911 年 10 月（宣统三年八月）武昌起义爆发,汉阳、汉口相继被革命军攻占。载沣被迫重新启用袁世凯任钦差大臣,其后又任命为内阁总理大臣,指挥北洋军攻占汉口后,即进京组阁,并迫使摄政王载沣退回藩邸,接管了清政府军政大权。他命令北洋军攻占汉阳,迫使革命党人接受了停战议和的建议。12 月,派唐绍仪南下与革命党人谈判。以孙中山为首的革命党人坚持以"清帝退位"和"袁世凯宣誓效忠共和",作为选他当大总统的先决条件。于是,袁世凯借革命党人的声势,逼迫宣统帝于 1912 年 2 月 12 日（宣统三年十二月二十五日）退位。次日,向南京临时政府保证:"永不使君主政体再行于中国。"15 日,中华民国临时大总统孙中山辞职，参议院一致选举袁世凯继任，并议决请他到南京就职。但他以北京发生"兵变"为由，拒绝南下。参议院不得不允许他在北京就职。

袁那时进宫，也要给隆裕太后（1868—1913）磕头，太监喊"袁贼来了"，粗又胖，走路如鸭子，我形容"如地缸搬家"。

故宫里的一些大殿前，庭院中都摆放着一个个大金属缸。这些大缸腹宽口收、容量极大，而且装饰精美，两耳处还加挂着兽面铜环。这些大缸是做什么用的呢？原来这是当时故宫里的一种防火设施。很早以前，人们就想出了在门前放置大缸以及时救火的办法，只要时常将水注满，发生火情时就可以随时就近取水灭火。那时，人们称大缸为"门海"。从字面上不难理解，"门海"即是门前之大海。他们认为，门前有了大海就不会再发生火灾了，因此，大缸又被称作"古祥缸""太平缸"。在清代，宫中的铜缸是由内务府统一管理的。每天一早，内务府官员便命令苏拉（杂役）从井内汲水，一担一担地把所有大缸灌满，以备防火之用。每年到了小雪季节，宫内的太监就要在铜缸外套上一层特制的棉套，上面再加上厚厚的缸盖；同时，铜缸下面的汉白玉石基座里还要放置一盆炭火，并保证使其昼夜不息地燃烧着。这样，通过双重保暖措施防止缸内的存水结冰。保暖工作一直要到第二年的惊蛰时节才能结束，那时大地回春，气候已经逐渐转暖，太监们就会解去棉套，撤去炭火。为了保证宫中有足够的水源用于灭火，当时在宫中设置了许多大缸。这些大缸共分为铁、铜和鎏金铜三种，以铜缸居多，所以人们习惯地称宫中的大缸为铜缸。

袁也做过几天的洪宪皇帝，"太太死，满街白；老爷死，无人抬"，雇车回老家。这就是人世！

我在坏环境中仍活得长，因为总以为将来不一定。今天已经无一直接管我的，可能只剩两个人还知此事。

我第一次在天津检查身体，第二次在北京检查，大陆那边得中国东西的精华。我自中医的启示，知道中国文化可以救世，中国思想于人类和平可以有贡献。"以夏学奥质，寻拯世真文"，我刻的图章。"夏，中国之人也"，有夏历、夏声，所以中国学术应称"夏学"，不将中国学术碎尸万段，一律研究，不分经史子集，一也。读书有趣味，好好下功夫，慢慢就能自己看书。必自己能读书，好好玩味，才能得真滋味。

现在北京话有许多怪名词，是时代的演变，因为思想有变迁。语言在表达思想，并非古人作书故意为难后人，乃时代变迁所致。

《孙子》必细看，静静读，是谋也是术，属智慧的东西。人必尚谋，不可尚勇。谋在精，不在多少；精，得深思熟虑。读书贵精，不贵多。

读书要读成立体的，如医师之脉方，看社会有什么病，以此诊病。能互相印证，所学才有所用。临床实验，通时弊，了解今人心理。旧社会以"食色，性也"，本就是最神圣的事。我们是从哪儿来的？天性，谁能改变？不必伪道学，入圣庙的一个老婆的很少。对事情要真认识，了解人的心理。治国之道容易，因违背人性失败了。

"静"，青、争。第一步绝不能制造争端，百姓思安和乐利，想过上美好的生活，不要忘了本。台湾百姓会放好日子不过，要和亡命徒搞？"民之所好好之，民之所恶恶之"，此乃为政之原则。中国最有系统的两部政治哲学：《大学》与《中庸》。必要有修为，即修身和为学，才能当好政治家，为百姓谋福利。老百姓有习惯性，圣人"贵通天下之志"，要了解天下人的心理，不要与社会脱节，天天闭门造车，以为读完《孙子》，就会做事了。

军
形
第
四

　　做事，形最重要。形势一变，就必须改变方策。"外交官，受命不受辞"，大使重要在智慧，怎么说话必视形与势，此乃与生俱来的，会说就能打动人心。

　　每天努力，做别人不能胜过你的事。"怠者不能修，而忌者畏人修"（见韩愈《原毁》），应是"其心休休焉，其如有容焉。人之有技，若己有之；人之彦圣，其心好之"（《大学》引《尚书·秦誓》），有器量，有容乃大。

　　"三岁知老"，由一人之行动，可以知其一辈子。不要自以为年轻，是大孩子，耽误自己往前奋斗的精神。

　　形者，情之著也，胜负之征也。见其形，则得其情；得其情，则知所以制之之法。

　　圣人"通天下之志，类万物之情"。知必得能行，找能做的去做。做事的人与学者不同，学者讲得天花乱坠，连馒头都不知到哪儿买。成马后课不行，得知其所行。没懂得实情，如何有制之之法？这不是坐屋里空想，说空话。只要了解对方的实情，就知道如何控制之，"见形知情，则知制之之法"。

现已非一比一，如一比一还好办事。我虽数学不好，但也没有被骗过钱。回去，见到的都已成"元老"。后夫凶，即成"扁老"！

惟先自治而深秘之，然后密察敌人之形，而巧乘之，斯为用兵之善者。

"先自治"，非做梦，还要深藏若虚，然后"密察敌人之形"，看他有没有败象，有则巧乘之，此为用世之善。

"戒急用忍"，康熙帝写的横匾，挂在承德避暑山庄。康熙帝是中国有术的枭雄之主，谥"圣祖仁皇帝"，他要雍正帝做事经深思熟虑后，"决定不移，戒急用忍"。人多半失败于自疑，谁也毁不了你，是自毁。

《孙子》以此篇列于《谋攻》之后，盖以谋攻而不可得，必主用兵；用兵之道，形与势，最为首务，故次第及之。此篇大旨，在"先为不可胜"一句中。

想出人头地，怕人胜过你，必须"先为不可胜"，如学什么，都必学到一个境界，要专一。然后"求为可知也"（《论语·里仁》），天天求，做可以叫人知的事！如喜欢诗，天天花工夫，二十年必有成。一个"恒"字，就能成就。

想高人一着，必脚踏实地好好努力，天下无难事只怕有心人，要天天琢磨，持之以恒。专一，因为人的时间与精力皆有限。

今天做任何事，只要认真必能成功，因为合乎规矩的少，真正懂的不多，如能循规蹈矩，认真研究必有成。但是不能偶俗，也不要索隐行怪，标新立异。一个"懒"字，是你们最大的毛病！我小时太师母那关最难过，真是无法形容的苦，整天紧张！今天的母亲特别客气，你们幸福，但脑子里也必装点东西。

间言九天九地、易胜先胜、自保修道，皆是此意。自始计、作战，至谋攻，则我有形矣。是时正宜秘我之形于无形，故慎防严备，所当吃紧者。

为表示自己知道多，坏！得深秘之。"言行，君子之枢机，枢机之发，荣辱之主也。言行，君子之所以动天地也，可不慎乎？"（《易经·系辞上传》）必练此功，否则难以成功。深秘之，然后"时乘六龙以御天"，巧乘之。

自小要经严格训练，许多事不必对人说，即使太太也不必。好好读《孙子》，不当"孙子"都不易！敌人也读《孙子》，斗不过人家，你就成了"孙子"。

前篇言知彼知己，盖知胜之道也。然此则合"知彼知己"二知字，而总归之于"为胜非知之难，而为之难也"。由是，推极于"能为胜败之政"，胜持于我，败归于敌，谁为为之，岂徒知之，有进乎前者矣！

遇事必冷静，做事是求成功，不在时间的快慢、久暂。原本计划三天，身临其境后，看情形，发现至少得五天。因到现场才知实情，则知制之之法，此为做事的原则。就是失败，也必在失败的环境中过得去。我现在如是当年时，未必失败得这么惨。

孙子曰：昔之善战者，先为不可胜，以待敌之可胜。

【批】善战者，当先为不可胜之策，以为自保全胜之资。

【注】孙子言"先为不可胜者"，盖自保之策；"待敌可胜者"，则全胜之功。殆能自保者，而后能全胜也。

【解】梅尧臣曰：待敌者，藏形内治，伺其虚懈也。

指南：玩"先为"二字，还是要用力图维，自治严密。

用兵之道，"形"与"势"为首务。不管敌人如何，"先为不可胜"，即操之在己。天天得下敌人无法胜己的功夫，是主动的，先作万全的准备。自己的造就不为人知，而别人的造就则必知，才能截长补短，而巧乘之。

中国学问是"知行合一"之学，知道了就要行。"子路有闻，未之能行，唯恐有闻"（《论语·公冶长》），"有颜回者好学，不迁怒，不贰过"（《论语·雍也》），都是属于行的境界，能知能行，知行合一。

对文化要有正确认识才能实行，因为传得越久，中间掺杂其他宗教，乃离源头越来越远。

现在学校专讲"知"，忽略了"行"。中国之学讲"知行合一"。学：觉，知也；效，行也。"知行合一"谓之学。

虽是老生常谈，但其中有许多真理，真明白了才知道怎么做事。读《孙子》在得智慧，亦即"谋"与"术"。

经学，没读十年不行，不要天天大而化之。今天连老生常谈也没了！今人求学，看"某人"就学会了。

一比一时，胜负各半，守以养锐。社会冷战多，必用"待之"功夫，天天准备，以"不可胜"功夫等着。

每天努力做别人不能胜过你的事，先做敌人没办法战胜你的事，所有的准备都做好，然后等待有可胜敌人的机会就下手。不是作战才叫敌人，凡是与自己相对等的即为敌人。必须冷静，深思熟虑，有高深的修养才能办到。

不要自以为年轻，是"大孩子"，会耽误自己往前奋斗的精神。"先为不可胜"，自己拼命干；"以待敌之可胜"，乘人有隙时再动手，就有可胜的机会去干。

不可胜在己，可胜在敌。

【注】在敌，其几在人也；在己者，可以自尽，故曰能为。

在己，自尽，尽了全力，一点也没有保留，此力量全操之在己，在自己努力。"不可胜在己"，自己与自己心灵作战也可用。"可胜在敌"，必看敌人有无出纰漏，不可以打硬仗。作战，是决胜于刹那之间。两下势均力敌，战争就不易打。

最低限度要不吃亏，不一定要占人便宜。要耳聪目明，耳听得真切，眼看得清楚，使耳目的功能达到最高的境界。领先，乃能控制敌人之政，能为胜败之政。

看看动物，龟生蛋，找热沙孵，要衍生、卫生。人活着，就

军形第四

为了衍生、卫生，叫子子孙孙活下去。今人天天糟蹋自己，喝酒猛灌如大酒桶，和谁拼？人活着要有人样，不要天天大而化之。人要想活得像人样，不易！

教小孙子要懂得注意力，四科考三百九十八分，我说："就差二分满分最可恨，因为不注意！"别轻视小孩，有时他的脑子比你还清楚。

一部《大学》讲"定、静、安、虑、得"，"无所不用其极"则"无入而不自得"。谁冷静，谁就成功。敌人如无空隙，你永远无法胜敌。

申时行曰：所谓"运用之妙，存乎一心"，"神而明之，必于其人"是也。

"神而明之，必于其人"，必有高深修养者，才能达此一境界。人活着不易！

"可胜在敌"，特别了解敌情，等待对方稍有空隙；当他打盹时，正是打败他的良机。"可胜在敌"，必须比敌人还了解敌人才能取胜。如果他永远不打瞌睡，那你绝对不可以动手，绝对不可以硬碰硬。如对方是强敌，得守之、待之，再乘其隙下手。

这也不知，那也不知，能够了解敌情？胜敌，必有胜敌之谋与术，在乎运用之妙。必用脑子想，用心思，不是空的。

故善战者能为不可胜，不能使敌之必可胜，故曰：胜可知而不可为。

【注】在人者，难以预必，故曰"不能"。"可知"，谓加意于我者。"不可为"，谓强求于敌者。

【解】所谓"敌人不可胜我"者何哉？在我有"自治之严"也。

本立而道生，立本为入手处，本立了才能为胜败之政。想做一番事业，德必立；德不立，极难成就一番事业。《学庸》(《大学》《中庸》合称) 是立本之道，修完则"本立而道生"。捡便宜成功的很少。不能欺人，只是自欺。别人为什么要受你欺？

孔老夫子之所以穷，在没有强调"地狱、极乐世界"。旧时宗教盛行的时代，往往是最坏的时代，每个人都觉得没有保障，没有安全感。天天祷告，敌人就不能胜你了？

不可胜者，守也；可胜者，攻也。守则不足，攻则有余。

【注】不足、有余，皆以己言。

【解】"不可胜者"，胜也；"待敌可胜者"，亦胜也。无以自保，即未能全胜矣。

施子美：时不至，不可强生；事不究，不可强成。

自不量力，危险！"圣人不能生时，时至而不失之"(《文子·上礼》："夫圣人非能生时，时至而不失之也") 时到了，机会来了，绝不可失时、丢机。要常问："此何时也？"

《春秋》讲"时"，有三世义：据乱世、升平世、太平世。《易经》亦常赞美"时"：时大矣哉！时义大矣哉！时之义大矣哉！

施子美：守之法，要在示敌以不足；示敌以不足，则敌必来攻，是敌不知其所攻。

"守则不足，攻则有余"，行事以此八字为要道。守亦有术，示不足也，己力不足。行有余力，有余力时，示有余也。皆指自己而言。守则不足，藏形示不足，则敌不备；攻则有余，于敌有可胜之形，示有余则敌怯。己力不足而守之，有余力则攻之。势均力敌，也可以做朋友。

善守者，藏于九地之下；善攻者，动于九天之上，故能自保而全胜。

【注】"九"，数之极；"地"，静而藏。九地之下，喻其藏之至也；九天之上，喻其动之至也。自保，守之固；全胜，攻之决。

【解】邓伯莹曰：九地、九天，是极形容守攻之善处，惟守而令人莫测，攻而使人难御，攻守在我，故曰"自保"。然攻复为守，守复为攻，攻守互用，故曰"全胜"。

施子美：守欲其密，故必极其深，而后可以为自固之机。

"九"，数之极；"地"，静而藏。"九地，喻其藏之至也"，叫你连个门都摸不上。人皆有隐秘事，必懂得藏；不懂得藏，则坏事。

保持既得的成果，非守着不动。一比一时，胜负各半，要守以养锐。藏，即锋芒不外露。善守，将自己之实力藏在最隐秘的地方。守时，得防备别人进攻我们。

"藏于九地之下"，使敌人不能窥知，人生也如是，绝不打没有把握的仗，开自己的玩笑。社会就是输赢、胜败。人生像战场，也像棋盘，有必胜的把握才攻，则绰绰有余。

谨言慎行，自己的事何必对人说？你苦、坏，别人会同情？那又何必说？要将己之不足藏于九地之下。自己的梦自己圆，不必说太多。有些话可存诸心，不可出诸口。有肉应埋在碗里吃，自己香。

善守者，最会保守自己原有的力量。"创业维艰，守成不易"，既得的不可以浪费，至少要留本，不能少于此。

施子美：善攻者，必倏往忽来，运用若神，动于九天之上，非欲穷高之意乎？变化莫测！善攻，不动则已，要动则动到最高的境界。

变化莫测！"善攻"，不动则已，要动则动到最高的境界。

"能自保"，而后能全胜。人必先求自保，再谈其他。绝不能"虚内务而恃外好"，必先自治；且要藏己形，不使人知。

什么叫胜利？能保全敌人的才叫胜利，即自己胜了，还要使敌人不受损。是要胜敌，而不是要把敌人灭了。"行一不义，杀一不辜，而得天下，皆不为也"（《孟子·公孙丑上》），"子夏言《春秋》重人，诸讥皆本此"（《春秋繁露·俞序》），看中国之重人！重人，不但重视人权，更重视人德、人命，一个人的生命比天下还重要。但不是不杀，而是杀有辜者。有辜、无辜以什么决定？辜，罪过，如何判定？难免主观。将来你们也有机会，做不做视你们的智慧而定。读书要明理，但明理容易，知所以用理为难。

大本不立，则其他事不能做。家不和，不能齐家，焉能治国？齐家之本，在于正身；己身不正，焉能齐家？百试不爽！一个有大成就的人，家多半不错，德特别重要。大本不立，想成就大事业，是自欺！中山先生的儿子孙科（1891—1973），德行绝对好。先修己最为重要，天下绝无缺德者能成就大事业的，总统也不一定能成就大事业。

遇事必详究，不人云亦云，讲假道义之事。近代史上失败的多半是缺德，你们必自立身入手才能成事。一部《大学》乃是内圣外王的功夫。《大学》与《中庸》是中国两部最有系统的政治哲学，加上《荀子》《韩非子》与《孙子》，做普通事就够了。读完后，脑中要有韬略才有用。

见胜，不过众人之所知，非善之善者也。战胜，而天下曰善，非善之善者也。

【批】善战者，胜人于众人所知之外，故无勇名无智功。而又能修吾之道，保吾之法，此所以时三为先胜之兵。

【解】明者，见于未然；智者，谋于未萌，乃为善也。如其见敌可胜之形，不能超越乎众人之知觉者，非所谓善而又善者也。运吾智谋，取胜于无形，而天下莫知，乃为善也。

普通的事王婆都懂得，境界能高？人人都懂的只是常识。平常人的毁誉都不必重视，真知的批评你可能是历史裁判。总之，大本必立住。

中国人是龙，睡太久了，可是刺激不得，否则跃于九天之上就成飞龙了！中国想强大，得了解每一民族的长短，才知如何去做，必用智慧。就算不能胜敌，至少也要不吃亏。

毛奇龄家贫，内无应门五尺之童。有客来访，太太生气，告诉客人："先生实无什么学问，问他问题，必找很多书才能答复你！"太太总看不起先生。其实是树立招牌，认真的老师。

毛奇龄（1623—1716），少时聪颖过人，十三岁应童子试，主考官陈子龙见他年幼，玩笑说："黄毛未退，亦来应试？"毛奇龄答道："鹄飞有待，此振先声。"众人皆惊。清兵南下，与沈禹锡、蔡仲光、包秉德避兵于深山，筑土室读书，曾谓："元明以来无学人，学人之绝斯三百年矣。"康熙十八年举博学鸿词，授翰林院检讨，充史馆纂修，任会试同考官。后辞官归隐，居杭州竹竿巷兄长万龄家，专心著述。

张预曰：众人所知，已成已着也。我之所见，未形未萌也。

梅尧臣曰：见于著，则胜于艰；见于微，则胜于易。

最高的保密功夫：等你知道，我已经战胜你了。善之善，好中之好。真有成就者，都在别人不知不觉中完成了。真叫人知了，不过是平庸之辈。有人得了许多的便宜，别人也不知道。幼稚病最难治，一做事出手就低。

故举秋毫不为多力，见日月不为明目，闻雷霆不为聪耳。古之所谓善战者，胜于易胜者也。

【注】秋毫，人所易举，至轻也。日月，人所蕴见，至明也。雷霆，人所共闻，至响也。三者皆寻常所能，诚无足异者，故以取譬焉。易胜者，用力少而成功多也。

【解】李涂曰：攻其可胜，不攻其不可胜，故曰"胜于易胜"。

"秋毫"，动物夏天秃毛，到秋天长新毛，毛尖极为细小，又柔又细，举秋毫不是多力。"雷霆"，至响也，人所共闻，闻雷霆不是聪耳。日月，人人皆见，又有何可赞美？三者皆寻常所能，没有出奇。

天天用功，知道的事不少，但得有"同中求异"的功夫，要高人 着，才能赢。用兵，就是齐于政。都是人，就必自人事入手。同样一件事看完，每人所得的启示不同。乾隆时御厨山奇，自废料中找出奇迹，将甘蔗渣做成一道最好的菜。

施子美：制之于未形之前，其为胜也易。

"胜于易胜者"，胜敌，必待敌之易胜也，则如瞎猫碰死耗子。易胜者，轻而易举，乃用力少而成功多。胜得很平易，没有惊天动地。要想胜敌，得智取。必用智慧，得"见形知情，则知制之之法"。

故善战者之胜也，无智名、无勇功，故其战胜不忒 (tè，差错)。

【注】胜于无形，人莫能知，故无智名；兵不血刃，敌自降服，故无勇功。忒者，差忒也。

【解】如其见敌可胜之形，不能超越乎众人之知觉者，非所谓善而又善者也。运吾智谋，取胜于无形，而天下莫知，乃为善也。

陈大士曰：非真无智勇也，惟胜人于无形，故众莫能知，虽胜而无智名、勇之功耳。

施子美：善师者不阵，全胜者不闻。无智名、无勇功，图难于易称之。

"无智名、无勇功"，一般百姓不知，但高级人物则知。

做一事，大家说你不错就高兴，乃常人也。一般人所说的好坏，完全是站在一己的利害上。非常之事，不是一般人所能尽知；有时候一些先识的意见，未必为常人所能接受。人知识境界高低，于此分别出。

应仔细看，下真功夫，光找参考书，写书名，没有用。古人是书读完，融会贯通了，才写书的。

读书要明理，明理容易，知所以用理为难，"可与适道，未可与权"，权，乃知所以用理也。先冷静，学有智慧的东西，熟能生巧。

不忒者，其所措胜，胜已败者也。

【注】不忒者，筹无虚运，策不徒发也。措，处置也。已败者，敌人已有败形也。

【解】善战者之取胜于人也……智勇不露，胜于无形，故百战百胜，而无一毫之差忒也。

"不忒者，其所措胜"，措置得当，智取。第一局未下就已胜了，乃因一开始就种下必胜之因。

施子美：胜已败者，谓察敌之必败，从而胜之，无有差忒。

敌人已有败形，胜已败者，故不需歌功颂德，是胜于无形，尽其全功。为成全功，要不显山不露水，否则智名一高，大家就包抄。昔人阴险在此，今人善于广告。

军形第四

故善战者，立于不败之地，而不失敌之败也。

【注】立于不败之地，谓先为不可胜之计，使敌必不能胜我也。不失敌之败，谓窥见敌有可败之形，不差毫发也。

"善战者"，在敌人有败象之际，趁机攻之。不失察敌之败机，窥见敌有可败之形，不差毫发也，"圣人不能生时，时至而不失之"，识时、乘时，不失那个时，抓住机会，"时乘六龙以御天"。

【解】良将之称善战者，必己先立于不可败北之地，然后伺敌有已败之形，而急乘之弗失也。

敌之败机，永在我手中，谓"先为不可胜之计"，早有所备，使敌必不能胜我，故能立于不败之地。

攻敌，不全恃武备，军心很重要。人必天天有所警惕，稍有点满足，危险就来了。

将来真作战了，谁愿去作战？守分爱国的是哪一种人？知识分子不可以把利与欲置于前头，必须认清事情了才知如何去做。

一个人就是失败了也必知因何而败，不要糊里糊涂。要先立于不败之地，而不错过敌败之时。圣人时至而不失之，最难的境界！一般人都是马后课。不知敌情，能知敌败之时？想战胜敌人，不是自外进攻，而贵乎用间。

是故，胜兵先胜而后求战，败兵先战而后求胜。

【注】求战，方有事于战；求胜，邀或然之胜也。

【解】必胜之兵，盖藏形自治，先有胜人之本，而后求与人战者，所以必胜也。

施子美：上策莫如自治。

有自知之明，才能在社会上混。到殡仪馆叫战，有必胜的把握，如瞎猫碰死耗子，轻而易举。胜敌，必待敌之易胜也。胜利有何再值得歌颂？值得歌颂的是第一着。

必败之兵，盖轻尝妄试，先与人战，而后图偶尔之胜者，所以必败也。

魏武曰：先胜先战，只在有谋与无虑之分。

不知敌情，能知敌败之时？

人必自知，才可求知人，知人善任。做事，这部书能用世，但得慢慢，读上二三年，真体会了才有用。用世要精，教书要博，做教授只读这部书不够。读书贵乎有恒，每日看，琢磨之。

善用兵者，修道而保法，故能为（操纵）胜败之政。

【注】修，补其阙略；保，持守勿失。道，谓不可胜之道；法，谓可胜之法。此总重胜人于无形，而不胜人于有形，故能持胜未然，百无一失，以视敌我两持无分胜负者，相悬万万矣！一说：道，仁义也；法，赏罚也。言修治仁义之道，以和其众，保守赏罚之法，以戢其下，使人畏而爱之，亦是。

施子美：道惧其废，故从而修之；法惧其不存，故从而保之。

"修"，补其阙略——缺少与忽略之处，含无尽的功夫。养树，每年要将累赘处修掉。"道"，修战之"全敌"之道。"保"，持守勿失。"保法"，绝不意气用事。道谓不可胜之道，法谓可胜之法，保持而勿失。

人都有同样的智慧，有的外露，有的不外露。不要自作聪明，太聪明易出轨。你不觉得比别人聪明，就多分警惕心，较有成功的机会。

"少年贫，不算贫；老年贫，贫死人"，现在不能定终生，焉知不过尔尔？本立，福至心灵，自大本处好好下功夫。

中国这套玩意儿真懂，很难跳过去。中国人的智慧，真明白很不容易。

陈明卿曰：凡一切胜敌之法，无不预为筹划精详，使敌不能出我计划之中，处处皆是胜境，如何得败？

胜对方，乃胜他没有出息，没战时就已立了败象，外边能衡量出他的境界。"人之视己，如见其肺肝然"，见其形，则得其情。得形，就知制之之法。不可以盲目乱喊乱叫，如骂人就能胜利，那就多去骂人。

想战胜敌人，不是自外进攻，而贵乎用间，"昔殷之兴也，伊挚在夏；周之兴也，吕牙在商。故明君贤将，能以上智为间者，必成大功。此兵之要，三军之所恃而动也！"（《用间》）

兵法：一曰度（音duó），**二曰量，三曰数，四曰称，五曰胜。**

【批】胜兵之本，必由此五者得其法而自治之，斯有先胜之形，莫测而莫御也。

"度"，忖也，度地形。不能空度，必有实际环境，再生理想抱负。"权，然后知轻重；度，然后知长短。"（《孟子·梁惠王上》）到任何地方无不想求胜，做事都有环境，必先了解环境，才能战胜对方。战争是忖度地形，随时都有地形，要"无入而不自得"，与此事有关的都必考量考量。正与否，就视哪一个角度，什么观点。

"度"，乃重要的智慧。必了解环境，到哪儿看一下，这是本能。"非礼勿视"，是看了受到教训。说："太黄色了！"证明你看过，仍不失为道学先生。

度量，看裁判的喜好，投其所好，才能战胜。在外面喊叫、祷告有用？都说自己胜了！没看清情况，盲目推测，最易出错！

"量"，酌也。酌量粮饷多少。斟酌斟酌，考量考量。话到舌边留半句，"一言以为智，一言以为不智"，不可以乱说话！

搞政治必有致密的头脑，要善用头脑。一切制度以不浪费为原则，不必压迫百姓，征税以生活水准作为依据，有钱人多出，没钱人不必出，对有钱人的财富必算清楚，钱多了只是糟蹋了儿孙，应限制一切不浪费，国家才能富。事情就看从哪一角度看，要以良知作为天平，衡量一切。重税限制暴发户浪费，一切不浪费；则国家能富，百姓未必苦。

"数"，计也。计粮饷可以养多少士卒。但军中也有吃空饷的，民国初年有官无兵，吃空饷严重。

在战场上，兵虽不用钱，饷必按时发，其存于腰带，精神百倍。大兵是老粗，不用头脑，只想目前，故日常用度必使之充裕。兵不厌诈，但用兵不取诈，必脚踏实地。用人亦如此，薪俸是重视那个多，而不是那个数。

"称"，称量，衡轻重。权衡我们与敌人之势力，知彼己也。

"推己及人"为一切治事之要。以小人之心度君子之意，加多一点，再去衡量别人。

我留心人才如何？留美博士不重要，看是哪所学校。要"戥"（děng，称金子用戥，当动词）才，称称其分量如何。

"胜"，有必胜的把握，胜敌已败也。胜对方，乃胜其没出息，没战就已立了败象。

士官长乃军中之灵魂，职业军人永在军中不动，老兵！自己虽不行，也必叫别人行。如两下距离远，当兵的可不在乎死人。

地生度，度生量，量生数，数生称，称生胜。

【解】凡安营布阵，必本于地，地之广狭不同，当有以忖度之。

李九我曰：凡用兵必地与兵相称，则胜。故度地为最先一着。以下四者，皆由地形而得，故自地而生之也。

作战必利用地，有实测。凡安营布阵，必本于地，地之广狭不同，当有以忖度之。"失街亭"，乃因马谡无度地形安营而败。出兵必先看地形。

做任何事也必先看看有无立足之处，如做推销员，看别人赚多少不重要，而是应先度自己有无施展之处，看看能否施展自己的抱负，否则是不知己，不知己焉能知彼？

施子美：惟称而后可得而用之，故生胜。

人生就是战场，必度量度量，衡量、称一称自己的能力，看是否足以胜任。胆、量、识缺一不可。

做事业一个人不能成功，就是开个豆浆店，也必有容三人之量，有量才能容。"君子不器"（《论语·为政》），器有固定的型，一定的用与量；"不器"，就无形无量。"君子不器"，无可限量！一个人无器识、无量能干什么？太太多吃两碗饭就瞪眼，而婚前却捧得如仙女。

故胜兵，若以镒称铢；败兵，若以铢称镒。

【解】故先胜、胜人之兵，若以至重之镒攀举其至轻之铢，殆易举而易胜者也。已败而败之兵，至以至轻之铢举其至重之镒，殆难举而难胜者也。胜败之相悬，无殊乎轻重之不敌也。

施子美：知轻重之理者，斯知胜负之所在。

"镒"，二十四两为一镒；"铢"，二十四铢为一两。"以镒称铢"，喻易也。以多称少，以重称轻，攻则有余。

储财之道亦必有术，不可以轻视铢镒；做学问亦如是，必持之以恒。平常过活，要为来日着想，要备具。"少年贫，不算贫；老年贫，贫死人。"世路难行钱为马，必好好储钱，遇事宁填城门不填壕沟，此为原则。古玩不卖时无价，卖时就有价。

常政，有进度，有预算；急政，赶工，超乎预算，浪费多必暴赋。

"以铢称镒"，喻难也。以少称多，以轻称重，己力不足，想创大运，冒险的行为，存侥幸心理。胜兵，非侥幸的！你们从小提醒的人太少，一定要有计划地读书，好好储备自己。

领百万兵最难，少有容百万兵之地。社会做事亦同，于某事占优势，整个可能居于劣势。如果你只会英文，其他不行，而人家英文虽不如你，却是全才，那你就居于劣势了。

胜者之战，若决（溃溢）积水于千仞（七尺为一仞）之溪者，形也。

【注】孙子以"军形"名篇，而通篇所言，绝无"形"字，直至此结云"若决积水于千仞之溪者，形也"，何哉？盖善胜敌者，胜于无形。夫唯无形，故能形其形。此则言胜之形所自出也。

【解】要而言之，先胜之兵：见敌可胜，无少缓焉；其与人接战也，若决破蓄积之水于千仞之深溪，奔腾澎湃，而敌莫能御者，此其形也。盖积滞之水，不决则已，决则激射之处，无不崩裂者；先胜之兵，不发则已，发则所向之敌无不披靡者；先为待敌之功大矣哉。

决积水，必非一日之功，要能耐，才能决积水。在千仞之高的山上，将积水决开，积水必定汹涌，其形势不得了！

古时水战，决堤、决河。决江河，决不好连自己都淹了。

张�曰：千仞之溪，不测之渊也；及决而下之，则其形有莫御者，盖必如是，而始称"善战"，始为"先胜"者也。

施子美：夫兵有形有势。形出于自然，势出于使然。形格势禁，皆形势之所寓也。

悟形势之机，得识形势之机。完全在自己的智慧，要利用环境以达境界。读书，储备自己，贵乎有恒，要有计划。用事要精，教书要博，贵乎体悟。术，放诸四海而皆准。祖宗留下的都是冷战的智慧，以智慧求胜。

读中国书，在吸收智慧的产物，非读文字。考据、训诂，杀人之重，真是愚民之最！专制时代令许多读书人钻入考据、训诂，不要他们想；也不许读子书，以"攻乎异端，斯害也矣"，意为攻击儒家以外的学术。

朱子训"攻"为"治"，"异端"为"非圣人之道，而别为一端，如杨墨是也，其率天下至于无君无父"，专治而欲精之，为害甚矣；程子以"佛氏之言，比之杨墨，尤为近理，所以其害为尤其。学者当如淫声美色以远之，不尔，则骎骎然入于其中矣"。师尊以"攻"为"攻击"，异端为"不同的事"，不主张攻击不同学说，因为《中庸》"万物并育而不相害，道并行而不悖""小德川流，大德敦化"，《论语》"君子不器"，《礼记·孔子闲居》孔子提出三无私——"天无私覆，地无私载，日月无私照"，怎会是党同伐异的思想？

朱子（1130—1200）自南宋至清陪祀圣庙，吃了多年的生猪肉。

朱熹哲学发展了程颐等人的思想，集理学之大成。朱熹将《论语》《孟子》及《礼记》中《大学》《中庸》，合订为《四书》，自此与《五经》合称为《四书五经》，宋以后《四书》地位逐渐超越《五经》。元朝皇庆二年（1313）复科举，诏定以朱熹《四书集注》试士子，朱学定为科场程式。明太祖洪武二年科举以朱熹等"传注为宗"。康熙帝宣扬理学"皆明白精确，归于大中至正"，使得"学者无敢疵议"；康熙五十一年以"朱熹升配大成殿东序为十一哲"，以兹表彰。乾隆五年下诏说，程朱之学"得孔孟之心传……循之则为君子，悖之则为小人；为国家者由之则治，失之则乱，实有裨于化民成俗，修己治人之要"。朱熹理学成为官方哲学，在明清两代被列为儒学正宗，在中国儒学史上，朱熹理学的作用和影响力仅次于孔子。朱熹以"存天理、灭人欲"是儒学的精髓之所在。他曾上奏书说："凡有狱讼，必先论其尊卑、上下、长幼、亲疏之分，而后听其曲直之辞。凡以下犯上，以卑凌尊者，虽直不右；其不直者，罪加凡人之坐。"以下犯上，以卑凌尊者，是朱熹本人难以理解的；戴震称此为"以理杀人"。

为政，不在己之多知，而在于己之能任。自己糊涂，如能找一流人才任事，也不致亡国。能任之本是什么？知人。知人才能善任。知人从哪儿来？许多没有脑子的老师，完全是八哥。

每天的表情，就是你的胜敌之政，都在己身，还等待别人打你？人世天天冷战，热战少，家亦如是，家中有一人偏了也不行。必分出轻重，许多家庭事皆自小事发生。"不吃面条，又做面条！"如不喜欢，就到外面散散步！必知所当务，小事可以让一让。不是当务之急的事，又何必那么重视？人家紧得不得了，你如让了一步，对方就高兴得不得了！

一个人事业上的失败，往往不是在事业，多半是德行的失败，所以中国人骂人"缺德"决定人的一生。骂"不是人"三字经就完了！一个民族自骂人的"三字经"可以看出智慧的境界，任何民族皆如此。

小日本走在我们前头，不是他们能，是我们还在睡觉。拿破仑说："中国是睡狮。"中国因何睡？因为庆升平太久。清朝约有一百八十年没有战争，刀兵入库，狮子都睡了。清末百年受的刺激，今天醒了！

我年轻时奋斗，就为了将外国人撵出中国，要拿回租借地，这段有成就。"二十一世纪是中国人的世纪"，是受刺激醒的。自己应了解怎么看社会。开口闭口喊"老贼"，至少是缺德，还能有成就？

《论语·宪问》："原壤夷俟。子曰：'幼而不孙弟，长而无述焉，老而不死是为贼（害）。'以杖叩（击）其胫（小腿）。"师尊曰：原壤是孔子故友，自放于礼法之外，孔子开骂，说他不能有好的影响，还用手杖击原壤小腿，自此可以看出孔子和常人一样，是何等轻佻！圣人是活活泼泼的，不是不敢踩死蚂蚁的"剩人"。

现在骂老贼，证明没有政治智慧。政治是跑接力的，你们将来必须接棒，要想第三棒要如何接，不必净批评前二棒，"一言以为智，一言以为不智"。接了棒，还必须研究走的技术，看如何走可以更好。你们要知道为什么而活，就是为跑

军形第四

第三棒而活，此为责任之所在。如果接不好，那前二棒就都前功尽弃了！

中国人要等到第四棒、第五棒时才有时间学艺术，今天你们还有闲工夫学艺术？现在的中国什么都不缺，就缺人才，学什么都不会失业，中国有多大？你们应好自为之，如知道自己责任之所在，又如何得闲？今天不会外国语，太落伍了！如何通行天下？至少要会英文，而且必要学到一个境界。

日本现在买中国的账，乃为他们自己的利益，美国亦然，皆各为己利，不喜中国统一，帝国主义的面孔。做任何事求人都错误，必要自己能够解决问题，才叫把握。

我不成功是其次，失败的经验更为重要。

没有战争，富润屋，看中国的名园有多少？台湾四十年没有战争，就富得这么冒泡。到北京，没有两个月的时间看不完。

我劝同学去北京学中医，问："可不可以学吃一次亏？"到北京，原先还有点疑惑；读半年，说"找到了方向"。其实，中医医书比《五经》还难。

我是中国的老年人，把学生都看成是儿孙。今天的学生把老师看作什么？

有智，奉元书院要继续下去；没智，能领导别人？知无不言，言无不尽，能做外交谈判？

没有比我对学生再好的了，就看他们怎么做事。白读几年书了，没有一个懂得用脑的，没有一个说话我感到这个才够格的。因为都没能将所学变成自己的生活，无一能应世，真是呜呼哀哉！

人的气质很重要，形（本、德）既立，势就张，本立而道生。"素其位而行"，绝对能显出你的气质来，本立何等重要！人都作践自己，必须检讨自己，咎莫不由自取。

兵势者，破敌之势也。形，则欲其隐，所以使敌不测也；势，则欲其奋，所以使敌莫御也。故次军形。

奋，振作、鼓劲，有冲劲。奋飞，鸟无奋劲，则飞不起来。摆势时，必须虚张声势，势欲其奋，得造势，而不能露形。势奋，有冲劲，使敌莫御。

人笨，就按照《孙子》做事，免得将来做"孙子"。社会上到处都有敌人的敌人，他们可以成为我们的间谍。

汪殿武曰：形既立，而势自张，形秘而势显也。

形立势张，先造己之形，养器识、气势，养浩然之气。形是本，立本以修形，修成即本立，本立而道生，势自张，不必宣传。

曾文正之所以成功，即在一个"谦"字，从开始到最后，都没有自己的名字，因为不争才没有敌人。骄者必败，应戒之。

形秘势显，不知其人，但有力量对付你。要懂得动脑，什么都知道。形欲其隐，不必什么都说。有权者要有头衔？要隐，不露形迹，使敌不测。势欲其奋，使敌莫御。自己悟明白了，才能用。

每样皆循规蹈矩，一步走错，终身回不来。人都自私，但必要有守。昔女子举止端庄，穿着合宜，不轻易露形，"形秘而势显"，有神秘感；今天女孩多举止不雅，穿着随便，太暴露了，"形显而势利"，不值钱。人都追求神秘的，所以愈神秘的愈值钱。诸葛亮不出山值钱，一出山就不值钱了。

李卓吾曰：猛兽将搏，必伏其驱；鸷鸟将击，必敛其翼，将以用势而然也。

在别人面前多少要有自信，形立势显，立什么形，显什么势，何等重要！

修养自己特别重要，"人之视己，如见其肺肝然"。不在万不得已时，不说假话，虽是有虚有实，但假话常说了，人就不信。愈傻的人愈说假话。

善用兵者，乘敌可胜，奋力击之，如破竹，如摧枯拉朽，而其势莫可遏焉。

知时、识势才不会出问题。许多事不可以强求，事来了还要认清。

人生不易，多少悲伤事看多了，一失足成千古恨！

篇中投卵、漂石、鸷鸟、犷弩、发机、转圆石之喻，皆示人以势也。然所谓势者，究不出奇奇正正。变化无穷之妙，即虚实之分，亦即由是而致也。

乘势，因山以为高，做事如都自平地起，那太费力了。识势，知节，了解四外的环境，多见多闻，做事才能中节。乘势与用势，相得益彰，就会成功。

张江陵曰：兵势者，排兵布阵，有奇有正之谓；然正兵主于自固，奇兵所以致胜。

为奇兵者，或于正兵之前后左右，出没无定，以掩覆之；或即于正兵之中，变化无方，以迫击之。但应敌而出，以不远近、先后，适中其节为贵耳。

不论远近、先后，中节为要，分即分，寸即寸，不多不少。竹子有节，说"正在节骨眼"，即是关键之所在。要中节，必识时与势。

人生要识时、识势，能知节、中节，则做事百发百中，此必于"心细"求，不可以大而化之，丢三落四，粗枝大叶。遇事要多加考虑，不加考虑马上去做，弄坏了就是三天也修不好，必要稳得住。

孙子曰：凡治众如治寡，分数是也。

【批】举行兵之要示人。

【注】师旅伍两，各有统制，大将总其纲领，偏裨递相训练，故治百万之众，与治寡同。

做事，治众如治寡，分层负责，往下看，头就不晕了。

分而又分，分层负责，按军队组织，分很多官，一官管多少人，有定数。兵见官都听就坏，会乱；只听班长，不用认识太多。

领导部下亦应分班，分数而治，每人分有数，化整为零，最后分层负责。懂得分层负责，做事就不能抢数。

为政之道，先有司（《论语·子路》：仲弓为季氏宰，问政。子曰："先有司，赦小过，举贤才。"）。即先将各主管都安排好，下面多少人不重要。选好领导人就成功了。许多人事必亲临，最坏！累死也不成功。先有司，即分层负责。治众如治寡，必找真正的领导人，得知人才能善任。才能不足，可以陪着做几次，不要尽一人包办。

知人不易，"世有伯乐，然后有千里马"（韩愈《马说》）。不是伯乐，就用笨的用人哲学："如有所用，必有所试；若有所试，必有所悟。"在试时，必有小损失，是小牺牲，总比大牺牲好。尧了不起，用舜亦有所试，将二女嫁给舜，先历试诸难题，考验其工作能力，再察其私德；试验完，再将神圣的帝位传给他。是笨人、俗人，更必用实际办法。

告诉他做一件事，不告诉他怎么做，如他有高的智慧，做的会比你想象的好，真是你期许的人才。"愚者好自用，贱者好自专"（《中庸》），如果在上位的什么都管，那下面就什么都不敢管了。

韩信治兵，多多益善；刘邦能将将，不能将兵。不学，无术；学，就有术。多学，总是有用的。

斗众如斗寡，形名是也。

【注】形，谓旌旗麾帜之形；名，谓金鼓笳笛之名。有旌旗旛麾之属，以示人之目，而为分合左右之节；有金鼓铉铙之属，以示人之耳，而为进退疾徐之节，故斗百万之众与斗寡同。

《军政》曰："言不相闻，故为鼓铎；视不相见，故为旌旗。"

《军政》，西周时期萌芽形态的兵书，早已失传，作者亦不详。与之同等的还有《军志》。

击鼓前进，鸣金收兵，军中有一定的旗号。作战时无法看到兵，战斗时大鼓也听不见，只看到旗的标志，听到号声，用形名作为代表，兵据此行动，勇者不得独进，怯者不得独退。此为用众之法。

三军之众，可使必受敌（赴前线）**而无败者，奇正是也。**

【批】以正兵为体，奇兵为用也。

【注】奇兵，临时所出，乍前乍后，半进半退，设伏掩击，不拘绳

墨者。正兵，堂堂正正，六步七步，六伐七伐，击鼓而进，成列而阵者。

我们能长驱直入而不败，乃用奇正之术。

施子美：奇正者，机也。虚实者，势也。

长驱直入，贵乎有实力，正以外为奇，视"时"与"势"，随机应事。

【解】贾林曰：当敌以正阵，取胜以奇击，必前后左右，俱能相应，斯常胜而不败。

岳飞一喊"直捣黄龙（黄龙，在今吉林省农安县，为金人腹地。意指直攻敌人巢穴）"，以硬碰硬；再喊"迎二圣（北宋徽、钦二宗）还朝"，置三圣（宋高宗）于何地？两个口号喊错，此其所以失败也。

战争，看局势，若是奇必用奇招，平整则用正招。出奇制胜，空城计之后，接着"实城"。

【注】陆子渊曰：分数以约士卒，形名以习进止，然后正合奇变，以实击虚，则人莫能御，而易以取胜。

【解】分数定，然后习形名；形名熟，然后分奇正；奇正既审，虚实可见。此四者之序，不可躐等以求之。

无论什么战争在前，就分数、形名、奇正、虚实。

兵之所加（出兵时），**如以碬**（砺石）**投石者，虚实是也。**

【解】张江陵曰：洞虚审实，故其兵所指，莫敢撄锋。

梅尧臣曰：以实击虚，犹以坚破脆也。

施子美：得其势，则避实而击虚。

《十一家注孙子》云："曹操曰：以至实击至虚。"兵之所加，不能全靠奇，必要有"以碫投卵"的实力与真功夫。战敌时必要有什么样的把握？有万全的训练，就有必胜的把握。

知无不言，言无不尽，还懂得什么是虚实？得了博士，进屋说话仍全无隐瞒，幼稚！"左手做的事，不叫右手知道"，说话应说玄不说闲，与那人无关的事不必叫他知。人生就是战场，必懂得虚实，最起码的保密智慧。

出奇制胜只能偶一为之，老出奇就不奇了。奇以外为正，即按规矩行事，以道行事。术可以出奇，兵一定要合，万众一心。能上下合一，万众一心，没有内奸，就是群德。所以立德、立功、立言，有德者必有言。

凡战者，以正合（交战），以奇（异乎常者）胜。

【批】兵势在于奇正变化，而以天地；江海、日月、四时为喻，欲人触类旁通也。

【解】盖兵家之妙，原自无方，第在人之运用于心耳。

施子美：不示以正，无以致敌之来；不制以奇，无以致敌之败。

"以正合"，以本固之基，和人交战。"以奇胜"，用奇正之术。奇乃术中之术，出奇以制胜。随机用奇，以奇胜要视时与势。

你欺我诈，如何成团体？一个团体必以正合，对敌才足以取胜。

故善出奇（奇招）**者，无穷如天地，不竭若江河。终而复始**（如循环之无端），**日月是也；死**（到头了）**而复生，四时是也。**

题炬：无穷不竭，复始复生，只在奇上讲，便是不践前迹，不依旧法，总在自己设想出头，皆是人所未见闻底，所谓善出奇也。

施子美：四时更生，兴而后废；日月运行，入而复出。

如四时变化而能久成，形容智慧之无穷，不是一次就用完。人要有智慧，则无穷如天地。

培智，养天机。天机，智慧之母。嗜欲少，人特别精神。故智慧之培养，自减少嗜欲开始。庄子说："嗜欲深者，天机浅。"想成就事业，必去掉无谓的毛病，要过精神生活，不自找罪受，不自找麻烦！智慧不足，要培本，培元气。

奇招必要有真本事，学就有术。求学必以正，好好学，"蒙以养正，圣功也"（《易经·蒙卦》），平素的修养、学养。做事应求稳，慢而不出错，也比快而出错，一切重来好。欲速则不达，忙中常出错。

人的智慧愈用愈灵光，必要学会用脑，否则会迟钝。必得天天动，不动就完了，一停下就生锈。"饱食终日，无所用心，难矣哉！不有博弈者乎？为之，犹贤乎已！"（《论语·阳货》），至少要懂得用脑，脑子绝不能闲着，会迟钝。

声不过五，五声之变（活用之），**不可胜**（音生）**听也。**

【批】以人事之五声、五色、五味喻之，总以形容奇正变化之无穷也。末复言相生、无端如循环者，恐用兵者惟务奇兵，不知由正而生故耳。

要活用之！

【解】夫声止宫、商、角、徵、羽五者而已，及其变也，则引商刻羽，杂以流徵耳，不可胜听也。

中国民族都用五。五声：宫、商、角、徵、羽。中国音乐，五音之变，已臻化境。今所用七音不够清新。

京剧一举一动，必温文儒雅。中国戏，一举手一投足必有规格。梅兰芳的《天女散花》，手势为一绝。今皆"没派"，学不完，许多人功夫不到境界就创新，以革新掩饰自己功夫的不足。

中国音乐之美，笛、箫，一根竹管在高手手中就变化莫测，智慧之巧！

中国建筑之美，园林中"亭子"千变万化，具有画龙点睛的效果。

亭子，不仅供人憩息，又是园林中重点景观建筑，布置合理，全园俱活，不得体则凌乱。在山顶、水涯、湖心、松荫、竹丛、花间筑亭，都能构成园林空间中美好的景观艺术效果。

北京天坛，构思之巧，雕刻之敦厚！

天坛，明清皇帝祭天、祈谷和祈雨场所。始建于明永乐十八年，经过不断地增改扩建，至清乾隆年间最终建成。天坛占地达二百七十三万平方米，主要建筑有祈年殿、圜丘、皇穹宇、斋宫、神乐署、牺牲所等。布局严谨，建筑结构独特，装饰瑰丽，巧妙地运用了力学、声学和几何学等原理。1918年辟为公园。

我以前唱戏，师母骂"五音不全"，从此不再唱，耽误成为余叔岩（1890—1943）了！

唱老生，没有中气了岂不成老娘？但余叔岩能够化腐朽为神奇，成"云遮月"美名。

余叔岩，继"小叫天"谭鑫培（1849—1917）后之伶界大王。余派唱腔，以字正腔圆、声情并茂、韵味醇厚而著称于世；其所塑造的音乐形象，端庄大方、深沉凝重，具清健的风骨，富儒雅气质。京剧界常以"云遮月"称其声音之美，因其嗓音不以亮度取胜，而是有厚度、挂味儿。其行腔自如、顿挫有致，抑扬动听，且善用"擞音"等装饰，点染唱腔的色彩；在艺术处理上，审慎精到，字斟句酌，于简洁、精炼中蕴藏着深厚的功力。

色不过五，五色之变，不可胜观也。

【解】色止青、白、赤、黑、黄五者而已，及其变也，则文采绚烂，华丽宜人，目不可胜观也。

中国书法就一色，但墨分五色，懂得读书画的，越看越着迷。中国山水画，就黑白两色，但可成五色，令人目不暇给！

我平日得空就看看书画，打篮球打到1973年。

溥儒，文人画最后一笔！今天能读文人画的人已经不多了！

文人、士大夫所作之画，有别于民间画工和宫廷画院及职业画家绘画。文人画，"不学为人，自娱而已""诗中有画，画中有诗"，画中带有文人情趣，画外流露文人思想。

昔人先读画论，然后读画，再画画。

味不过五，五味之变，不可胜尝也。

【解】味止甘、酸、咸、苦、辛五者而已，及其变也，则鼎鼐调和，盐梅济美，口不可胜尝也。

自中国的吃，可以证明中国人有智慧，五味温和，无直接刺激。吃，贵乎有正味。中国每个地方的小吃都有特殊味，到哪儿要吃当地特产，如杭州的臭豆腐席，山东泰安的白豆腐席。

战势不过奇正，奇正之变，不可胜穷也

【注】《孙子》言奇正之妙，在于变化相生，千途万辙，非一而足，殆如循环者然，求其首尾，而终不可得也。

诱之以利，奇；以本待之，正。本必得正，奇招偶尔出之。

社会上做事，不过奇正。孔子说："有鄙夫问于我，空空如也，我叩其两端而竭焉。"（《论语·子罕》）对一个东西，要自两方面看。

想出奇招，必天天读正书。如玉得常摸，才不会成为死玉。

文人雅士用手把玩玉，珍之重之。所谓"时时摩挲，意想玉之美德，足以化我之气质，善我之性情，使我一生纯正而无私欲之蒙蔽，至诚所感，金石为开，而玉自能复原矣"。此种方法，犹如写画的意笔。

什么都得活，脑子亦然，必懂得变，要灵活灵现。

奇正相生，如循环之无端，孰能穷之哉?

【解】至于战阵之势，不过奇正二者而已。殆至奇奇正正，其变化莫测之用，则有不可胜穷者。或以正而生奇，或以奇而生正，其奇正之相生，殆如环之循转，绝无端倪本末，果孰能穷究之哉?

施子美：术因势而后用。用法有机，机以变而后通。奇正者，术也；用奇正者，机也。

圆，无端可循，不知从哪里开始。一个东西必到无端倪可循了，才到一个境界。奇正，不是对立，而是相生，如环之无端，又如何穷之?

有头，就有完了时候，"到尽头了""天之尽"。无头，则终而复始，终始之道，如环之无端。"物有本末，事有终始，知所先后，则近道矣"。

《孙子》读一辈子，随时随地都可以用上。肤浅就没法任事，但社会上总是有老谋深算者。大陆有许多世家，孩子在家仍然学智慧；台湾因为世家少，孩子大学毕业就不得了。俞大维小时即由其母启蒙。

俞大维（1897—1993），姑丈陈三立是名诗人，表哥陈寅恪是知名史学家。自小受其母曾文正公孙女曾广珊启蒙与熏陶。读《公羊》，强调凡事"不只从正面看，更从反面看"，读书要"超其象外，得其环中"。（参见李元平《俞大维传》）

今天中国字不认识，就谈中国学问。什么都不深入不行，深入才能用世。人懂，自己不懂，就没办法与人交手。人必须多学，骂人"不学无术"，应以此自励，学了就有术。

激水之疾，至于漂（流转）**石者，势也。**

【批】奇兵而举其势与节言之，更以见势之贵乎险，而节之贵乎短也。

【解】夫奇兵之应敌而出也，以远近先后，适中其节为贵，是有势在焉。盖水性柔弱者也，遇有险隘之处，激之疾流，至漂转夫巨石而不止者，以从高注下，得其迅速之势然也。

造势，如势于己不利，得扭转之，如水性柔，但遇险峻则流得特别快，可以柔摧坚。

老子说："上善若水。"柔如水，但情势所逼，"疾之已甚"，则可以漂石。知此，才懂得用势。所以不可轻敌，因"激水之疾，至于漂石"，情势所逼，往往会造成想不到的力量。老油条了，见谁都不轻视。

天生万物皆有用，何况是人？就视自己会用不会用，能不能用。在什么环境要用什么人，此乃"形势是也"。人千万要脱离"自迷"，要随形应势，但不能净做有害于人的事，无害于人就好。

社会上无主观的是非，净以己况天下事，则愈走愈窄。圣人之学不同于冬烘之学。"和而不流，强哉矫"！强中之强，只要是同类人，就应与人都和合。但不能同流合污，可是不易，故为"强哉矫"！中国经几千年专制政体，所传皆乡愿之学。"中立而不倚，强哉矫"，才能成为社会的中流砥柱、标杆。没有不出门的圣人。

《四书》于智慧上很重要，真读明白了，于社会上就能用。

海鲜，应不能用油，有其原味。

鸷鸟（很凶猛的鸟）**之疾，至于毁折**（骨毁翼折）**者，节也。**

【注】鸷鸟，乘机搏击，其猛力至于毁骨折翼，得其远近之节也。

对敌时，对方有长于我的地方，必毁其所长。如何毁？用节。利用节骨眼。节，乃鸟飞之机。鸟自上往下飞时，找到要处，使劲恰到好处。毁其所长，擒贼先擒王。懂得运势操节，才能应世。

识势知节，才能百发百中。了解四外环境，做事才能中节。做事，过犹不及，必中节，恰到好处。"喜怒哀乐之未发，谓之中；发而皆中节，谓之和"（《中庸》）。读书要明理，明理在懂是非。"不迁怒，不贰过"（《论语·雍也》：有颜回者好学，不迁怒，不贰过）才能没有失败。不迁怒，怒所当怒；迁怒，则无是非，不是智者。智者的境界，明理、懂是非。

是故，善战者其势险（险峻）**，其节短**（中节，迫促）**；势如彍弩**（弩满），**节如发机**（弩牙）。

【注】险而不可遏，故如弩弩，短则不及避，故如发机。

王皙曰：激水漂石，势也；鸷鸟毁折，亦势也。有迅速之势，然后有搏击之节。盖节在于势之中，而短不出乎险之外。孙子恐人视势与节为二，而不知合而成之，故又以弩弩发机为喻。夫机弩对一物，必先弩而后发耳。

贾林曰：战阵之势，弩之张者似之；奇兵之势，机之发者似之。

必履险如夷，胆小不得将军做！

开始在生死边缘，如势于己不利，得扭转之，要用手段改变，造势。造势时，可不能留一点空隙，让别人有机可乘。必天天琢磨，才用得上。

施子美：战之势阴险，疾也，疾则人畏之；其为节短，短，近也，近则发必中。

必用短功夫，一出手即打住，既准又快！

武术，用气运。中国东西特别神妙。

竹子有节，是一个限制，过与不及皆不中节，得恰到好处。剖甘蔗，主要在节骨眼，正中节，自此玩味。做事也必恰到好处，说"这正是节骨眼"。

【解】故善为阵者，必会心于此，其势则险峻而不可遏也，其节则短迫而不及避也。

竹子有节，在"节骨眼"，必识时与势。

人生要识势、知节，则做事皆百发百中，此必于"心细"求，不可大而化之，丢三落四，粗枝大叶。遇事要多加考虑，马上去做弄坏了，三天也修不好，必要稳，沉得住气。

太原刘氏曰：势险节短，俱就出奇言，"旷弩"二句，又险短之喻。

如同拉满弓，瞄准，成败就决于刹那之间。识势知节，就不失势。

不要急于得，要达到目的，中间难免要用很多手段，不要太直接。蜘蛛想抓东西还要用网，伸手就拿，哪有那么简单？旁若无人，找死！

斗智时，不动气，智者不怒。识其势，中其节，乃百发百中。

纷纷纭纭（杂乱貌），**斗乱**（接战时）**而不可乱。**

【批】设奇取胜者，要在分数形名之预立，而后可以胜敌，而不侧于或失。

【注】乱，旌旗翻转，士卒往来也。

用旗子分阵列，敌人看不清。军队有严密的组织，有严格的基本训练，才能上战场。

施子美：形势既定，部曲自循也。

"斗乱而不可乱"，一定了规矩绝不可改变，否则旗倒兵散，不可受对方之乱。斗乱，本身不可乱，必自治。平时必有基本训练，无论遇任何环境，都不会改变自己的治。

有冷战，有热战，人生就是战场，随时都是战。学《孙子》，要会办事，熟，以事实体验。夫妇感情好，更是冷战。

搞政治的不怕天下乱！学军事的还怕战争？碰上乱世，看门道，有无道道，得自试。如用不上，就是书呆子。

一个人必有修养，成功不必在我，在于安民，使百姓有幸福。成功必在我，自私，一个"私"字害尽天下苍生。

浑浑沌沌，形圆而不可败也。

【注】行列纵横，圆而不方也。

"浑浑沌沌"，圆之象。"形圆"，终而复始，生生不息，"不可败"也。

每队都有识别的号令，有一定的规矩可循，能叫敌人不能败我们。

本身必定住，定而后能静，静了才能有安、虑、得。得，得己之所欲得。

防人，厉害就够，不侵害别人。《孙子》求胜，最高是"全敌而胜敌"，与儒家"杀一不辜而得天下，皆不为也"(《孟子·公孙丑上》)有异曲同工之妙。

乱生于治，怯生于勇，弱生于强。

【解】乱非真乱也，乃诈为乱以诱敌，是乱生于治之中；怯非真怯也，乃诡为怯以伺敌，是怯生于勇之内；弱非真弱也，是弱生于强之体。

魏武曰：乱生于治，怯生于勇，弱生于强，皆毁形匿情，以愚敌人。

"乱生于治"，军队有严密组织，才能上战场。基本组织强，有严格训练，基本训练。乱生于基本训练的好。

施子美：此言误敌之术也。示敌以乱，必已治也，是乱自治而生。

表面乱，但内里不乱，乱中有序。先有一定规则之治，表面示乱。乱非真乱，乱乃示诈也，诈乱以诱敌，其实早就安排好了。在乱中有一定的法则，有一定的规矩。

外面乱，正是我们下手的工夫，自己可不能乱。乱生于治，团体必治。示之以乱，但本身绝对治。

"乱者，有其治者也"，"治而不忘乱，是以身安而国家可保也"（《易经·系辞下传》）。"治起于衰乱之中"（《春秋公羊传·隐公元年》何休注："于所传闻之世，见治起于衰乱之中"），谋太平，要"拨乱反正"（《春秋公羊传·哀公十四年》《传》："拨乱世，反诸正，莫近诸《春秋》。"《春秋》为拨乱反正之书）。

知耻近乎勇：还有可为，有希望。

怯生于大义。见义必为，大勇也。示怯，为诱敌。作战，已强；为扰敌，故示怯。此怯必有大勇，摆出架子来。

有过充分训练，到外面办事稳操胜券。但尽用低调，因为有万全的把握。

伪弱，以致敌。内坚强，外示弱。外示弱，必有坚强的训练。

治乱，数也；勇怯，势也；强弱，形也。

【注】唐荆川曰：行伍部曲，各有分数，治能示之以乱也。藏锋蓄锐，不肯轻出，勇能示之以怯也。卑辞屈己，见利不争，强能示之以弱也。

【解】夫治而能伪为乱者，以十百千万之数明也；勇而能伪为怯者，以奋出疾击之势审也；强而能伪为弱者，以攻取守固之形密也。总之，出奇之有本也。

在数难逃。时也？命也？大数到了！"治起于衰乱之中"，治乱一脉相承，物极必反。

制法容易，执法难！因特权阶级太多，以身试法，百姓也就不守法。全斗焕出身特别低，故敢定法执法，因所有权势财者，都与他无关。为政不易在此。清朝怎么革命？只有同归于尽！老大政权，什么都不能革了！

分数，分层负责，则永治不乱。平时治理得井井有条，则遇事不乱。用强或用弱，在临时判断。天下事，大小事一也，能齐家就能治国，皇帝亦然。英明之主，皇家治理得井然有序，国亦如是。

实际情势必了解。我看报、看杂志，重要处皆要圈点，人必细心。你们再忙，每天也必须看报。关心什么，就好好地细看。必了解时事，否则如何处理事情？

笨蛋！被套住了。哪次战争不是用美人计？男人没出息，狗都不如！不知耻就完了。京剧《昭君和番》，骂尽文武百官。

所谓"和亲"，乃弱者之利用美女。昭君出塞，凄凉悲愤，遂发"朝中甲士千千万，始信功劳在妇人"之叹！愁暗暗，雾沉沉，到达塞北，见匈奴王约三事：罢兵、修好、斩毛延寿。

张预曰：治而乱，惟有分数者能然；勇而怯，惟识兵势者能然；强而弱，惟知军形者能然。或军"治勇强"三字，或重"乱怯弱"三字，总不若平讲，作指点推原之词为妥。

乱世无不利用女人，得有高度智慧。

用强或用弱，在于临时判断。强能示之以弱，见利不争。我强敌弱，则示以弱形。

为时不晚！人未死，就尚未盖棺论定！

故善动敌（主动支配敌）**者，形之**（示乱、怯、弱），**敌必从之；予之，敌必取之。**

【批】能动敌而任势，而敌自为吾所致，而势不可御。

【注】孙子言兵贵得势，以险短为本，虽顽然木石，能因其性而以势趋之，亦自运转而去；人之动静行止，盖犹是也。

施子美：形之、予之，致敌之术也。

"形之"，示以诈形，示怯、示乱、示弱，有若无，实若虚，则敌人完全在你掌握中，你就是敌人的司命。但不易，敌人不一定不懂得术，必敌人一点疑惑都没有才行。

"予之"，"先予后夺"，《老子·第三十六章》："将欲弱之，必固强之；将欲废之，必固兴之；将欲夺之，必固与之。"伺对方现出败象，给予可乘之机了，再乘势而夺取之。

施子美：势先后，必有其序。

光读空书没有用，知道怎么行事？做人必有分寸，不可以大而化之。

一个人必有所守，就是人最不可靠，不应叫人知的不必叫人知。自己的环境不必叫别人了解得那么清楚，防谍！

以利动之，以本待之。

【注】利，谓乱、怯、弱三者，在我实为诈，敌误以为利也。本，谓治、勇、强三者，盖制敌之资，致胜之本也。

"以利动之"，要使对方上钩。每个人的利不同，必因人之利，投其所好而击破之。

人必有所好，一个人喜欢吃的东西不一定昂贵，这是最高深的学问，要处处有智慧。一举一动有时挨累不讨好，枉费！知此，必有高人一着的才智，双方斗智时如此。

在商场，看时机有利，赚钱。兵法，贵乎胜敌，不是道德学。

【解】在乎我之真治、真勇、真强，操其胜敌之本，而俟之也。

郑燮曰：以本待之，谓正兵也。

"以本待之"，自己有本钱、内容，大本立住，就等着！将治军之本都做好，成为必胜之军，再等着！给对方一些小便宜，略施小惠，以利动之。

自己必学好等待机会。但人家给你机会时，仍要审慎，看是否以利动之？什么都可靠，人最不可靠，于他有利就变。

故善战者，求之于势，不责之于人，故能择人而任势。

【注】求于势者，乘其势之便也。势之所在，虽怯亦勇，虽弱亦强，骗市人而可战，故不责于人。

此篇言兵势在于奇正，兵无一定之势，奇正之兵，亦无一定之用。势者，因敌变化之谓。故苟得其势，则风驰电掣，莫知所由，可制敌于掌上。

【解】王世贞曰：世间极没有紧底人，一时有济于事，亦必任之，以为自然之势。

施子美：能择人而用之，以任己之形势。

"择人"，拣选，因材器使；"任势"，任以自然之势。非坐等，而是对地形、地物皆了若指掌。求势对自己有利，而乘势之便。

平时要养自己的气势，你不说话，人见了就有点怕。不培养气势，人家就轻视你，应修成"望之俨然（庄重貌）"（《论语·子张》）。做人不易，能站得住相当不易，有点成就难，"出乎其类，拔乎其萃"（《孟子·公孙丑上》："圣人之于民，亦类也。出于其类，拔乎其萃"），更是不容易！人人都想往前跑，必要修己，下培养的功夫。

心很重要，中国讲修心在此，诚意正心。心胸如果窄小，外表也不豁达，相貌像一"文艺小生"就完了！"君子坦荡荡，小人长戚戚"（《论语·述而》），或是小家碧玉，或是乱世英雄，必自己下功夫培养，"将相本无种，男儿当自强"，完全在自己，皆自强，皆自得也。

【注】战不在兵而在势，故求于势，而不责于人。

人可靠？战死能再回来？责于人，至死不退，危险！做任何事皆不责之于人。自任过重，责之于人，都有毛病。

做事皆推心置腹，一点也不保留，最傻！不要对任何人什么事都讲。绝对不能见人就讲自己的事，什么话都说绝对没有好处，因为除了你的亲人以外，绝对没有人会同情你。

什么都不说，他就都得设防你，如"知无不言，言无不尽"就坏！人世就是作战，事成了都不必说。应有肉埋在碗里吃，自己香！不要傻里傻气！

要有万全的准备，占绝对的优势。处处被动就居弱势，很可怜！再不懂得保密，就是送死！主动，必须有实力，要处处主动。天天为自己必胜之道，有充实的准备，就不怕敌人怎么厉害。连虫子都有保护色，何以人无保护色乎？

人无空用，事当其任。求之于势，不责于人，不责成一人，要能择人而任势。什么人都用，要用其长，不用其短。不要忽略人之所长，能用其长，则天下无一可弃之人。

天下没比书呆子再没有用的！常人最大的毛病即吝啬、小气。什么人都可以用，会用人的什么人都会用，不要用"小圣人观"量尽天下人。

要看一个人的德行，就看他的吃相，有的贪有的急，吃相难看！

识人者，用人之能，不求全责备；小人用人，则求全责备。

任势（摆形势）**者，其战**（斗）**人也，如转木石；木石之性，安则静，危则动，方则止，圆则行。**

【注】夫转者，石也；转之者，人也。战争者，兵也；所以战者，势也。

【解】杜牧曰：我强敌弱，则示以弱形，动之使来；我弱敌强，则示之以强形，动之使去。敌之动作，皆须从我。

施子美：将能用人，必得其势而用之。

"任势"，要了解以运用之。

兵整天没事就乱纪，训兵之道，军队得养木石之性：安则静，危则动，方则止，圆则行。战事即如此。

必自己要有目标去奋斗，分内事必自己去做。分内事早做完，自己有满足感，清心。不急，等着！何以要叫人鞭策，我们才去做？做任何事要有一定的计划，成为习惯；做完，就感觉轻松。如对自己的生活都无算计，焉能算计别人？

"其战人也，如转木石"，第二次世界大战时，希特勒将德国青年摆得像木石一样，但失败了。

今已无什么政治家。没有大才，公司职员服从长官，如服从上帝一样。真有聪明才智，以今天千载难逢的时机，能不磨炼出政治家？

远、近因值得研究。学什么，都必吃点苦头，乱世出英雄。前人失败，必有继起者成功，完全在乎自己，必磨炼自己。清朝有一百八十年没有战争，乃产生一帮不会用脑的人，博学宏词科！今天再不用脑子，是猪！必学会用脑，多少洞悉一点，勤些，外国杂志多看些。

别人失败，你也不用高兴，后面还有成功的，中国可有十几亿人，能不出高手？台湾地区的环境没有办法，没有人才，强求也没有用！河里不能存水，风都漏了，有风水？我不迷信，喜印证。

曲阜特殊，气象万千，比长白山的风水好。东北，九百年的帝王，渤海、金、清。自然环境还是很重要。

从圆通寺后面的山，可看出台北可以过太平日子，但气势没有。圆山饭店修得太高，像漂浮的东西。风水不好，本可以补一补，但不懂，却把它给破了。天命！迷者自迷！"国之将兴求之于人，国之将亡求之于神"。我一生不信邪，占不少便宜。越是信邪，越易于生死关头迷信，一迷信，就差不多了！相信什么东西，都会促成失败。

研究自己的环境，方圆行止，则知对付之道。知什么事应做，什么不应做。必知势，势一到，如转圆石，不费吹灰之力。

做任何事绝不妄发，不妄发可能还必得。必看清势，再去做事。不知地势，就无法成就一件事。

不能逆天行事，尚血气之勇，此敌一人之匹夫，不能成功。必懂得怎么处理一件事，什么都不必怕。人人皆可以为尧舜，遇任何事都必要有主宰，生存要有生存的意义，知此，活得才有精神、有力量。

两国交征，要争一有利之地，先守住，以待敌来，则为以逸待劳。

平时要养己之气势，不说话，人见之就有点怕。不培养气势，人家就轻视你，应修成"望之俨然"。做人不易，能站得住相当不易，有点成就难，"出乎其类，拔乎其萃"更是不易！人人皆想往前跑。要修己，下培养的功夫。

旧社会的读书人无不读《方舆志》，以了解全国之事。想了解中国各州府县，要看《大清一统志》，将每一县的特产、主要河川、要塞皆写出，要点都知。要闭眼能画出中国地图。做小偷也必看地图，摸清地形。读《天下郡国利病书》《大清一统志》，有思想、有抱负者必充实之。昔人鸡鸣而起，努力进学。

光读空书没有用，知道怎么行事？自己的环境，不必叫别人了解得那么清楚。一个人必有所守，就是人最不可靠，不应叫人知的，不必叫人知，防谍。做人必要有分寸，不可以大而化之。

绝不讲自己的事。虽同住十多年了，还未与之话家常，是真的事就影响大，女子感情脆弱，千万不可讲知心话。

故善战人之势，如转圆石于千仞之山者，势也。

【注】论兵至此，而势为之势，从可知矣。

【解】杜牧曰：转石于山不可止遏者，在山不在石也。战有百倍之勇，强弱一体者，在势不在人也。

张预曰：圆石之转，势为之也；兵势之险，亦势为之也。

兵，机事也，机一发而莫遏，此可为"兵势"捷解。

施子美：善战者，贵得其便而用之。自高赴下，愈得势也。

在势不在人！非人力也，水到渠成！

人最重要的是"自试"，对"时"要认清，"或跃在渊"（《易经·乾卦》），如鸟之习飞，必经多少次摔、跌，最终展翅而飞。

切记：机事不密则害成！要养拙，不要聪明外露。任人，宁可任其拙，不可任其浮。大事尤其如此，生死攸关所在，更要善于知人、任人。

京剧《失空斩》（《失街亭》《空城计》《斩马谡》）：马谡"言大而夸"，不能任大事，因此失街亭；诸葛亮万不得已下，使"空城计"脱身；哭斩马谡，不是哭马谡，而是哭悔"未听先帝之言"。马谡死不足惜，而街亭乃汉中咽喉要地，街亭一失则蜀汉进退失据，是哭自己不能"择人任势"，整个局势乃垮了！

"先为不可胜"，于战前即有必胜的把握，胜已败者也。不可以大而化之。女孩一站，有气质，人说："家教不错！"不可站无站相，坐无坐相。否则到哪儿缺少礼，吃亏多。男孩必有英气，学武德，英气焕发。

我小时怕我母亲，每天连吃饭都不宁，自小学会察言观色，每天要温熟书、背新书，不熟就要罚跪，再背，直到熟为止。小时会背书，到老也忘不了，散步都可以随时想书。中国东西用世、教书时都要能记住，会背了才能"一以贯之"（《论语·里仁》），玩味到一个境界就能用世，不熟就用不上。知识、常识必天天求，如胸无半点墨，脑子空空如也，做事危险！

应有计划地读书，立一个目标，用以充实自己，知止而后有定，思不出其位，才能成为专家。昔人读书，以磨墨当休息，练习腕力。磨墨时，墨不可以磨偏了，偏了必磨到平才停止。以前家里管得严，想出门也不容易。"中也养不中，才也养不才，故人乐有贤父兄也"（《孟子·离娄下》），现在小孩在家没人管，想成学难！到自觉时，为时已晚，才叹"书到用时方恨少"！

女学生出嫁，以《孙子》当嫁妆。会用《孙子》智慧，家人相处和睦，要懂得术，不是吵闹。识势、知节，家就像个家。家中儿女也斗法，要零用钱也必斗智。所学如用不上，就是没有明白，书呆子！

我自从有了孙儿以后，就不再养宠物了，以孙儿作为宠物。人要是不懂得分轻重、远近、亲疏，绝不会成功。要懂得做人，得有脑子。我的原则："去者不留，来者不拒。"（《孟子·尽心下》："夫子之设科也，往者不追，来者不拒。"）答应没有做到，以后绝不再找你，因为诚信只有一次。

我曾跑遍天下，到失败后才明白真理。不失败怎么有时间坐着好好想？失败后就无所求，"长白又一村"是自良知，而非自功利去认识。

中国东西作为方法、指标，应以"能"补充之。

治理天下人，如同治理少数人。《周官》为行政组织大法，自邻长开始。邻长管多少户？分层负责，官愈大愈没事干。皇帝只管八个人（八大军机）。

倡王道，反对霸道，霸道造就多少寡妇、孤儿。王道是一步步实行的，王道之始，"王道正直，王道荡荡"（《尚书·洪范》："无偏无党，王道荡荡；无党无偏，王道平平；无反无侧，王道正直"）。王道本身即正道，结果即荡荡，如沐春风。

有好奇心，必好好研究中国思想。"龙的传人"不是一句空话，

"时乘六龙以御天"，以六变驾御天下事。中国人讲御天，治国只是初步，与西方观念不同。

看植物多么妙，北方冬天零下四十度，但毁不掉其生机。冻不死，烧不尽，多么有生命力！一个人要有生命力，就不知老之将至。要培养自己，培元，养正。

中国思想是一个"元"字。元，始生之祖。"大哉乾元，万物资始；至哉坤元，万物资生"（《易经·乾卦、坤卦》）。资始，为祖，男的；资生，为宗，女的。近取诸身，开始时崇拜生殖器，祭拜祖宗即祭祀生殖器；到伏羲、女娲，人格化了，成为人祖、人宗，象征繁衍子嗣，生生不息。

奉元，要自"元"另辟思想，无穷，停售昔日帝王"挂羊头卖狗肉"的假货（学校钦定之枉），要制造真货（道正率性之元），童叟无欺。得熟才能成就思想，有机会得慢慢坐着读书、研究，才能到一境界。学文的好好深入，发掘中国思想。

台湾地区应开创文化新局，文化高低在自己去创造。人贵乎有志，精神一到，何事不成！

台湾无一学校从头至尾把学生教明白。千万不要自我陶醉！台湾根本是实行愚民政策，完全自欺，哪有好的师资？哀莫大于不知耻！学术团体应是师资第一。

自己了解自己，才会发愤读书。先问自己："我能做什么？"一个人不可以做外行的事。如都不能，能做什么？外行绝对不可以做内行的事，不可以做自己不懂的事业。

成功、成事必先自"做人"入手，一个人无品绝对不能成事；成事者也未必成功。

人不论地位的高低，做人一有失，永远站不住。有千古之德才能存千古，德最重要！才、能、德，缺一不可。

读史地，乃是爱国的根苗。有前车之鉴，你们应知怎么做事。知道自己缺什么了，才能填补，连德在内，要求缺、培元。如知道自己缺什么，每天能不发愤读书？自己缺少什么，自己列表，绝对会汗颜！

孙儿懂事了，问他："还需学什么？列单。"不使其失尊严。再问："会什么？"如果都不会，那就都得学了！

很多小孩自小就混，得到博士，也只是学位，并非学力。

必出几个有担当的人，为别人谋幸福，而非自私鬼。华夏精神：前人种树，后人乘凉。

先解决自己的事，再为别人解决点事，"行有余力，则以学文"（《论语·学而》）。人最近的就是父母、兄妹；其次为夫妇，"君子之道，造端乎夫妇"（《中庸》），都处好了，家庭婆婆妈妈的事就是大道理，能齐家必能治国。《学庸》真领悟了，绝对能成事。

人的成就是环境逼的，中国这么大，养全世界四分之一的人口，不动脑百姓就没饭吃。中国要练老虎出柙，吃光王八蛋，哪还要跟美国的调子起舞？有智慧要贡献给国家，成功不必在我。中国得是"文化的中国"，而非老虎的中国。

我主张"三优"之策：优生、优育、优教。"优生"，男女结婚，是天职，但有遗传病的最好不要生育。"优育"，给孩子喝牛奶，对其影响大。"优教"，小孩长大懂事了，要使他保持尊严。人有生必有死，从生到死必有尊严。

不做贼，不是糊涂活，要真知。助人，不是送鱼，是送钓具。

得到处求优，不光是生孩子，连动、植物在内。如"池上米"，台湾优质米，即代表进步。

此为教材，知道了才能造就自己，为"优教"。好好练达，培智慧。我天天逗孙儿，拿他当八哥教。孙女知道怎么刺激爷爷，随时随地训练。

文章是集锦，想到就写，必手勤。拉架子写的是祭文，传世之文皆集锦。我所教，美其名曰"优教"，想到哪儿教到哪儿。教育是思想，动脑的，不是念讲义。

了解多，应有责任感。人生在世，能做一天就做一天，要真做，而不是有企图地做。为人师，不以德领导，能尽用术？了解责任之所在，就会自强不息。

环境产生文化，不能强迫别人接受。我小时在日本长大，喜欢日本小吃，但自第二次世界大战以后，我不再去日本。喜欢是一回事，但是要有智慧，面对人世，知所进退取舍。

冷静地思考，懂得"无倦"了，就会有成就。四十岁的人也没有我头脑之清晰，不二法门即"嗜欲浅者，天机深"，就是按照生理去生活，"率性之谓道"，"己所不欲，勿施于人"。

你读《孙子》，人家也读《孙子》，怎么对付？要出奇招。下棋都读棋谱，却总有输赢。奇与正，正以德为本。

有权不在多衔，有闲才挂衔。什么都要管，则什么人对你都有戒心，愈争愈贪愈渺小。我每次所说，皆非空话，有实例。权力从哪里来？怎么来的？均非一日之功。

书院随环境的变迁换名，组织的方式不同。同学只能知道自己分内事，没有资格知道两件事。没有诚信不能参加核心，没有标准修养不能打入核心。我将同学分成三个阶段：六十岁领导，四十岁干事，二十岁跑腿。治，得有严密的组织方式。团体的领袖绝对没有空降部队。当领袖的必须才、能、德三者具备。知道了，还必行。一个团体中，既不能令令，就必须从令；志同道合在一起必须遵令，不能完全抢山头，都要做流氓头。容乃大，不要每个人都想当老人；不要尽看人之短，否则天下无一可用之人。

平时如战时，战时如平时。镇静功夫最为重要，说容易，临事可不易。士官长重要，是战场的灵魂，一听到枪响，生龙活虎。就是上将也不怕，因作战非他不可，所以在军中横行。经验比什么都宝贵。

当教授的有无好好从头至尾读几本书？熟才能用得上，不熟不行。讲书能解决问题？书是讲的？经书是生活的方程式，《论语》每章每句都在行。赵普（922—992，北宋初年宰相）说"半部《论语》治天下"，我以为仍多了，一章即足。必做活学问，贵精不贵多，一章明白就足以治国平天下。

哪一章《论语》在今天能用上？《论语·宪问》云："桓公九合诸侯，不以兵车，管仲之力也。如其仁，如其仁。"孔子少以"仁"许人，何以却以仁称许管仲？看管仲"九合诸侯"的成方，"九合"，实际只有八个，有八个成方子，必知其所以。

大学里的文史哲不知干什么，老师都没有讲明白，你们能够明白？未来的悲哀，临死都穿不上裤子犹不知，哀莫大于不知耻！政治流氓可以耍大学生。

你们如此年轻，行动却比八十老翁迟缓。一个人不活泼，就如同行尸走肉，活死人！既好活动，就不能太暴露，要"动于九天之上"。不知九天、九地，何以在外面乱跑？太冒险！

知道，不能说；不知，更不能说。造谣也得高智慧，至少要声东击西。有训练，所说一定声东击西。同学知无不言，言无不尽，幼稚至极！不知怎么读书的，搞什么名堂？腐儒半点用处都没有！

每天都有"战国"时期。用智慧的最不怕乱，可在乱中取利。表面示乱，但内里不乱，必有规矩可循。乱生于治，根本是有条不紊。怯生于勇，表面怯，实则勇。人失败，多半失败于本身。做事有无警觉心？造谣加上揣测，局势都完了！

读《孙子》，得找多少书才能明白。必下真功夫，书得自己读，谁也不能替你读。好自为之，要自求多福。做事不可以打马虎眼，精准之重要。你没能打住人，人家打住你，就结束了。

当老师的自己没有读明白还教人，造孽！自己努力的功夫不行，自己知，就怕自我陶醉！人家也读《孙子》，如高明过于你，你自己就成了孙子！

虚实第六

社会上就是虚虚实实，要己实彼虚，但显示虚，而内里实。做事要主动，不要被动。虚虚实实，愈是有实力者，愈是示弱、示怯。

还没做事，就说得外面皆知，闹得满城风雨，怎能成事？有肉应埋在碗里吃，吃完自己香，有营养，别人知不知有何关系？尽说梦话，向外宣传就坏。

应阴险一点，不必什么都叫人知，不要"知无不言，言无不尽"。什么都说，你的去路可能就被对方截住。坏人什么事都做，自己应有所保留。

人活着就要活得愉悦，此为不老的不二法门。我就一人在台，过得很热闹。

虚者，怯、弱、乱、饿、劳、寡，不虞也。实者，勇、强、治、饱、佚、众，有备也。己实彼虚，击之可也；己虚彼实，避之可也。

做事必先知成败、得失、利害，绝不打没有把握的仗，绝不斗斗不过的人，智不危身，应先学会保护自己，不能自救焉能救人？要明哲保身！

你们社会经验不足，深悟不易，不懂《孙子》在此。必每日琢磨，熟能生巧。读兵书贵乎活用，随时皆可用上，必须仔细。

故为将者，必知彼己虚实之情，而为战守之法焉。军形言攻守，兵势言奇正，奇正自攻守而用，虚实由奇正而见，故列虚实于形势之后。

好名者必作伪，为争名争利，皆不择手段。名非空至，实至名归，必下真功夫，巧取豪夺没有用，应拿出东西，显出己能，使别人不得不承认你。

有人为得美名，不择手段，巧取立不住，时间过了就有真的印证。许多人自以为走在时代前头，如今安在哉？人人皆好名，要求得真名，必要有真功夫。

此篇语意杂出，皆以教人变敌之实为虚，变己之虚为实也。用兵者，能察彼我之虚实，而因形制变，自无不胜矣。

不要权没到手，头脑清楚；权一到手，就糊里糊涂。

康海曰：通篇总一避实击虚之意，其所以敌为我击者，则以先处战地而佚，且因敌变化而胜之，其应若神也。

环境一有变，必得随势应变，要自求多福！

现大学生净读概论，无一有系统的东西。从幼儿园到博士班，所读的书也不能应世，无讲治事之方，尽讲常识。经验很重要，人必有实际经验，自食其力最光荣。一个人失败的经验也宝贵。

清军机处学习行走，见习，亦能天天参与国事。

孙子曰：凡先处战地而待敌者佚，后处战地而趋战者劳。

【批】据形势之先后，定主客之劳佚，见惟善战者，而始有以辨此也。

【解】王圻曰：战地，人所必争之地，我先处则为主不为客，为主则佚可知已。

郭逢原曰：吃紧在一"先"字，"佚"字正从先字看出。

施子美：地形者，兵之助。

"先"，绝对的先，机先。"处战地"，处于兵家必争之地；"而待敌者佚"，"佚"，以逸待劳。机先，既灵活又神秘，非能以口说。先占得据点，得到好的地势则悠闲，可以逸待劳。

"后处战地而趋战，劳"，后处战地而趋战者，就疲于奔命。

主动不易，必要有主动之智。抢先一步，在于时时留心时事，一天都不可以马虎过，无论怎么忙，每天都必看报。

故善战者，致人而不致于人。

【注】王晳曰：以佚乘其劳；致人者，以劳乘其佚。

【解】其要著总在"不致于人"，才见高人一等，非同泛泛也。

施子美：千章万句，不过"致人而不致于人"。

能者役人，而不役于人。如两人做事，自己无主张，尽是跟人跑，那还不是一个人？两人应配合，以发挥能力。每个人对事情都有看法，就可以再研究研究，以决定成败。有特殊的立场才有特殊的成就，有特殊的看法就是有思考能力。

掏你底，卧底在你身上了解你左右事。历代一号间谍，多半是女人，就是利用人性的弱点。生于太平世，没有危机感，害了你们。生长于乱世则不同，没有法令保障，一切必须靠自己。

曾文正怕湘军居功，造成尾大不掉，乃解散湘军。李鸿章不然，淮军余孽造成民国的军阀乱政，此乃李之智与德不足。

能使敌人自至者（自己来的），**利之**（诱之以利）**也；能使敌人不得至者，害之**（止之以害）**也。**

【批】申善战者，致人而不致于人之用。

【注】敌至不至，皆能使之，则彼之行止进退，听命于我，故佚者劳，饱者饥，安者动也。

【解】李筌曰：以利诱之，敌必自远而至。

张预曰：所以能令敌人必不得至者，害其所顾爱耳。

施子美：将以致敌，必有以诱之；将以郤敌，必有以扼之，使之自至。

"能使敌人自至者"，使敌人自己来的；"利之也"，诱之以利也。"能使敌人不得至者，害之也"，止之以害也。人莫不趋利避害，一利一害，两个架势怎么摆？必彻底了解敌人，才能和敌人拼命。

人为财死，为利所诱；鸟为食亡，为饵所诱。人莫不好利，社会事不外乎名利，或为利中名，或为名中利。社会无不以利诱人，所以"利"字当头时必须冷静，否则一旦掉入，终身就出不来。

人比人，气死人。做人最为重要，人就是人，就学做人。当医生、老师不易作假。天下事无实靠虚不能成功，必下真功夫。要了解许多事，必善用智慧。不生于复杂环境，怎么对付复杂环境？争名利必有对手，要弄清对手才能下手。

天下有同一嗜好者？找同己所好者绝对错误。没有的事，偏要求，镜中求！可以找同志，不可以找同好。人各有所好，不可同其所好。

读书得启示，得下功夫。你们什么都有，就是没有"机"。有机心者，必投其所好，得用智慧。了解其所好，他马上把你变成知交。要懂得怎么送礼，送礼的哲学：了解其所好。投其所好了，一拍即合。想向敌人得点东西，第一个法宝即投其所好。人都有瘾，如知其所瘾，真投机了，更是不得了！

小孩自小要严加训练，不能将自己的好恶告诉别人，否则有人会投你所好，或用来刺激你，达成毁你的目的，"家教"重要在此。一国之前途如何，就看青年与下一代。

故敌佚能劳之，饱能饥之，安能动之。

【注】何氏曰：伍员设为三军以肄楚。曰：亟肄以疲之，多方以误之，深得《孙子》利害之旨也。

施子美：有以挠敌，而后可以胜敌。

设陷阱，你佚，我叫你劳。东一枪，西一枪，足以惊骇你。

有特殊的职业是天天斗争的，不同于一般上班，不要到那坑里跳下去，既下海就必唱，选择职业不可不慎！"天作孽，犹可违；自作孽，不可活。"

《尚书·太甲中》："王拜手稽首曰：'予小子不明于德，自底不类。欲败度，纵败礼，以速戾于厥躬。天作孽，犹可违；自作孽，不可逭。既往背师保之训，弗克于厥初，尚赖匡救之德，图惟厥终。'"《孟子·离娄上》孟子曰："不仁者，可与言哉？安其危而利其菑，乐其所以亡者。不仁而可与言，则何亡国败家之有？有孺子歌曰：'沧浪之水清兮，可以濯我缨；沧浪之水浊兮，可以濯我足。'孔子曰：'小子听之！清斯濯缨，浊斯濯足矣，自取之也。'夫人必自侮，然后人侮之；家必自毁，而后人毁之；国必自伐，而后人伐之。《太甲》曰'天作孽，犹可违；自作孽，不可活'，此之谓也。"

做事不可以凭血气之勇，否则重利之下必要你的命。

出（赴战）其所不趋，趋（偷袭）其所不意（出其不意）。行千里而不劳（费心）者，行于无人之地也；攻而必取之者，攻其所不守也；守而必固者，守其所不攻也。

【批】虚实而神明之用。

【注】不趋、不意，故无人。

刘寅曰：守与攻，皆出敌人意表，其所以然者，由我能知彼之虚实，彼不能知我之虚实故耳。欲知彼之虚实，以形而形之；使不知我之虚实，亦以形而误之耳。

施子美：必有以据敌人所不由之地，然后可以伐敌人所不虑之谋。

"出其所不趋"，前往敌人不能救之所。"趋其所不意"，袭击敌人不及备之处。打仗，专打敌人的要害，不以硬碰硬，第一要义必有一智间。必用间，才能知敌薄弱之所在。

"行千里而不劳者，行于无人之地"，正是多了解敌情，对地势地形特别熟，如入无人之地。情报灵光，就有万全的把握。

施子美：动而必取，则敌失其所以备我之方；静而必固，则敌失其所以乘我之势。

攻其所不守，必知其所不守；守不所不攻，周防无隙。打击敌人的军心，此必情报准确。

中国有十几亿之众，去掉老少，至少有两亿多为可用之兵。若善用脑，男女每天"俘虏（通婚、交友）"几个，就不必用战争。

你们至少要干事半个世纪，这五十年是中国最重要的五十年，必好好干一干。

故善攻者，敌不知其所守；善守者，敌不知其所攻。

【解】善攻者，攻于此，而形于彼；善守者，守于此，而声于彼。夫攻与守皆出敌人意外，盖彼之虚实，我能知之；我之虚实，彼不得知之故耳。

施子美：攻守者，一而已。得一者，百战百胜。

善攻者，动于九天之上，攻于此，声于彼，完全主动；善守者，藏于九地之下，守于此，声于彼。运用之妙，则成高手。高手能履险如夷，如入无人之境，故一人能系天下之安危。反之，自己早成被动犹不知，还说一切主动。不懂得戒备，不经过忧患，能百发百中可不易！"为之势，以佐其外"，完全是人为的。

作战没有所谓重要与不重要，必真正深入敌情。战争就争几秒，几秒就决胜负。尽说外行话，故轻敌。最低必高估敌人，加强戒备心，否则即轻敌。

看《三国演义》，可以启发人的智慧，成为高手。

微乎微乎，至于无形；神乎神乎，至于无声！故能为敌之司命。

【注】重言"微乎"，叹其兵机秘密，无形之可窥也；重言神乎，叹其运用奇妙，无声之可闻也。为敌司命者，犹言致敌必死之地也。

何氏曰：有形者能为无形，有声者能为无声。非无形也，敌昧而不知也；非无声也，敌忽忽而不闻也。惟深达虚实之理者有之，与《中庸》所称"视之而弗见，听之而弗闻"者，究何异哉？

《中庸》"无声无臭，至矣"，"微乎微乎，至于无形；神乎神乎，至于无声，故能为敌司命"，绝对不能什么都表露在外！女人有高手，多一时之秀，绝非治世之秀。花木兰只有一个。

【解】杜牧曰：微者，静之理；神者，动之决。静者守，动者攻，敌之死生悉系于我。

今依杜牧，微乎微乎！是守之无形；神乎神乎！是攻之无声。

施子美：惟不涉于闻见，故可以尽制敌之权。司命者，制其命也。

"微乎微乎，至于无形"，守之无形！"神乎神乎，至于无声"，攻之无声！"故能为敌之司命"，犹言致敌必死之地也。

"微者，静之理"，宁静以致远；"神者，动之决"，神龙见首不见尾。声东击西，无形无声，使对方连边都摸不着，敌人完全在你掌控中，而"作秀"正相反，此与"诈"无关，自己的事不必叫人知。

做了再说，说了不做，做了不说。如事没做先说，显露多，则愈做障碍愈多。要深藏不露，做事不必使人都知，自己的防谍功夫必特别严密。就是有人问，也要说："这事我不清楚。"

对敌情清楚必用间，有谍报，要保密到极点，"机事不密则害成"。如知无不言，言无不尽，焉能保密？

敌人的生死完全在你的掌握中，"无声无臭，至矣"，绝对不能什么都表露在外！兵机秘密，商机亦然！

不要老说做君子，其实做君子易，做小人不易。当外交官必说假话，假话未出口脸就红，太老实了！必了解自己不懂，然后求懂。最可怕的是自以为懂得多，自以为情报搜集得多。

做任何事都得守密，要机巧、细心，若现形、现身则阻力多。

进而不可御（无法防御）**者，冲其虚**（不备之处）**也；退而不可追者，速而不可及**（如迅雷不及掩耳）**也。**

【批】善攻善守，无形无声，皆非敌人所能万一，而后虚可为实，实可为虚，尽神明之用。

【注】"冲其虚"，谓进攻之神；"不可及"，谓退返之疾。

【解】陈大士曰：吾欲退必先示敌以进攻之形，而使老弱先退已毕，然后设疑而去，眈敌追我而不可及。

进，"不可御"，无法防御；"冲其虚"，不备之处。人冲你，乃自你的空虚处。

退，"不可追"，追赶不上，"速而不可及"，如迅雷不及掩耳。

劳敌人的神，在于假虚作实，以愚敌。

敌大我小，敌强我弱，想拉平，得出奇招，要智取。敌我如磨得好则是我们最大的成就，我如此不厌其详地讲，"梁惠王治国，尽心焉耳矣！"乱世，其实是最好成事的机会。

谈判、战争，贵乎分散敌人的实力，劳敌人的神，用谬论以劳其神，如本是蓝的偏说是青的；当他打盹时，就有机可乘。以小事大，绝对不可以找麻烦，主动去捅蜂窝。只有谈谬理、谬论，以劳其神，连厕所、垃圾问题都可以谈。好说，就不打自招。

故我欲战，敌虽高垒深沟，不得不与我战者，攻其所必救也；我不欲战，虽画地而守之，敌不得与我战者，乖其所之也。

【注】"必救"，如咽喉往来之路，仰给积聚之城是也。"所之"，谓敌人所往之处。"乖之"者，误之也。

苏老泉曰：攻坚则瑕者坚，攻瑕则坚者瑕，盖坚者强实处也，瑕者虚弱处也。

【解】总是"为敌司命"之意。虽言攻守，究竟奇正随之。要必达于形势而后善用虚实也。

"我欲战"，我主动出击；"敌虽高垒深沟"，虽为坚守之计，亦不得不与我战者，乃攻其所必救也。

遇事，不可乱发炮，必攻其所必救也。攻其要害，对方必救之。打蛇要打在七寸。破其养精蓄锐之事，使其分心，全视其薄弱处。破坏一个人，必找他真动心处下手，如造谣生事。

施子美：能使敌人不得至者，害之也。

"我不欲战"，虽画地而守之，敌不得与我战者，"乖其所之也"，以我能示以伪形，乖谬其所往之处也。

遇事必要特别沉静，不慌不忙，好狗不露齿，人无言便是德。做事在求成功，敌人的行动，我都了若指掌，一切都在我掌握中；而我的做法，敌人都不知。

必懂得真利害，才能分辨是非，分别好坏。不能只看眼前的利，因为有时眼前的利可能是明天的害，必要认清真正的利与害，即利害攸关之所在。贪小便宜，吃大亏；不动如山，乃真知利害也。

声东击西，要与之背道而驰，狡兔三窟以消耗敌力。对敌情必特别清楚，要分析对方的各种关系。设疑，使对方不动；声东击西，告诉他的都是假的，贵乎消耗对方的实力。

做任何事应有许多看法，要多用脑。人做事都有目的、想法，不是对与否。人人皆有所需，要达其所需，以此看今天事就明白。

是非不管，人皆各有看法。但事情看得对否，端视个人的智慧。人生如盘棋，都得有输赢。做任何事多少要用点心机，"害人之心不可有，防人之心不可无"。应善用智慧，每天必看报，就是当笑话看也好，皆实学也。

故形（当动词）**人，而我无形**（当名词）**；则我专**（专一）**而敌分**（因分而少）。

【批】形人无形之虚实。

【注】形人者，虚张声势，使敌防备也；无形者，藏锋蓄锐，不泄真情也。专，谓敌形既见，我方一心以临敌也。分，谓我形不露，彼必疑虑以防我也。

施子美：我有形以形之。吾之形者，将以诱之。

想成功，应形人而我无形。有肉埋在碗里吃，自己香。为达目的，不择手段，"无所不用其极"。

施子美：所可得而见者，误敌之术；所不可得而见者，制敌之道。

许多人最不能的就是保密。做任何事，应藏锋蓄锐，真情绝不能现于外。这老鬼搞什么名堂？不知，必用十个特务看你，十条路线消耗敌方十人。作战，即在消耗对方的实力、财力。

分析对方的各种关系。"狡兔三窟"，可耗敌力；"声东击西"，告诉他的皆假的。贵乎消耗对方实力。对方不知你，就必加以分析，防备必多。

【解】唐荆川曰：以虚设之伪形示人，而我之真形却分毫不露，此形人而无形者也。然无形即在形人处，诡秘不测便是。

自己无形，而使对方现形。做主动尤其要保密，藏锋蓄锐，不泄露自己的真情。虚张声势，伪宣传，摆出假象，使敌人防备，似乎有迹可循。对方不知你，就必分析分析，防备多。做主动尤其要保密。

"叫你不说，如真能不说，成功了"，左手的事不叫右手知，保密的重要！

我专为一，敌分为十，是以十攻其一也，则我众（因专一）**而敌寡。能以众击寡者，则我之所与战者约**（不烦）**矣。**

【注】我能专一，则一也，而具十倍之众，攻一倍之寡也。众，谓专也，专则众矣。寡，谓分也，分则寡矣。约，不烦兵。

王凤洲曰：能疑人之心，以分人之兵，则锱铢有余；不能疑人之心，以分人之兵，则数倍不足。此知兵之要也。

【解】梅尧臣曰：以专击分，则我所敌少也。

专一不二，分则寡，以众对寡。众与寡，专与分。做事必得分散对方的力量。《吴子·论将》云："约者，法令省而不烦。"做普通事不烦其智，战争不烦其兵。以专击分，则我所敌者少，一战即成功。

吾所与战之地不可知，不可知则敌所备者多，敌所备者多，则吾所与战者寡矣。

【批】亦言形人无形之虚实。

【注】王凤洲曰：扬声张势，使人不测我所欲攻之处，则必分兵备守，处处皆虚，乃我方全锋，而我所欲攻之处，斯无坚不破矣。

敌不知，己居于主动。为什么不可知？保密，使敌至间也不知你。而凭什么知敌？用间也。

与人谈话，应谈玄不说闲，到哪儿说话都应注意，尽讲形而上的，没事！

必真悟通才有用。"怎么书读这么久，还没去掉你的劣根性？"对他当头棒喝，书白读了！没有智慧绝对成不了大事。

智不危身，失败了也得保身，明哲保身，留得青山在，不怕没柴烧。

故备前则后寡，备后则前寡，备左则右寡，备右则左寡。无所不备，则无所不寡。寡者，备人者也；众者，使人备己者也。

【注】前后左右，随在设防，则势愈分而力愈寡，其虚实之不敌也明矣。

【解】形藏者，虽寡亦众，其心一，其力齐也。力分者，虽众亦寡，其势散，其卒疲也。

分散敌人的实力，分则寡，制造假情报，连狡兔犹有三窟。

知理容易，但知所以用理为难。

【解】杜牧曰：我形不泄，则左右前后、远近险易，敌人不得知之；且不知我于何处来攻、于何地会战，故分兵彻卫，处处防备。

过家之道亦然，每月的收入有限，如无所不用，就无所不寡。过日子如同战场，花钱可大方不得，必得"量入为出"，谨于出入，有余才能补不足。

不懂得存钱是最愚的人，今日健康，明日不知。"贫贱夫妻百事哀"，不爱钱但必重视钱，要懂得存钱。父母之外，无比夫妇再近了，人穷就会成问题。

力众，使人多备己；力少，则采游击战术，用几个兵专对付大军。

故知战之地、知战之日，则可千里而会战；不知战地、不知战日，则左不能救右，右不能救左，前不能救后，后不能救前。而况远者数十里，近者数里乎？

【批】承上战地而并及战日言，能知之则势合而不分；不能知之，则势分而不合也。

【注】战地、战日，吾能知之，则虽将士远隔千里，亦可相与期会，先往以待敌也。不能知之，即左右前后之间，犹不得以应援，况首尾相去之遥乎？

能自己做主，时、地皆操之在我，日夜兼程并进，处处居于主动，则可以千里会战。

如战时再知时、地，来不及了，完全处于被动地位。没有实力就不能做主动，机密之重要可见一斑！

不懂深藏不露者，永远不能成大事。不要不等人问，就把自己的事说出，你的事谁愿意听？做事时把心丢了不行！

以吴度之，越人之兵虽多，亦奚（何）益（助）于胜败哉？故曰：胜可为也（可用智慧），敌虽众，可使无斗。

【注】吴与越人，世为仇敌，数相侵伐，孙子为阖卢论兵，故即

当日本国之事以喻之。

【解】此孙子相时料敌，言越兵虽盛，吾能使之不知战地战日，彼必不能相救，无裨于胜败之数。

贾林曰：令迫于自顾，则不暇谋人。

张预曰：分散其势，使不得齐力同进，焉能与我争胜？

智取！相时料敌，无形无声，可使敌人没有战争的机会。如不把对方放在心上，而对自己又不真知，怎么能胜？

胜之事可为也，但必有万全的准备，得处处主动。必先储备实力，天天努力，则整个操之在我。

要智取，绝不可力夺。必用智，可使无斗。现在天天感慨良多，就愚也！人生就是得失，必知得失之计，得失包括是非、善恶等一切。计如高人一着，不论多少敌人，也得；计如慢于人，就失。策，必用智慧，知如何用智为策。《战国策》必看，乃智慧之书。读古书，在得古人智慧的快捷方式。

国家愈小愈弱，愈易受他国侵害。我一生无专学，闲着没事，没有一天不做政事，对台做有系统的分析，无立场，绝对客观。注意民族前途，不是感情的，应用智能。

有没有智慧战胜你的敌人？如果没有力量，必先准备："失败后要做什么？"

清帝腊月十五逊位，在过年前。此后，清宗室不过年，还要到太庙举哀。清廷逊位，有《皇室优待条例》，王爷仍是世袭罔替。

逊位后，有一人被派回老家，保住东北，说："你们的还你们，我们的还是我们的。不能把祖宗的东西陪嫁。"回沈阳故宫，不能再挂龙旗了，乃挂五色旗。张作霖支持，因他宣称要为前清看大门，不叫敌人过山海关。日本人觉得张别有用心，而日本早别有用心，为达目的，不得不两相利用，最后炸死张。

"满洲国"成立，日、英、美皆有人搭轿，日本条件特别松。"什么都可卖，就不可卖国；什么都可做，就不可做亡国奴"，陈太傅（陈宝琛）反对合作，郑孝胥与日本合作。如对方真帮忙，你的苦也就够瞧了。权在对方手中，表面演戏而已。

靠外力，有想不到的痛苦在后头。做事必恃己之实力，恃外力将苦不堪言。千万别做亡国奴。假外人之力，必做千古罪人！没人会承认自己的错误，皆掩饰之。应有勇气，将错误告诉后人，因伪不伪不重要。自清末以来，中国人所受的苦何其多！中国善良的百姓何罪？物必自腐而后虫生。

近代中国百姓所受的苦，实非笔墨所能形容。环境一变，必随势应变，要自求多福！

清帝逊位后，清室皆留日、留德。我自十三岁起到日本，五四时回国，次年又到日本。当年，我什么团体都参加，只要有人演讲就去听。皆实学也，必得有用，不是空话。讲太多理论，没有用。许多大学毕业生去出家，我就没那慧根！什么都可信，绝不能迷信。

我整理旧东西，烧，不愿日后学生乱发表。以前写的皆假的，以后必写真的。我是O型，一辈子净打先锋，没享过福。虽吃好的，却食不知味。自然环境都得变，何况人事？知此，对许多事应有豁达的看法。来台被骗过，但也不后悔。人家说我无能，还笑笑！就当坐飞机时打破了！

1967 年，师尊为兴办华夏学苑，卖他从南京带来的传家宝。师尊当年将契约部分复印件装框，挂在书院墙上，笔者摘录如下："1967 年 7 月 12 日。北宋大瓷瓶两个、五代黄居寀《鹧鸪图》中堂。立契约人：熊式一。见证人：张起钧、屈万里、张翰书、×××（此人当时仍在）。"

将已就木，才能将真话告诉你们，但再过滤过滤，因为还有活着的。

九十几年经历多，很深的感触。走错路，后悔就来不及了！错误虽是错误，但是经验更为可贵。必要练胆，没胆不行。我什么事皆打前锋，就胆。何应钦打一辈子仗仍高寿，可见人的生死，非走在前就必先死。

将来事，端视谁有智，谁就胜利。智取，可使无斗也。必以智慧取胜。在那一环境，就必了解那一环境，胜敌也必知敌。《孙子》每日琢磨，熟能生巧。

故策之，而知得失之计；作之（主动的，试探之），**而知动静之理；形之**（摆样），**而知死生之地；角之**（接触），**而知有余、不足之处。**

【批】觇敌虚实对方。

策，竹束，即将竹片一条一条的捆在一起。策，筹划，庙算。筹算，算通"筭"，计算用的筹码。筹码，计策。《通考》云："汉制，取士作策难问，试者投射答之，谓之射策。若录政化得失显问，谓之对策。"

计，十言。十，数之极；言，讲正经的，《说文》云："直言曰言，论难曰语。""食不语，寝不言。"(《论语·乡党》)

"计"与"策"有何区别？把计系统化即策，将成方子编在一起成书，是经过多人讨论所得的结果。计谋曰筹策，策犹筹，犹筹。谋而得之，犹用筹而得之也，故曰筹，曰筹，曰策。

国有大事谋之于众，因为十个臭皮匠胜过一个诸葛亮。计、策、谋、韬、略、猷，有如今天各国政府的白皮书、绿皮书、蓝皮书、红皮书及黄皮书等。谈判，离不开此，空谈没有用！

皮书有不同的颜色。白皮书（White Paper），一国政府或议会正式发表的重要文件或报告书，以白色封面装帧。绿皮书（Green Paper），是政府就某一重要政策或议题而正式发表的咨询文件，起源于英美政府。蓝皮书，主要指英国议会的一种出版物。红皮书，早在 13 世纪，英国有关财政方面用红皮书，还用于官员名册、贵族名录和宫廷指南。黄皮书，与世界经济、国际形势相联系的皮书。

"策之"，知得失之所以然，故知彼已。人生就是得失，必知得失之计。得失，包括吉凶、祸福、是非、善恶等，社会上就两个玩意儿。计如高人一着，则不论多少敌人，也得；计慢于人，就失。

策之，屋中定计了，出门去做，结果为什么失败？求胜，乃是应变无穷！策，必用智慧，知如何用智。读古书在得古人智慧的捷径。《战国策》必看，乃智慧之书。

《战国策》共三十三卷，约十二万字，分国编写，记述东周后期时诸国混战，纵横家为其所辅之国的政治主张和外交策略。反映了战国时代的社会风貌、当时士人的精神风采。有三大特点：一智谋细，二虚实间，三文辞妙。

【解】用吾勇士轻骑而"挑战"之，则敌人动静之底里可得而知矣！

作，人乍，人突然站起。《说文》云："作，起也。"本义：人起身。引申：写作，创作，培育，造就。作品，作育，作伪。

"作之"，不盲目挑战，微以意动之，因其动静，以辨其虚实。一个举动都有表情，对方知；一个眼神，对方即明白。此与"挑战"风马牛不相及。注所表达意见，因个人的学问、智慧而有高低。文人注《孙子》焉懂战事？

动，知所以用理，是做出给人看的，不是拉帮、喊叫。静，明理，但明理容易，知所以用理为难。知道如何用理了，做事绝对成功。

要常玩味，熟了就能生巧，用以知人、任事。学智慧能用上，所做事都合于理，就没有人不接受，否则不平则鸣。

形，《说文》云："象形也。"描画，使其象物之形。《释名》云："形，有形象之异也。"《易·乾卦》称："品物流形。"望远者，察其貌，而不察其形。

有急智，一看环境，就知是生地、是死地。死生，足以发人深省，环境好坏决定人的生死。

"形之"，形人，但自己无形，摆个样子，因形因势，因形制胜，君子"无所不用其极，无入而不自得"。环境乃有形之形，但无形之形更为重要。

到任何地方，因人的训练不同，注意的对象有别，对环境的了悟绝对不同。走胡同，每人注意点有别，视人之选择。

应注意不容易变的标志，任何时候都可靠。如树，晚上可能就被拔掉，能动的目标绝对不可靠。自然标志不易毁掉。

角，《说文》云："角，兽角也。"《易·大壮》有云："羝羊触藩，羸其角。"通"斛"，古时平斗斛的工具，《管子·七法篇》称："斗斛也，角量也。"

"角之"，做事接触较量，必先知成败、得失、利害、生死，知道有没有把握之处。绝不打没有把握的仗，也绝不主动的去投降。

【注】张泰岳曰："策之、作之、形之、角之"，皆所以求知对方虚实而已。

"策之、作之、形之、角之"，皆所以求知对方虚实，乃间谍之功。人生皆不出此四步骤，皆出自我，必自己有实力，不可以借助外力。静时，为不可胜，培养功夫；动时，发挥培养功夫，能不操胜算？

学东西应着迷，理论必与生活相印证。看热闹，将之作为实验场，此真乃千载难逢之机，应好好学习，都与自己有关，此即为兵书之活棋谱。要做活学问，而非读死书。

"宁可养子叫人骂，不可养子叫人吓"，许多年轻人就是没有胆，遇事明知不对，就是不敢说，躲开。台湾此风气，可能与日本殖民统治五十年有关，啥事皆不敢说。

太原刘氏曰：策、作、形、角四者，出自我者也；得、失、动、静、死、生、有余、不足八者，应于彼者也。策、作，以谋言；形、角，以兵言。

动，知所以用理，做出给人看；静，明理。动，不是说必拉帮、喊叫。知如何用理，做事绝对成功。明理容易，知所以用理难。学智慧，能用上，成功了！所做事皆合于理，没有人不接受。不平则鸣。

"生死"，足以发人深省。一看环境，就知是生是死之地。环境的好坏，决定人的生死。有形之形重要，但无形之形更重要。

环境会变迁，说法不可靠，必找既定不变的东西。"智不危身"，知此，就不必为人做不智的事。

故形兵之极，至于无形；无形，则深间不能窥，智者不能谋。

【批】因形制胜之妙。

【注】李卓吾曰：所谓无形者，阳施阴设，变态万端，不可以形求也。乃其先未始不示人以强弱之形，然示强非强，示弱非弱，令人莫测，人亦无得而测之，故无形者，先自形人始。

"无形"，先自形人开始。无形，就是老奸巨猾也摸不到要点。

间谍必有至高智慧，到无形了，即使深间也窥不出虚实。经商亦有商机，如露形则深间可窥。

形也不是摆出的形，至高之形至于无形。水准不同，视何人看，境界乃有别。

无形之形才能到极点，美容之美非至高之美。看一人的穿着，即知其表里、水准，动人之处在无形之美。会行礼者，往往将礼法行于最自然的状态，让人有"彬彬有礼"的感觉，愈是自然愈是无形。

人生如战场，应使生活无形，将一切行动皆不暴露于外，得有隐藏面，太暴露了就没有神秘感。

昔水袖在遮手，越能保密越是神秘，一眼就看到底，完了！因有了形，就有长短，一眼可以望到底了。昔日相亲，针对个人本身的长短、好坏设计。相门户，女家先看男方家庭如何。相亲时，女方出送茶，手还以手绢遮着。保持神秘感，到结婚才看清对方。

北方人不同于南方人，上海人在街上走，不可以碰脏其衣服，因为南方人重视外表，看得比家里还重要。北方人不同，如碰到穿破衣的，不能得罪他，因他家可能有金山银山。北方财主实在，不可以光看其表面。

"智者不能谋"，智者不能施展其计谋。必深知敌，才能生计谋。

做事不要暴露得太厉害。聪明人可以根据一句话，知你八分。看一人外表，即知其水平如何。

会隐形者，也会示其形。解对方的心理，就懂得怎么示形。隐形，叫对方不能见，不能谋；示形，使对方改变其主观。会示形者，此一形是伪的，使敌人中计，落空。

示形，是主动的，在改变人的预谋。了解对方的心理，就懂得怎么示形，使对方为之松懈，完全中我的计策。

制胜之形是无形的，不叫人看到的；叫人看时，都有几分伪饰。我最不喜蓝色，但买的都是蓝色，因为没钱就得将就，但看人就不同。

智慧、气势是培养的，不是与生俱来的，"居相似也"，后天环境的培养极为重要。

《孟子·尽心上》云：孟子自范之齐，望见齐王之子。喟然叹曰："居移气，养移体，大哉居乎！夫非尽人之子与？"孟子曰："王子宫室、车马、衣服多与人同，而王子若彼者，其居使之然也；况居天下之广居者乎？鲁君之宋，呼于垤泽之门。守者曰：'此非吾君也，何其声之似我君也？'此无他，居相似也。"

因形而措胜于众，众不能知。人皆知我所以胜之形，而莫知我所以制胜之形。故其战胜不复，而应形于无穷。

【注】谢弘仪曰：前皆言形人，未言人有形也；此则言应形，是敌有形；而在我贵有以因之矣。

【解】惟因敌人变动之形，布置多方，以致胜于吾众，而众不能知也。然非资不能知也，实人皆知我搴旗斩将胜敌之形，而不知我因敌制胜之形耳。故其战而胜人之兵，千变万化，不蹈陈迹而再用之，要必随敌变化出奇应之，以无穷尽耳。

"因形而措胜于众"，乃因敌之形，故众不能知，不知我是如何取胜的。

较量好坏，有比较就有敌对。因其形而措胜之术，知敌者百战不殆，必知对方之好恶，才有百分之百的把握。

"战胜不复"，因为穷则变，变则通，千变万化；"应形于无穷"，随敌形而变化，出奇以应之，故能应变无穷。

战胜，不再用此办法了，因为形已经不同了，必得变。"空城计"只能用一次，但如有智慧就可以变化而再运用之。必将书当智慧读。

做事如不主动，就拜下风。人生如一盘棋，读书就是读棋谱。皆有一定的棋谱，要多学几着。读什么书，都要熟才能生巧，而运用之妙则存乎一心。不在乎谁拿此书，而在乎谁运用之妙。必以古人智慧启发自己智慧。

《孟子》说："居天下之广居，立天下之正位，行天下之大道。"只要是有人住的地方，都得守住，何等气势！读书，了解精神思想，可往前想很多。《春秋繁露》为儒家治国之学。《论衡》与传统捣蛋，动脑之书。扬雄，仿《论语》作《法言》、仿《大易》作《太玄》，有何思想可言？秦汉以后，中国就无造谣生事的人。东汉以后就没有思想家了，都是些"殡仪馆的化妆师"，净在死人身上涂脂抹粉。

一个思想的产生，有其时代背景。时代不同，思想当然也就不同。成功是因形来的。有与生俱来的智慧，可以应于无穷。

要追源溯流，看中国思想是如何发生、演变的。秦汉以后思想控制得严密，因此毁掉中国思想。先秦子书有思想，汉后注解已无思想可言。中国最重要的是思想家，今后要再诞生思想家，而不净是注释家。

一个民族的文化精神：指南车，指出方向，又可以载重致远。

一发明指南，开始即懂得辨方向，何等智慧！开始就不迷。不迷，就要有指出方向的东西，此发明的意义。从发明指南车，到《中庸》所谓"天之所覆，地之所载"，此系老祖宗告诉我们人的责任，从夏到诸夏、华夏，大一统思想与责任。

"智、仁、勇"，三达德。智，指南车；仁，纸；勇，火药，用在卫生、打猎，即国防。应再白本身认识起，看中国"智、仁、勇"思想是何时建立的？自祖宗三大发明认识起，看祖先的智慧如何，思考今天应以何种方式治国？何以祖先那么有智慧，而后来子孙却迷失方向了？再从根本认识起。

看今天多落伍，就天天吵闹不已，哪有人的智慧可言？有一人真心要解决问题？满街教主，看今人迷到什么程度？

李维垣曰：因形措胜者，察之在目，运之在心，治之在法，岂众人之知识所能与哉？

察之在目，运之在心，治之在法，要知其所以然，一切皆操之在己。

你们以什么智慧对付社会？如对敌人不深知，就不能发挥作用。社会上打击人的方法太多了，"机事不密则害成"。

读书人应教之以道，不可教之以迷信，知识分子应说有智慧的话。

我家不迷信，结婚也不合日，不择日。迷信造成多少家庭破裂。卜则是数，是极数的功夫，"极数知来之谓占"（《易经·系辞上传》），其中并无迷信。

读书人必要有正知正见，发无上正等正觉。有正知正见可不易，刚开始就要养正，因为"蒙以养正，圣功也"（《易经·蒙卦》）。

骤革是失败的，苏联原是一等强国，因骤革而造成乱局，百姓连生活都成问题。留给天下一大教训：破坏容易，但建设难。

骤变，内乱外患，动荡不安，看死多少人？骤变造成的问题严重，国无宁日，家破人亡，此乃违背人性的变。我家变成两条马路，还有一千多坪（1坪约合3.3平方米）的小院，昔下人住的。民国时，下院成立华北学院，现变成中学。骤变，使百姓吃尽了苦头，太可怕！变，也应变得恰到好处。中国人会变，必得变，但是"唯变所适"，唯民族之所适。

夫兵形（兵事之形）**象**（况也）**水。水之形，避**（躲）**高而趋下；兵之形，避实**（实而有力）**而击虚。**

【批】以水形喻兵形，而归高于因敌变化，盖惟知运用一心者，庶几近之。

【注】兵之攻守强弱无一定之形，水之方圆曲直亦无一定之形，故相似焉。

水，连个形都没有，随方就圆。"原泉混混，不舍昼夜，盈科而后进，放乎四海"（《孟子·离娄下》），水能平天下之不平。

要如水般无形，大智若愚，最没有修养的才显出自己最有修养。

形兵至极，至于无形。人世变化太大了，做事千万不要以硬碰硬。经验很重要，人必有实际经验，所以自食其力最为光荣，到社会上没有真材实料不行。

称大学生为"大孩子"，有别于幼稚园的"小孩子"，称呼影响人的思维，都上大学了还称"大孩子"，那何时长大？什么时候能任事？看古人的年谱，在你们年纪时都做些什么事？甘罗十二岁为相，我十三岁留学日本，寄人篱下。今天小孩十一岁出外就哭，在温床长大，呆头呆脑的。小孩的教育特别重要，必得叫他懂得体验人生。

现在局势安定，可以按部就班训练自己，摆地摊以谋生，并不丢脸，还可以训练智慧，与警察斗智。年轻人只要不是伤品败德的事，许多事都应有经验。必须面对现实，要身体力行。

水因形（地之形）**而制流，兵因敌**（随机应变）**而制胜。**

【解】李卓吾曰：能审其所已形，而审其所未形，斯诚于因者，其因应之妙，可以神悟，不可以迹求也。

水无定形，装在什么器即成什么形，到什么环境皆可淌。用智，也必因人而异，因形制流，因敌制胜。

注意！社会上成功者，皆是能因形制流，和而不流。

间谍可不是普通人能干的，皆姜子牙、伊尹之流。看完地形，即知怎么用兵。因敌而制胜，首要在知敌。知道因形了，则"无所不用其极、无入而不自得"。

怎么能够在社会上起来？必"因形制流"，才能"左右逢源"。做事因形而达其功，因对方了解对方，不要自己有一臭架子，此非儒家，乃是穷酸的读书人。儒家是"和而不流"，与谁都能相合，日久天长了才能改变对方。但是要不同流合污，才能做领袖，"和而不流，强哉矫"（《中庸》），是强中之强！

不可以从小就训练成穷酸相，自感清高，这也不做，那也不做，冬烘！不是你清高，而是你笨蛋！是你误了经书，不是经书误了你。许多人教了三年书，不论老少都成冬烘。

今人的道德不可言！看一民族就看其日常的德行。道德低的在日常生活上"习以为常"，没有是非、标准的观念，任何人来只要有利都可以转舵，敌人就会用此以达到目的。贪官污吏可怕在此，到最后什么都可以出卖。

故兵无常势，水无常形，能因敌变化而取胜者，谓之神。

【注】"因敌变化而取胜"者，乘敌之虚实变化，而出我之奇正也。谓之神者，盖深赞之词。

周鲁观曰：敌之变化者，本欲胜我也。而我反因之以取胜焉，岂非神乎？

【解】前人皆谓变化在我，兹独谓变化在敌，能因在我，意味较深。

施子美：水非能自流，因地制流，故水无常形也。兵非能必胜，因敌制胜，故兵无常势也。

水无定形，随方就圆。兵形若水，水因形制流。兵之胜，亦随机制宜，因敌而制胜。进攻敌人时，必随其形，随机应变，将计就计，不能一成不变。第一步得知敌，必用间。

"不可为典要，唯变所适"（《易经·系辞下传》），靠祖传秘方不行，必因形、因势而制胜。变化，乃趋时也。"八阵图"乱扯，兵有一定阵形再去作战，非垮不可。

施子美：若夫极其所以用之者而言之，则又所谓至妙者存乎其间，是必能因敌而为变化也，故谓之神。

神，"妙万物而为言者也"（《易经·说卦传》），神化的境界，乃最高的境界，不可知，不可测。真高明，常人绝不明白，吃亏了才知。神笔，神妙！

《孙子》要常随身，《人物志》也必须常读。真学问是活的，读死书，于国家民族半点用处也无。要每天自试，看用上与否。

自然环境都得变，何况是人事？人生亦如是，变化太大了！知此，则对许多事应有豁达的看法。

"素富贵行乎富贵，素贫贱行乎贫贱"，到任何环境皆能行己之道，环境的富贵、贫贱、患难并不重要，因为"赵孟（春秋时晋国正卿赵盾，字孟）之所贵，赵孟能贱之"（《孟子·告子上》）。乱，是别人所见，自己本身并无受影响。富贵在天，要修天爵（仁义忠信，乐善而不倦）以得人爵（公卿大夫），不可得人爵而弃天爵。以前人读书有机心，骂人绕弯骂；今人没学问，骂了也不懂。骂人也是机术。

不深思乃无所得，熟才能生巧。读书人如果没有时间读书，最后也会失败。读书，书得自己读，字要弄清楚，必真正了解，"上句不懂，不读下句；上段不懂，不读下段"。精与博，两回事，精才能用事。

故五行无常胜，四时无常位，日有短长，月有死生。

【注】五行，水火木金土；四时，春夏秋冬。无常胜，谓金旺木衰，火旺金衰，迭相克制；无常位，谓春而夏，秋而冬，迭相错行。短长，以昼夜言，日行北陆则长，行南陆则渐短；死生，以晦朔言，初一无光曰死魄，十六稍亏曰生魄。皆喻兵之变化无穷，非一道也。

【解】李氏曰：兵无常形，未战则以实待虚；亦无常势，将战则避实击虚，夫人而知之矣。至五行之相胜，四时之相推，短长之相轧，死生之相禅，执一实以御百虚，孰能知其故乎？故孙子特借以喻言之。

施子美：知运于天者有不可穷之理，则知用于兵者有不可穷之术。

"无常胜、无常位"，要法自然，跟自然环境走，随时调整。胜败乃兵家之常事。

《易经》，变经也，《大易》之道即在于变。乾卦六龙，代表六个变，"大明终始，六位时成，时乘六龙以御天"（《易经·乾卦》），中国人从开始有智慧，就不守旧，用"龙"表现易，可知中国人伊始即懂得变。伏羲仰观俯察，产生"变"的观念，立说在谈变之道，因龙善于变，乃用龙表现变。

画卦，三画卦，由下往上画，始、壮、究（极）；终（极）而复始，又始、壮、究，成六画卦，大明终始，生生不息，生生之谓易。六画，六龙，六变。

"不可为典要，唯变所适"，变的目的在处处合时，唯变所适即适时也，变得使之合时、合式，恰到好处，一点也不糟蹋。

我看《易经》四五百家，大小如一，真大一统了，解释最好的是孔子，以后皆无按最古的解释。

【注】此篇言虚实，而用之者，在乎避击之有方也……己虚则守，实则攻，敌虚则攻，实则宗，既以我兵之虚实气敌，而无常形，又因敌形之虚实制胜，而无常势，此知兵者也。

平素的修养最为重要，书读白遍自通。悟，吾心，用吾之心。思，心田，"心作良田百世耕"〔溥心畬（1896—1963），爱新觉罗氏，谱序溥，清光绪帝赐名儒，字心畬。畬（yú），是两年耕作之良田。心畬，心作良田百世耕〕，"思之思之，鬼神通之"。读书在明理，通权达变才能做事。人生就是要明理。

我生长在乱世，年轻时没有你们现在幸福。你们在这么呆的环境里，脑子怎么能不呆？又如何履险，怎么战斗？脑子要经常受冲击才会灵活，家教重要在此，小孩从小就要受训练。

今天乱伦（指五伦）者多，无日无之，"君子居之，何陋之有"（《论语·子罕》），何不努力改变这个"陋"？

《荀子·修身》云："少见曰陋。"浅陋，见识贫乏；固陋，见闻不广；鄙陋，见识浅薄；陋儒，学识浅薄的读书人；陋质末才，学识浅薄；陋拙，浅陋拙笨，多用于自谦。

真学问不是只会背书，人活着就得善用智慧。什么都不可靠，就智慧可靠，财富不能跟着走，唯智慧相随，只有智慧可以跟着你一辈子。现在有什么都不可靠，天下无一事可靠，可靠的是自己的智慧，要好好地培养智慧，有智慧才可以应付环境。

遇到环境有变动，也不必伤心，此乃人世之必然！流离失所，历代有之，也非你才遇上。

中国历代乱离诗甚多，东汉蔡文姬《胡笳十八拍》，第一拍："我生之初尚无为，我生之后汉祚衰。天不仁兮降乱离，地不仁兮使我逢此时。干戈日寻兮道路危，民卒流亡兮共哀悲。烟尘蔽野兮胡虏盛，志意乖兮节义亏。对殊俗兮非我宜，遭恶辱兮当告谁？笳一会兮琴一拍，心愤怨兮无人知。"此乃反映乱离之作，见证社会政治危机，抒发个人悲痛苦楚。南北朝庾信《哀江南赋》云："日暮途远，人间何世？将军一去，大树飘零；壮士不还，寒风萧瑟。荆璧睨柱，受连城而见欺；载书横阶，捧珠盘而不定。钟仪君子，入就南冠之囚；季孙行人，留守西河之馆。申包胥之顿地，碎之以首；蔡威公之泪尽，加之以血。钓台移柳，非玉关之可望；华亭鹤唳，岂河桥之可闻？"近人陈寅恪诗云："临老三回值乱离，蔡威泪尽血犹垂。众生颠倒诚何说？残命维持转自疑。去眼池台成永诀，销魂巷陌记当时。北归一梦原知短，如此匆匆更可悲。"

如对什么有倚靠的心理即无知！世事无一有保障，唯有智慧永随。以智慧应世则永无失败，必懂得应世的智慧。

任何事，自己必心有主宰，"素富贵行乎富贵，素贫贱行乎贫贱"，在任何环境皆能行己之志，将己应行的行于接触的人当中。"君子无所不用其极、无入而不自得"，没有地方不用他最高的手段，不论到哪个地方、哪个环境，都要得到自己要得到的，比法家还辣！此乃儒家真精神，不做赔钱的买卖。

君子的眼睛是动的，才知道"窈窕淑女，君子好逑"（《诗经·关雎》），好（hào）求，才能有好（hǎo）逑（配偶）。"非礼勿视，非礼勿听，非礼勿言，非礼勿动"（《论语·颜渊》），正是因为有了经验，才得出此一结论。

儒家的精神，往大说是中国人的精神："文王既没，文不在兹乎？"（《论语·子罕》）即"文没在兹"的精神。此文王，乃"法其生，不法其死"（《春秋公羊传》何休注），是生的文王，活文王，不是已死的周文王。人人皆可以为文王，文德之王，故孔子称"文武之道未坠于地，在人"，此为中国人每个人的责任，所以"贤者识（zhì，了悟在心）其大者，不贤者识其小者，莫不有文武之道"（《论语·子张》）；孟子说："舜何？人也。予何？人也。有为者，亦若是。"（《孟子·滕文公上》）孙中山说："革命尚未成功，同志仍须努力。"有一贯的师承。古为今用，不分新旧。

要如何修养以负起责任？开始要"以道殉身"（《孟子·尽心上》），此为内圣的功夫，将古圣先贤之道，都为我自己牺牲了，我身乃成为古圣先贤之道，即道与己身合而为一。第二步则"以身殉道"，此为外王的功夫，修养好了必出来叫时代按道行事，惊天动地。要戒"以道殉人"，此御用文人也，最是卑鄙！如果没有勇气"以身殉道"，但也不能"助人为恶"。由此可见，中国人的思想是有生命力的，绝不是三家村学究、腐儒之流。

"君子无终食（shì）之间违仁，造次必于是，颠沛必于是"（《论语·里仁》），有"安仁"的功夫与境界，"安仁者，天下一人而已矣"（《礼记·表记》），安仁者不是貌取的，乃将天下人一视同仁，看成像一个人，不分白的、黑的、红的，不分彼此，没有阶级、种族的观念，而是一律平等，是自"夷狄进至于爵，远近大小若一"（《春秋公羊传·隐公元年》何休注："至所见之世，著治太平，夷狄进至于爵，天下远近大小若一"）来的，成华夏天下，即"天下一家"〔《礼记·礼运》："故圣人耐（古'能'字）以天下为一家，以中国为一人（员）者"〕。

我自年轻就古怪，号"安仁居士"。

我是中国人，绝不承认"台独"。政客根本没有"独立"之志，如真有志则是至死不变。如是利之所趋，岂不是见利就忘义？又何足道哉！一个人必得有志，志之所在，绝不改变，故曰"士尚志"（《孟子·尽心上》）。

要养自己的志，一生为己志奋斗。卖名字得的钱有数，损失则无数，我绝不出卖自己的人格，一个人绝不可以轻易地出卖自己。"必也正名乎"（《论语·子路》），连名都得正，志怎么可以变？中国有几件大事必须正名，视个人对国家了解多少，此为责任之所在。

做事要保持正知正见。所有哲学无不讲正，但是守正不易，故《春秋》曰"大居正"（《春秋公羊传·隐公三年》《传》称"故君子大居正"，何休注："明修法守正，最计之要者"）。先养正，然后才能成圣功，"蒙以养正，圣功也"，不是说，得修，非不能也，是不为也！

"强德未济，复奉元统"，学管仲的"九合诸侯，不以兵车"（《论语·宪问》）。要谋福利，得自己去谈，什么都可以谈。

要养正，谈判时才不入敌圈。如有妄想，绝对会坠入对方的圈套。因为有欲就有迷，政客、黑金就求名求利。中国人的思想求什么？"求仁而得仁"（《论语·述而》）。得仁可不是得好处，文天祥求仁，就得死！因为不死，就成为汉奸。

做事业要以"福国利民"为第一要义，福国利民即医与药，医可以医国医人，"上医医国，中医医人，下医医病"（唐代孙思邈《千金药方·候诊》："古之善为医者，上医医国，中医医人，下医医病"）药可以普及众生，仁者爱人而无不爱，做药是给一切生物用，为人类尤其为穷人，有机会替人类服务，越是没有医生的地方越需要成药。

你们做事业，可以像同仁堂般伟大，可不能那么赚钱。要用富人的钱，治穷人的病，保养用的贵，救命的药便宜。"不为良相，便为良医"，不论在朝或在野，要忧国忧民，为国分忧，为民分忧。

儒家是以济世利天下作为人生最高理想，医学作为一种除疾患、利世人的手段，与儒家的仁义观是一致的，故古时往往称医术为"仁术"。据说诸葛亮弥留之际，告诫子孙"不为良相，便为良医"；范仲淹在浙江宁波任刺史时亦曾说"不为良相，便为良医"。可见此实代表中国古代儒家的处世之道：进则为官，安邦治国，平定天下；退则行医，救死扶伤，造福黎民。相、医并论，可见医者在人们心目中的地位之崇高。随着儒家文化对医学领域的渗透，大量的儒士投身医药界，对医学发展起到重大促进作用。最为明显的是提高了医学的社会地位，使医疗行业成为一种高尚的职业，并提高了医学从业人员的素质。儒士都是知识分子，有较好的文化素质，不但使他们能更好更准确地领会医理和接受他人和前人遗留下来的医学知识，更提高理论思维能力，提高研究效率。而且那些知识渊博的"儒医"，无不广泛吸取其他学科，如天文、地理、博物、哲学等知识来丰富医学内容。由于儒医行医的出发点是济世利人，没有牟取暴利之私欲，所以医德较高，对整个医药界的伦理道德有一定的制约作用。（参考"浙江中医药网"）

　　活着要有意义，活一天做一天。奉元行事，懂多少做多少，不要无病呻吟者。做事业必得福国利民，"奉元"事业要永远做。做事业财不难，才难！有人才，钱财就不难！造就你们没有错，但有无智慧成就又是一回事！

　　"大人者，不失其赤子之心"（《孟子·离娄下》），没有分别心。但人的"赤子之心"很快就消失了，所以要"洗心"（《易经·系辞上传》），"与天地合其德"（《易经·乾卦·文言传》），"天无私覆，地无私载"（《礼记·孔子闲居》），天地之德尚公，无私！如果"奉元"都不能一家，岂能天下一家？

　　在书院读书，第一要义得会做事，不要书呆子！要他做领袖，他做王婆，自己糟蹋自己，"天爵自尊吾自贵，此生无怨亦无尤"。

　　"强德未济"，此为《易经》最伟大的思想，始于乾、坤二卦，"自强不息，厚德载物"，终于未济卦，未济即人生，豫解无穷！

军争第七

　　学《孙子》，第一件事要知敌，必知己知彼，才能百战不殆，任何事都适用此一原则。

　　军争，斗争时想要达目的，必须去除阻力。兵以利动，要箭不虚发，只要有行动必有所得，失败乃因为不懂得分合之变。

　　你们每天没有"缓急"的观念，根本是行尸走肉！什么都不知，学《孙子》做什么？明白了，人就精神百倍，天天忙都忙不过来，还有工夫扯闲！

　　做事难，谁也不想失败，但要"无所不用其极"，才能"无入而不自得"。人家先出兵，我们后出发，想先于敌人到达目的地，其间有术，即诱之以利，必须洞悉敌人将领好什么利，才能动之以利。而自己之所好则不能全为人所知，否则人诱之以利，你就失败了。

　　读完书，要马上研究实际，实事求是。如眼前的事都弄不明白，岂不呆？要每天将自己当成大人才能做事业，看看甘罗几岁当宰相？你们什么都有，绝没有脑子，如连圈中事都不了解，又怎能了解敌人？

成功决定于人的智慧与毅力，持之以恒很重要。有毅力，就是没有智慧，也可以有小成，如庄稼汉脚踏实地干活，至少可以养家活口。知识分子自以为不错，最缺的是有余，故不能补不足。小有成，小有智慧，只是害了自己。什么都懂，什么都不能做。

战争，胜负只是名不同，其损害皆一也。第二次世界大战以来，美国虽胜利，但后面却背一臭包袱，至今犹未能摆脱。

争者，求为我得也。军争，谓夺据便利之地。凡两军相对，得利则胜，必先审轻重，计迂直，而与之争，勿使敌乘我劳也。然又在知彼己之虚实，而后能争便利，故次虚实。

你们写字必须正经，字是门面，目的在使别人明白，否则岂不是自绝于人？一举一动等于自我介绍，应令人有好感；一颦一笑都是给人看的，不要太愚！

此篇言军争之法，必知迂直之计，而谆谆于趋利之患，盖欲人慎审之也。

人世莫不"趋利避害"。人世不是不争，而是要怎么争，必要智取，要"无所不用其极"，才能"无入而不自得"。

篇中自军争之法以上多言争利，以下多言争胜，而归重于知迂直之计。

以迂为直，即术，要绕个弯。以患为利，定力。以利诱之，人尽在利中活。

一个人成就的大小，视自己修养之深浅，宰相腹里可行舟。不要骗学生，他明白以后会恨你一辈子。真理只有一个，他会去印证。可以控制他立住，但不能控制他心里不想。

善争利者，必先熟知夫敌之料我者何如，而诈张吾形，以应其所料，乃反逆其所不料者，而故出之，此以迂为直，以患为利者也。

读子书与读经书不同，读经书会看成天下都是好人，但也不是都好。如最亲的父母、最近的夫妇都能反目，何况其他？懂此，不必强调社会上谁是好人。父子反目，十之八九为一个"利"字。敌人也诱之以利，所以遇事必要加以小心，不可以掉以轻心。

做事时必注意：有许多人为了造就自己，于职业上必说假话，往往不惜牺牲别人。少有人会说真话，即使是对自己的儿子也是。我年纪大了，"人之将死，其言也善"（《论语·泰伯》），为师秉良知的本能如此讲。

第人情一驰鹜于争，耽耽逐逐，唯利是视，则所以自治其兵者必疏，此人之通病（亦己之病，戒之）也。故于篇末复言"四治"焉。

做事先考虑到害，才能除掉这个害。做任何事多少要用点心，"害人之心不可有，防人之心不可无"，年轻往往难以看清真正的利与害，必真正看清楚了才懂得。常人往往只重视眼前之利，而不知道明日之害，是非无法分辨清，又如何分别好坏人？所以必须懂得真正的利害了，才能明辨是非，分别所谓的好坏人。

孙子曰：凡用兵之法，将受命于君，合军聚众，交和而舍，莫难于军争。

"受命于君"，将受君命而专征伐之事。"将在外，君命有所不受"，出征在外，专之可矣。

外交官亦然，出使在外，受命不受辞，是全权大使，只有一原则："于国家、民族有利，专之可矣"，专其任，不必事事请示。

"合军"，必能容，要自基本去领导，"和合"为不二法门，"百忍堂中有太和"。"聚众"，如未经训练则成乌合之众；兵必经训练，才能成军。招募新兵，未经训练，乃成乌合之众。要将新手与老手合在一起，成军。

【解】魏武曰：军门，为和门；左右，为旗门。以军为营，曰辕门；以人为门，曰人门。

施子美：军门谓之和者，以其和而后可以就大事也。

"交和而舍"，两军交对和门而屯止；"莫难于军争"，必有以争之，互相斗智。

两方军队对垒扎营，"各怀心腹事，尽在不言中"，莫难于军争！军争，要斗智不斗力。争，但是争的方法不是绝对的，必知时、识势以决定之。敌我相斗智时，两边皆有智，斗智，胜败乃兵家常事，常败将军也不易。

军争之难者，以迂为者直，以患为利。

【批】军争便利，当明迂直之计。

【注】太原刘氏曰：军事之难，在变迁迂远之途，诡以为直；转患害之事，诡以为利。出奇制胜，专在于此。

施子美：此又申言军争之所以难者，以其易迂为直，易患为利也。

"迂"，为远；"直"，为近。"以迂为直"即术，要绕个弯。军争，斗智不斗力，要绕个弯，得比"以直为直"者有耐力。人皆以捷径为直，我则以迂为直，反常也可能超乎常。

婆媳相处，如能将儿媳当作女儿看，能相处不好？与任何人都能处很重要！与人处不来时，想一下就处得来，要将就一点。如果常存"自我"的观念，则看任何人都有毛病。一念之转就成了，没有不能容的，不好的也就变成好的了。

夫妇之道更是如此，处好就没有是非，就没有要求。心地永远平静，处事永远井然有序，没有是非可言。能有容，有纳气，心胸坦荡，凡事稍微马虎一点就过去了，"狗咬你一口，你能咬狗一口？"快快躲！自己糊涂才天天生气，一转念则看什么都是愉快的。人就是术！真吵，永远吵不完。不能解决的事就不要惹。

以利诱之，人净在利中活。名利不分别，只要人有所嗜，就能用其弱，故迂其途，而诱之以利。反之，自己要有定力，不受利诱。

沟窄，水急；河宽，水缓。因形制流，什么环境都能适应。人活着，必学会靠精神而非物质生活。我现在常一菜一汤，三餐就三样菜，既都吃光，又食而知味。

战争不免有损失，但以患为利，胜败不过一名词。要求安宁，故要绕弯，怕中途遇敌，要旁设许多假象以诱敌。必要时使苦肉计，不可以轻敌。苦肉计即以患为利，但以患为利也必看对方，你懂得兵法，敌人也懂得兵法，被敌看破就没用。

患中之利，不受苦中苦难得甜中甜，不经一番寒彻骨，哪得梅花扑鼻香？

年轻人要"以患为利"，牺牲小我，人家不要的事都做，不分你我，在自己力之所能及处应拼命去做，既合人之私也成己之私。吃尽苦头，苦尽才有甘来，乃能有所成。

故迂其途，而诱之以利，后（当动词，在后）**人**（对方）**发，先人至，此知迂直之计者也。**

【注】敌本直近，又必有以使之迂远，而诱之以小利，令有怠心；然后得以出不趋、趋不意，后发而先至，得所争之便利。

"后人发，先人至"，一步走慢，还必先人到，中间必用术。"诱之以利"，使之先走后到，骄而败，又骄又欲者，少能成事。无所嗜、无所利、无所好者则先到。

"诱之以利"，但必洞悉敌人将领好什么利，才能动之以利。

而己之所好，则不能全为人所知，否则人诱之以利，你就失败。

好名者必作伪，好权者流于跋扈，容易树敌，得罪敌人；如加上无能，则国将与之同亡。好权好名，皆非好事，必促成你的失败。人贵乎有自知之明，证之史上，好权好名者多半失败，好色者尤其难成功，谈不到天机。先考核自己的嗜欲。嗜欲浅者智慧一定高，其日常生活与其成就成正比。

做事多费点时，慢一点、缓一点，可以借缓、慢的时间多做些考虑，尤其是做生事（不熟悉的事）时，切不可以急躁。要知时、知势，而后能乘时、乘势。成功是决定于智慧与毅力，"士不可以不弘毅，任重而道远"（《论语·泰伯》）。

太原刘氏曰：军争之难，在变迁远之途，诡以为直；转患害之事，诡以为利耳。出奇制胜，专在于此。

做事难，因谁也不想失败，故"无所不用其极、无入而不自得"。做事先考虑到害，才能将祸害除掉。对人有嫉妒心，应骂自己，头脑就清新。社会就是竞争，谁往前跑谁就有成。脾气太暴躁，成功的很少。

【解】唐荆川曰：迂途争利，势在必后，乃于直道，佯设微利，牵制敌兵，因以出其不意，故虽发在人后，而至在人先。

后发先至，中间必下功夫，有所准备。在敌人之后出发，看他怎么走法，再行动。在人后头，才能知道前面人是怎么走的。后发，可以走直路而先至。后发对地形熟，可以抄近路，搭便车，此乘势也。

开会，深沉者往往让别人先发言，自己则先忖度之，若真有高见，就可以截长补短，人的智慧于此分出高低。

专要小聪明的，栽了！不要学小聪明，要立定脚跟。先造就自己，了解自己的短长，有正知正见才能领导社会。

施子美：谓之计者，以其能度远近而为之计也。

光知求速，不知计迂直，愚！

不急而审直，就能从容从事。事情未发生，尽量使之不发生，要防未然；既已发生了，就不必急，因为不是一两天能解决，必须养精蓄锐，以备长期应战。

要过理智生活，否则对方会自你的急中取你的巧，人一急价就低。

天下没有解决不了的事，遇事时必泰然处之。拖，使对方束手无策；忍，"百忍堂中有太和"。

人家庭，忍为上，才能过得来。小家庭，不忍，讲平等，弄得满街男女皆光棍。

故军争为利，众争为危。举军而争利，则不及；委军而争利，则辎重捐。

【批】举军争利之祸，而并及委军争利之害。

【注】按部伍而行则为军，不按部伍而行则为众。举军，悉众而行也；不及，军行迟滞，缓不济事。委军，弃其大军也；辎重捐者，资粮不济，器械损失。

施子美：军争者，必分军而争也。分军而争，则必择拣而用，易于进取，故利；若夫众军而争，则其人多，其行迟，有至有不至，故危。

"军争"，正规军，受过训练的，按部伍而行，猝然遇敌，或不可败，争为利；"众争"，乌合之众，未经训练的，不按部伍而行，遇敌辄乱，一败涂地，争为危。

"举军而争利，则不及"，举全军与人争利，军行迟滞，缓不济事。不及时！没有考虑环境，做事一窝蜂，孤注一掷，当然不及预期的目标。

"委军而争利"，委弃大军而争利，想出奇制胜；"则辎重捐"，军备物资丢弃。争，就在刹那间！以乌合之众作战，太危险！丢老本，偷鸡不着蚀把米！

沾事者迷，旁观者清。取巧，以为不用多少正规军即可达成。久战太可怕，所以人人都想出奇制胜，但成功则得利，不成功则连老本都丢了。

做任何事，领导人的智慧极为重要，不学不问，能不故步自封？自以为是神的，最后都搞垮了！

是故卷甲而趋（疾行），**日夜不处**（停止），**倍道兼**（加倍，如兼职）**行。**

【注】卷，束也。趋，疾行走。不处，谓不得休息。兵段师行，日三千里。倍道者，日六十里，一日而驰二日之道也。兼行者，昼夜不息，一人而兼二人之行也。

【解】杜佑曰：卷甲束仗，潜军夜行，使敌探知其情，邀而击之也。

"倍道兼行"，两天的路一天走。必有超人的智慧、体力，才可以日夜不息。休息，是为了走更远的路。

你不是超人！每天读多少书应有一定，不可以"倍道兼行"。年轻时应好好造就自己，安排好了彻底执行。好好照顾自己，否则时间快得很。懒散，则一生连温饱都成问题。面对事情，因为缺少扎实的功夫，所以不敢说肯定的话。不要管闲事，先管好自己，照顾自己，造就自己。

"要做大事，不要做大官"，做大官成功的没有几人，一个人的成就很不容易。不是不传学生，传什么？名是一回事，成就是另一回事。普通的名，几年就过去了，必要自己造就自己。

自己不读书，进步少，就用不上；真读书了，三年可有成。读书四必到：手到、眼到、口到、心到。学问的东西绝不能骗人，一落笔人就知。每天读两个小时的书，十年就不得了，二十年可以成为专家。稍有抱负，抓一东西拼命研究。

自《原儒》，可以看出熊先生一辈子功夫没有白费，因有新发现，对中国东西有看法。

必对自己很有修养才可以有个型，"三十而立"，圣人绝不我欺！三十不成形，一生也就差不多了，尤其是精神成形，能站得住，不意气用事，不动！"四十而不惑"，不惑于欲，因为"嗜欲深者天机浅"；"五十而知天命"，天命就是性，能认识自己，尽己之性（尽己之性了，才能尽人之性、尽物之性，最后与天地参矣）；"六十而耳顺"，知是非，客观；"七十而从心所欲不逾矩"，性情合一，中规中矩。人生境界有层次。

百里（百里之外）**而争利，则擒三将军，劲**（健）**者先，疲**（弱）

者后，其法十一而至；五十里而争利，则蹶（挫败）上将军，其法半至；三十里而争利，则三分之二至。

【注】擒三将军，谓三军之将皆为敌所获也。蹶，犹跌，败走而颠踬也。此言举军争利之害。

【解】李卓吾曰：三将军擒者，尽丧其师也。总以道远行急，士马困惫之故。

施子美：此言军争之际，道里有远近，则势必有劳佚。

古时，兵日行三十里。

"十一而至"，十分之一到，余九为散兵，散兵赶不上阵，落伍！

"上将军"，为前锋，"蹶"，颠踬；"半至"，十分之中，五分先至。"三分之二至"，十之六七。

是故军无辎重（军备物资）**则亡，无粮食则亡，无委积**（储存）**则亡。**

【注】无辎重则器用不供，无粮食则军饷不足，无委积则货财不充，军恃此三者以资，不可轻离者也。此言委军争利之害。

委积，储存，备用物。作战，必有充实的物资。战争非战人，是战物资；谁物资多，谁就胜利。国防无所积储，就完了。人生亦如是，没有半点储蓄，还拼命浪费，最后必定落空。"食不饱，力不足，才美不外现"，你们今天读书就是为了储备，将来哪天用事时就用上了。

第二次世界大战期间，中国战区怎么打值得注意，真乃百千万劫难遭遇，历史上少有的现象。打到最后大家都不能打了，因为战胜国、战败国都没有物资，连我都吃过喂猪的豆面。

故不知诸侯之谋（动向）**者，不能豫**（预，先）**交。不知山林、险阻、沮**（音 jù，低湿）**泽**（湿地）**之形者**（危险的环境），**不能行军，不用乡导者，不能得地利。**

【批】此言军争之法，在于结外援，审地形，而其要尤在于得乡导之人。

【注】豫交者，先约与国，以备声援也。势之崇峻者为山，木之丛聚者为林，坑坎不平曰险，一高一下曰阻。沮，浸湿之地；泽，水聚之处。行军，如设伏出险之类。乡导者，熟谙险易之人，导引所向之处也。地利，谓便水草，近粮饷，据形势，可屯可战之所也。

施子美：曹公曰"不得敌情者，不能结交"，不知其情，则彼此不通，故不得豫与之交。

"豫交"，"先约与国，以备声援"。看哪块肉的价值大？冷战，善用智慧亦能胜。

作战，必结交与国，可以借个路。建交术，交与国，以备声援，此乃大智之事。联合国，小国也有一票。国际间如同摆棋子，棋子如摆得好，也能消弭战争，摆一子是增一声援。棋子一摆，人家一看，知斗不过你，就不往下走了。

小国也能成为强国，就在乎能不能认识自己。同样是国家，何以有的走上风，有的却走下风？在乎用智。必要洞悉国际情势，才能得豫交之实利。

个人豫交，第一不能骄傲，绝不能孤高自赏。

高级知识分子，全世界的事又知多少？"不知诸侯之谋者，不能豫交"，豫交，先约与国，以备声援。光知官僚，没有头脑，当上"部长"，结果"不长"。必要下真功夫。现代青年的桌上能无一本地图？不下功夫，光知妄想，遇事乃束手无策。因为妄想与事实，距离远着。实行出的才是最重要的，是真实的。从做中学，得经验，立德即行事，立德、立功，再立言；先立言，是空言。光写空书，与事实距离太远。永没做没错，但一做就垮，因为没经验。

人世也是天天行军，必知道障碍物之所在，如知"山林、险阻、沮泽"，应将险阻之处变成有用之处。

懂得运用之妙，就是短处也可以变成长处，能够化腐朽为神奇；不懂得运用之妙，就是长处也变成短处了！

施子美：尽知彼之情伪，是能用乡导也。

找识途老马。无论做任何事，不了解环境，绝对不能成功。"入其国，先问俗"，做人也必须如此。

"远怕水，近怕鬼"，远来之人不知水深浅，连水都怕；当地人知水深浅，知哪处出问题、曾经死人，所以怕鬼。

乡导，因为是当地人，知道地势。到一地，要用乡导，不可以乱闯。地头蛇知当地实情。但乡导不可以用抓的，否则他会报复，使你全军覆没；应用重赏，重赏之下必有勇夫。对待乡导、间谍，皆必用厚利。

许多事开门见山，不容易办成功。不能有人际关系，又如何做事？与人打成一片，是不花钱的向导。到哪儿必要结交当地人，绝对不可以存有优越感。

建立感情最好的工具就是语言，语言不同如何表达？所以要学好外语，"工欲善其事，必先利其器"。学语文，不论是外文或是中文，都必须人声念。

你们有时间应多读读子书，好好地玩味。但人必先有守，人格很重要。

故兵以诈立，以利动，以分和为变者也。

【解】兵以诡诈为道，使敌不识我意，始可以立定。以因敌为利，务在出而有获，方可以发动。以分兵疑敌，以合兵会战，纵横委曲，人莫能测，斯为变化之妙也。

施子美：兵有本、有用、有术。兵以诈立，其本也；以利动，其用也；以分合为变，其术也。

兵，指一切军事行动。"兵以诈立"，兵不厌诈。"以利动"，动时，要以利动，但不可以一成不变，要懂得分合之变，或分或合。分兵疑敌，合兵会战，"以分合为变"。"运用之妙，存乎一心"，怎可执一不变？

"兵者，诡道也"，社会焉能人人皆君子？太天真了，见谁都相信，相信谁？愈不知事者，胆子愈大；有智慧者，则先天下之忧而忧。

故其疾如风，其徐（慢）如林；侵掠（抄取）如火，不动如山；难知如阴，动如雷震（喻迅速）。

【注】如风者，迅速无形，所向披靡之谓；如林者，行列整齐，森然不乱之谓。火，喻其猛烈之势，不可遏止也；山，喻其镇静之形，不可摇撼也。虚实之难知，如天之阴晦，莫得而睹也。乘时以发动，如雷之疾击，不知所避也。

施子美：兵有异用，斯有异象。善形容者，必因其类而取象焉。

"其疾如风"，快，要如风之疾；"动如雷震"，动，要如迅雷之不及掩耳！有所行动时，必要如迅雷、疾风般，快一步抢先到，慢一步就被抢光了！

"其徐如林"，缓缓而行，虽慢，但是井井有条，有如树林子搬家之齐整，外人看不出动。

"侵掠如火"，抄取，如火之不留，凡有用的全都掠去了。

"不动如山"，军威、军令如山，屹然不可摇。仁者乐山，山静，稳。

施子美：幽阴之间，变化万端。阴昏不见影象，皆取其藏形不可测也。

"难知如阴"，隐而不见，阴晴莫测。环境变化莫测，不知如阴。

掠乡分众，廓地分利，悬权而动，先知迂直之计者胜，此军争之法也。

【注】掠，抄取也。因粮于敌，分为数道以取之，故曰分众。廓，

军争第七

227

开拓也。得地之利，分其便利以守之，故曰分利。权，秤锤也。悬权，即将心之明察，而有裁制处。动，举兵也。

"掠乡分众，廓地分利"，占领一地，必将之瓜分成几个范围，一处设一官，以之作为重镇。既得之了，也必要有术以守之。

寓兵于农，寓农于兵。郑成功（1624—1662）在台湾时有许多兵营，用以生产，此即"廓地分利"。

郑成功登上台湾岛之初，为了解决军粮供应和立足台湾的长期打算，对台湾的土地开发十分重视，其所拓垦的范围，自承天府和安平镇为开始，以其南北二十四里为中心，渐次向外开展，南至凤山、恒春，北及嘉义、云林、彰化、埔里、苗栗、新竹、淡水和基隆等地。军队屯田地点有四十余处，台湾现今许多地名都与当时屯田有关，例如：台南县本协、新营、后头旧营、五军营、果毅营后查亩营、林凤营中营、下营、二镇、中协、左镇、小新营、后营、大营，高雄市后劲、左营、右冲、前镇，屏东县大向响营、德协、统领埔，嘉义县后镇、双援，桃园县营盘坑，台北县国姓埔等。从这许多的地名中，可约略了解其当年屯田规模。

古时自养易，守地方也得开拓地方。东北，土匪不抢当地人，专欺负外来的，不会放枪。

【解】陈大土曰：悬字，是移上移下，随机应变，执一不得底。
焦六霜曰：悬权衡以量敌，因其有利而始动也。

"权"，秤锤。权轻重，衡长短。《易·谦》"称物平施"，称物才知平施与否。

权变，权宜之计。行权，"可与适道，未可与权"，权高于经，变化莫测，随机制宜。"运用之妙，存乎一心"，要悟，不可言传。

为将者要"悬权而动"，必如秤般的公平，大公无私，一切行动以此作为标准。谁也不多，谁也不少，谁都不吃亏。因为没有知识的人看得短，反应快，不平则鸣。领导人不公平，有私心，乃是失败之源。

"先知迂直之计者胜"，军争，知迂直，以计行事。

无规矩不成方圆，人不能离开规矩，遇事必详加研究。

《军政》曰：言不相闻，故为金鼓；视不相见，故为旌旗（有一定）**。夫金鼓、旌旗者，所以一**（当动词，划一）**人之耳目也。**

【批】治军用众之法。

【注】《军政》，古军书也。金以抑怒，鼓以作气。故三军之士，听其声以为进止之节。旌以出令，旗以应号，故三军之士，瞻其扬以为击刺之方。

用众之法贵乎一，有象征性的东西才能一人耳目。

做事也得"一人之耳目"，大家才能向前奋斗，一齐往前做，虽百万之众，进退如一人。

一个组织团体，必得有组织之训练；经严格训练了，乃可"以一当百"，同心合力向前行。但也不是每个人都能接受严格特殊的训练，所以领袖必识人、知人、任人，必是特殊人物才能接受特殊训练。真了不起的人才，二三人足矣。必要有超人之智、超人之德。

人既专一（不分心），**则勇者不得独进，怯者不得独退，此用众之法也。**

【注】盖用众而使之耳目专一，则视听均齐，无劲先疲后之失，虽百万之众，进退如一人矣。

施子美：心一，则视听必一矣。

同生死，共患难。用众，带领团体，指挥若定，进退有法，步伐齐一。社会即竞争，谁往前跑，谁就有成。

在任何团体，大家进退必中规中矩，绝不能独进。做事要步伐齐一，不显己是老大，会破坏团体。

团体做事最忌个人表现，社会事亦如是。在团体中完全是"德"的表现，所以要立德，"有德者必有言"（《论语·宪问》）。对人有嫉妒心，应该骂自己，头脑就会清醒。

读什么书，必真明白才有用，做事才能有主宰。修心，心才能正，才能有担当。遇事痛苦多，乃因心不正。正心，而后心正。修心，同修性，命、性、心是一个东西，放在三个地方。

一部《大学》，三分之一有帝王色彩，要修正。

故夜战多火鼓，昼战多旌旗，所以变人之耳目也。

【注】火鼓，夜之所视听；旌旗，昼之所指挥。多之者，设疑以乱敌也。变，犹乱也。

【解】此古人用众一定之法也。至于临时制变，则亦有反是者。

陈明卿曰：愚乱敌人，只是一"多"字。

施子美：盖兵有奇正，一之者正也，变之者奇也。

知常用变，要以此公式做事。随时制变，随这些变能成其事。有时不能用言语表达，一个表情就行。

昔客人来时，送一次点心，给一次手帕，自手帕就可以知是哪一等客，要怎么接待。今天的小孩，给个眼神还不明白。

一个组织团体必须有训练，不自欺才是孙子，领导人尤须如此。有不自欺的功夫了再去欺人，是《孙子兵法》。

三军可夺气，将军可夺心。

【批】击敌之法，在自治其气、心、力、变，以乘人之为善也。

【注】气，勇锐之气，三军之将所借以决战也；心，神明之地也，三军之将所主以出谋者也。夺之，如激怒之，卑骄之，间疑之，震恐之，皆是也。

【解】战以气为决，气夺则馁，失其势也；将三军之将，亦可以夺其心矣。谋以心为主，心夺则乱，失其本也。

施子美：非治己之气，则不能夺人之气；非治己之心，则不能夺人之心。

"夫志，气之帅也；气，体之充也。夫志至焉，气次焉。故曰：'持其志，无暴其气。'"（《孟子·公孙丑上》）"志，心之所主"，就怕有心人！

处事需用智，不忙，忙中易出错。你争我斗，必沉住气。人皆有智，不要怕事。不想欺负人，但必养成"势均力敌"。

愈怕事愈找你，切记：不可以怕事。没有做，不必怕；既有胆做坏事，又怎么怕事！不乱，就能处理一切乱事。机警不足，不能做坏事。

"害人之心不可有，防人之心不可无"，如等事情发生了，再学《孙子》，能来得及？

是故朝气锐，昼气惰，暮气归。善用兵者，避其锐气，击其惰归，此治（音 chí，当动词）**气者也。**

【注】朝，平旦，喻其始也。昼，日中，喻其中也。暮，日入，喻其终也。凡军士新集则气盛，陈兵渐久则气怠，至于既久则气竭。候之之诀，与一日同也。又曰：阳气，生于子，盛于寅，衰带午，伏于申，故以喻之。敌方气锐主战，我则按兵不出，俟彼不意之际，然后奋力突之，则朝常在我，暮常在敌，此避击之法也。

【解】张之象曰：兵者，两设而互敌者也。必知之，然后能待之；必待之，然后能胜之。故我气不挫，乃可挫人之气，是谓治气。

曹刿论战："一鼓作气，再而衰，三而竭。"（《左传·庄公十年》）俟对手衰、竭之时，再乘机而动。

以治（音 zhì，当名词）**待乱，以静待哗**（音 huá，乱），**此治心者也。**

【注】治，分数严明；静，出入整肃。乱、哗，反是。

【解】能治己之心，以夺人之心者。

张之象曰：我心不乱，乃可乱人之心，是谓治心。

四项仍重治心，盖心者，气之帅，力之宰，心不动则气不可遏，力不可御，至审敌治乱，临时制宜，亦由是耳。

用兵贵乎先自治，"物必自腐而后虫生，人必自侮而后人侮之"。

一切皆必有备。人不富没关系，可不能有所缺。人一旦有缺，就易哗、乱，贫贱夫妻百事哀！人生最重要的是实际问题，人必须笃实。可以看不起钱，可不能缺钱。

以近待远，以佚待劳，以饱待饥，此治力者也。

【注】近者，先处战地之谓；佚者，养锋蓄锐之谓；饱者，资粮充裕之谓。远、劳、饥，反是。

【解】能治己之力，以疲人之力者。

张之象曰：我力不疲，乃可疲人之力，是谓治力。

无（禁止之词）**邀正正**（整齐划一）**之旗，无击堂堂**（伟大的）**之陈**（阵），**此治变者也。**

【注】邀，遮击也。变者，权变也。兵遇敌则斗，有时避不与之斗者，权变之道也。

【解】能治己之变，以伺人之变者也。用兵之贵先自治，如此。

张之象曰：我不为变，人亦不得乘我之变，是谓治变。

施子美：正正者，整齐也，孤特之象也；堂堂者，高大也，威盛对貌也。

临阵不乱，戒、定、慧，何等的定力！

做事，必要有观敌阵法之智。不要正面冲突，待其军中有变，然后乘其变。人世亦如是，好好地玩味，就知如何对付这个社会。

"世海茫茫，升沉殊异；前途如何，在乎自励"，真正的英雄人物能自主，绝不随波逐流，与世浮沉。

故用兵之法：高陵勿向，背丘勿逆，佯北勿从，锐卒勿攻，饵兵勿食，归师勿遏，围师必阙，穷寇勿迫，此用兵之法也。

【批】因治变之法，而详言之，亦军争所宜审也。

【注】次阜，曰陵。向，仰攻也。背，倚也。丘，小阜也。逆，迎战也。佯北，设伏诱击之谓。从，逐北也。锐卒，精健之兵。攻，疾击也。饵，钓陷鱼者。食，谓贪其诱我之利，如鱼之食饵也。归师，还归之师。遏，阻抑也。围师，围人之师。阙者，开其一面，使不力战也。穷寇，穷蹙之寇。追，迫之也。

施子美：夫用兵者，不过远害就利而已。自高陵以下，皆所可避也，避害则必得其利。

勿向、勿逆、勿从，何等的定力！要先为不可胜，以待敌之可胜。

许多人总采低调，不显己强，使对方无备，自己则稳操胜券。但人若知你示伪，你仍然失败。

要与人作对，也要看对方是谁。对方锋芒正锐、意气风发时，要等他锋芒低些，再和他对付。

【解】鱼贪饵而死，兵贪饵而败，敌设利以陷我，而误取之，即为彼所渔也。

张预曰《吕氏春秋》云："善钓者，出鱼于十仞之下，饵香也。"善兵者亦然。故诱兵为饵兵。

"饵兵勿食"，诱力之可怕，要小心"中计"！

钓，权也，"钓有三权"（《六韬·文师》），饵，因对象而有别。姜太公钓鱼，用直钩，愿者上钩。

鲁樱曰：归师无斗志，惟犄角其后，或邀之于隘，可也；若遏抑之，必致死以战。

"归师勿遏"，不要落井下石。不要在得势时，就对敌人赶尽杀绝。

围人之师，当阙一面，使围之已急，将有穷极之变矣。穷蹙之寇，纵之则去，若追之太甚，反为致死之战矣。

康海曰：围其三面而阙其一，所以示有路也。

围之急无生路，必人人死斗。

不要赶尽杀绝，要网开一面，否则激之则生变。盗亦有道。战争是要夺地，非要把人杀光。若不留缺口，人有必死之心，狗急跳墙，作困兽之斗，最后"鹿死谁手"，就不得而知了！

天有好生之德，不要赶尽杀绝。要以性智理事，"己所不欲，勿施于人"（《论语·颜渊》）。人与人之间就是较量，必有一个是失败的；人家失败了，就不要再逼使对方走入绝路。

一个人错了就算了，又何必说得那么清楚？不要得理不饶人，要给人留下后路，将来自己也可以海阔天空。记住：遇任何事，都必须走宽路。

翁鸿业日：穷寇，资粮已尽，货财已竭，行阵已破，舟楫已沉，但结队伍，不为营砦，欲求一战而不可得者，缓之则去，迫之则激。

"穷寇勿迫"，放人一马，留其余地。禁其途不好，人到穷途末路时，没有不作困兽之斗。

中国的道德，打猎时三围，必留一口，"仇可解，不可结"。人急造反，狗急跳墙，反扑力量最是可怕！政治家没有胸襟，最后往往失败在狗急跳墙人手中。所以，一定要留一步后路给人。

好名者必作伪，好权者易流于跋扈，最易树敌，得罪敌人；如加上无能，则国将与之同亡。好权、好名、好利，皆非好事，必促成你的失败。好色，尤其难以成功，根本谈不到智慧。好淫，更是不可犯，荒淫无度，此戒一犯难以成，烟酒尚可戒，这一戒最是难守，许多杀身之祸皆由此起。无论男女皆犯不得，对方永远会以此刺激你，因为一犯，价就低。站得住脚就有理，人都是自私的。

一个人可以不光宗耀祖，但最重要是要"无忝所生"，绝对不能侮辱生身父母。

人都是软弱的，必要时时有警戒心。我怕太师母一辈子，师母可以遥控我。天下无不能之事，如不能管理自己，又如何管理别人？绝对不可以自欺，必须先能约束自己。

你们脑中一片空白，走在马路还感觉自己了不起。人有思想了就懂得嫉妒，这是最可怕的祸根。懂得自己浑，头脑就会清醒。

先考核自己的嗜欲，嗜欲浅者智慧一定高，人的日常生活与成就成正比。最宝贵的时间是晚上，必要好好做事，不喝酒，看书琢磨。喝酒极易误事，头脑不清楚。一早一晚做事，喝酒后能够做事？不可以"习以为常"！

做事必守密，左手的事不叫右手知。你们光知会说，但遇事不知道深思，危机重重，还天天做梦。有哪一件事是你自己能主动、控制得住的？

读每一章，应了解要点，可以得莫大的启示。好好努力，要求实学，能实际兑现的才是学问。因为不真知，所以没法行。读一东西，当作公式，可以"放诸四海而皆准"。

画饼充饥，危机重重。一有切身问题，就会防备。实际去想，就有解决的办法。许多坚强的寡妇更能教子，因为没有倚靠，就必须发挥良知的"无尽藏"来教子，此即绝处逢生。

做一事得如何了解环境，必知敌，敌人是活的。棋逢对手他最怕，碰到知音了！你诈，我比你诈，"青出于蓝更胜于蓝"。兵以诈立，有若无，实若虚，要声东击西。

好说，什么都得不到！看到才相信，岂不是如同小孩？愚！不好好学，还自以为高，多愚！不知道自己不懂，绝对争不过人，哀莫大于不自知。争不过人，更应加倍努力，不是去投降。

许多人的牺牲，不外乎幼稚，没有遇到好人！是非必明，要设身处地想事情。年轻人有价值更应特别小心，遇事必详加考虑，有好事找上门时尤其要考虑清楚，想一想："人家有三亲六故，何以会找上我？"每天必须战战兢兢，不可以糊里糊涂过日子，否则可能就被白白牺牲了，那时"白发人送黑发人"，父母会何等伤心：从生儿子到儿子有所成，结果却是毁于一旦！

对别人说的话，必须打个折扣，因为每个人都想造就自己，你不过是他的一块砖头而已。人家职业上的话，更是要加以小心！没有意义的事，不要去做！

第二次世界大战时，日本占领东北，天真地以为靠着"满洲国"，就可以长期战争，但是满人自己也要吃。

东北地区物产丰富，有广阔肥沃的可耕地，丰富的林业、渔业资源，煤矿、铁矿等多种原材料储量丰富。自然资源匮乏的日本控制这一地区之后，为满足其战争经济的需要，实行"日满一体"政策，实质上使此地区的经济沦为日本经济的附庸以及掠夺的对象。"满洲国"成立后，成为当时亚洲乃至世界经济成长最快的地区之一。1945年时，"满洲国"的工业规模超越了日本本土，位居亚洲第一。"满洲国"建立当时亚洲较完备、先进的工业体系，包括铁道运输、航空、航海、钢铁、煤炭、机车、汽车制造、飞机制造和军工等工业部门，是中国当时直至"文革"之前最大的地方工业体。东北地区矿物资源非常丰富，"满洲国"建成的丰满发电站是当时亚洲最大的水力发电站，1943年的发电能力为二十二亿度。"满洲国"炼铁业有着丰富的原料和特殊的优越性，担负着"大东亚战争"的重大使命和责任。"满洲国"曾经是亚洲最发达最富强的地区，制造业一度超越日本。

日本之所以失败，即败于无物资，乃指向南洋，因为南洋盛产橡胶。想法与实际必打一半折扣，不可以将梦想当作事实。战争不能解决问题，我反对战争。

南京中山陵前有一对大铜鼎，上面刻"奉安大典"，是当时的上海市政府捐赠的。左边那个鼎下面有两个洞，是日军攻占南京时，向中山陵炮击留下的弹洞，令人触目惊心。应立个牌子说明，给国人作为警惕。中山先生以天下为家，中山陵怎可被敌人糟蹋？

国家必强，不知爱国，只知求个人、家里享受，甚至出卖国家，不行！今天史家对康熙、雍正二帝倍加赞誉，历史就是历史，非感情用事。要重视历史，尤其当政者做错事了，有多高地位都不能掩盖，就是有孝子贤孙也不能将你做过的事抹去，因为历史就是历史，终有水落石出的一天。

活着有想法，做事必用钱，不是爱钱，不要把什么事都看得那么重要，身外之物没什么用，但必须够用，自己要能站得住。人必有"人"的生活水准，不必也不能像和尚似的"绝欲"。

感谢我母亲当年督导严格，今天什么都是假的，教点书倒是真的。必在有生之年有目标的活，天天忙，年年如此，至少再忙十年。人活着不能做事，就是浪费。看书当成是享受，看不懂也要每天看。我来台没有写过一篇文章，卖过一篇稿，就每天认真地读书，当成享受。每天晚上平心静气地读一两个小时书，没有功利心才能达到境界。

人四十几岁时最是难守，年纪愈大睡眠愈少。一个人不容易过，我不主张独身，因为人到五十几岁还不易稳住，四十到六十这二十年最难以度过。许多人以喝酒麻醉自己，但喝酒既伤身又误事，倒不如读书，"愁城易破书为兵"。人生很不容易，必把本立住。

我到新竹找慈航老（1893—1954，太虚大师弟子，以实现"人间佛教"为理念）与赵恒老（1880—1971，"湖南王"赵恒惕）聊天。慈老持金钱戒，什么都不过夜，因为隔夜的东西就有私，人送东西不留，必当天分完。

我读佛经，非不相信佛道，但讨厌和尚。佛学要看，信不信没关系，和尚有知识的没有几个。熊十力不信佛，但懂佛学到相当境界。你们好好学，发挥自己最重要。

死后有鬼的话，我必变成厉鬼，清明时叫你们头痛。我母亲信佛，我不信，如真有灵，我母亲必托梦要我到极乐世界去，托梦说："放下屠刀，立地成佛"，又托梦说："不迟！不必迷信！"

读什么书，必真明白才有用，做事才能有主宰。养心，修心，心才能正，才能有担当。遇事痛苦多，乃因为心不正。必正心，而后心正。

你们学《孙子》，也未必真懂，必要谨慎小心。如果某人说："看某人有才，想用他。"骗人的话！又说："相貌特殊！"不要太傻，他是谁，你是谁，必看清了。防人之心不可无，一切莫不咎由自取。

一个时代有一个时代的法纪，绝对不能触犯法纪，要"素其位而行"。

不是调查的人有罪，想想看你何以会被调查。必素其位而行，不务乎其外，这是做人的原则。守自己的本分，自己以外的事不要胡扯！务己之所当务，当务之为急。

学过了，将来年龄到了用事时，就会用上。现在应该好好地读书，不要扯闲，否则一无所成，咎由自取，怨不得任何人。

既学兵法了，必须熟读，才能用得上。在家时，也得操练操练，用以教子。

施子美：言此九者，必通其变而后用之。用兵者，必极其变而用之。

变者，不拘常法，从宜而行之谓。"九"，数之极。"九变"者，用兵之变法有九也。

"变者，不拘常法"，但非乱来。如光知"穷则变，变则通"，乱变，弄不好则祸害人，故必"从宜而行"，"和顺于道德而理于义"（《易经·说卦传》），义者，宜也。

夫兵有常法、有变法，使第（但）知守常而不知应变，亦无益于胜败之数。

有常有变，有经有权，有争有不争，"不可为典要，唯变所适"。

前篇言"争"，盖其常也；此篇言"不争"，则其变矣。凡与人争利，必知九变，故次《军争》。

兵家、法家常用变。常法人人皆懂，而所变之法则各人不同，叫敌人无法知。

"经之以五事，校之以七计"，为常法；"乃为之势，以佐其外"，则为变法。戏法人人会变，巧妙各有不同。变，在人的智慧中。

此篇总是要为将者慎于处变，无容忽略之意。

"慎于处变"，要处变不惊。

常之反为"变"。前言军争之法，常也；此言不争，变也。使一于争，而不知用兵有时而不争者，则暴虎冯河之辈，诚无足取。

故《孙子》历举九变之事，以继《军争》之后，且惓惓以思患预防为戒，以必死忿速为贱也。

"惓惓以思患预防为戒"，惓，音 quán，"惓惓"，念念不忘；"思患预防"，防患于未然，防患于前，因为"凡事豫则立，不豫则废"。

"以必死忿速为贱"，贱，下也，不贵之。

孙子曰：凡用兵之法，将受命于君，合军聚众，圮（音 pǐ）地无舍，衢地合交（交与国），绝地无留（淹留），围地则谋（设法出险），死地（生死有一半把握）则战。

【批】用兵当明九变之利，而后地利可得；且必知九变之法，而后得人之用。

【注】圮，倾毁之处。舍，屯止也。衢，四通之地。交，会盟也。无前进之路，为绝地。居四险之中，为围地。死，走无所往之谓。战，言奋力致死以战也。

做任何事必有"受命"，为将者受国君之命。

"圮地"，倒塌，难于通行之地，易于全军覆没之处，千万不要驻留，要速速离去。

"衢地"，四通八达之地；"交合"，如何结交与国很重要。要结交与国，以作为应援。

"绝地"，无前进之路；"无留"，无淹留。做事有时亦可能逢绝地，但一般人都不愿意承认、也不接受失败，所以就不易处理。应该快快结束，不要留恋，否则掩耳盗铃，只有越陷越深。

"围地"，居四险之中，处于易受包围之地，四面楚歌之际，要在没办法中想出办法。

环境一有变，要就地取材。乱世儿女，经验丰富，容易生存。

中国人的观念，剥极而复，否极泰来，穷极必反。遇事不必尽悲观！

"死地"，生死有一半把握。如到了死地，没办法了必战。此话发人深省：不怕死还有绝处逢生的希望，死里求生要决战。视己之智慧，要有急智！不要犹豫不决、胆小，因对方不会和你一样不要命。必要死的就不要怕死，如请对方原谅则必死无疑。

"鬼怕恶人"，要能把持自己，哀告、乞怜绝对不能办成任何事。愈软弱、愈怕事，别人愈会欺负你。"人善被人欺，马善被人骑"，欺善怕恶、软土深掘，人之常情！一般人见老实人无不欺负。

途有所不由，军有所不击，城有所不攻，地有所不争，君命有所不受。

【注】由，从也。击，激战也。攻，力取也。争，竞得也。不受，谓将在外君命不受，恐中制也。孙子言军争值此九者，皆有所害，当思所以变之而为我利。设有君命使之舍、留、攻、争，亦不受而屈从也。

【解】郑氏曰：自圮地至不争为九，自无舍至不争为九变，中间以"无舍、无留、不由"为一利，合变为一利，谋战为一利，不击为一利，不攻、不争为一利，而"君命不受"则寓于九变之中。

"途有所不由"，变以避祸。虽是正途，但有时不从正途，故意走偏僻小路就不易遇上敌人，由旧路则敌人知如何对付你。

人生时时刻刻皆作战，没有必胜把握就不要斗。许多人做事没有理智，光有血气之勇，没用！

"军有所不击，城有所不攻"，不击、不攻，利害存焉，必懂得敌情、敌势。

天下事必细心才能成功，非心细不足以任天下事。

"地有所不争"，不争，为有所为也。不要求口头的胜利，逞一时之快，人家必会报复。

最怕阴险的人，你说什么他一声不吭，是非、好坏、愿不愿都不说。东北土话："麻面无须不可交，矬子肚里三把刀。最毒不过独眼龙，独眼龙干不过水蛇腰。"

一方水土一方人，各地人各有特性，传统俚语说："天上九头鸟，地上湖北佬。"

本来是"天上九头鸟，地下武汉佬"，因"武汉"二字，早期比较生疏，后来就变成"湖北佬"了。有时用以象征湖北人的丰富智慧和对邪恶强暴势力的强有力抗争，有时则用以嘲讽在人际交往中的狡诈。凡是交通便利的地方，民众的知识开发较早，在社会生活中竞争较多，在彼此交往中狡诈较多。武汉是湖北的代表，故旧时武汉三镇以外的各省人往往讨厌他们，见而生畏。

"十个湖北佬，干不过一个江西老表"。台湾人则说福州人厉害。

河南人，聪明；河北人，糊涂；湖北人，厉害。"金、复、海、盖，辽阳在外"。

在历史上，大连地区的金州城、复州城，以及现在隶属于鞍山市的海城、营口市的盖州城，都是辽东半岛和辽南地区比较有名和富裕的地方。据史书载：金、复、海、盖地区，元代时属辽阳路，明代洪武五年，划归山东布政使司管辖。明初一直把辽阳以北视同化外，而辽南因为内地移民较多，当地汉化亦较深，且早习于农耕，生活习俗与语言受胶东影响很深，至今当地方言仍被语言学家称之为"胶辽话"，可见影响之深远。

"君命有所不受"，随时制宜。"将在外，君命有所不受"，要看时识势，恐"中制"（君主"留中不发"）。将在外了解实情，不知敌人的虚实，绝不能贸然有所行动。

"顺天者昌，逆天者亡。"有时人的观念一错，就全败了！岳飞何以接到十二金牌就要回去？当政者都喜有"愚忠"之士，愚忠最为可怕！岳飞之所以必死，其实最坏的是老三（宋高宗），不是秦桧。喊口号，必看清楚后再喊，或是放在心中作为自己的抱负就好。

故将通于九变之利者，知用兵矣；将不通于九变之利，虽知地形，不能得地之利矣。

【注】通，达也。九者，出于常法之外，故曰九变。五利在九变之中，故曰九变之利。

【解】凡此九者，不拘常法者也。苟有利于吾军，虽以君命临之，亦必随时制宜，却而不受也。兵无常形，唯变所适。

杜佑曰：九者皆临时制宜，不由常道，故曰变也。

《孙子》言军争值此九者皆有所害，当思所以变之以为我利。"五利"皆在"九变"之中，故曰"九变之利"。"九变"，通权达变，变通活用。

治兵不通九变之术，虽知五利（九变中之五利），不能得人之用（不能活用）矣。

【注】术，法之巧者。张贲校正本，以前篇"高陵勿向"八句，为错简，当合此篇。"绝地无留"句，为"九变"。以"圮地、衢地、围地、死地"四句，为《九地篇》。又错简在此。今仍旧本。以"圮地至不争"，为"九变"。以"君命有所不受"一句，为总承上文之词。

【解】张预曰：更变常道，而得其利，知用兵之道也。

梅尧臣曰：知地不知变，不得地之利；知利不知变，不得人而用。

施子美："通其变，而后可以使民不倦"，此定论也。此九者必有其利，惟通其变者，乃动而有功，是以人乐为用。苟不通其变，则无以得其利。

九变之术，不学无术，学就有术，故曰"学术"。

变，随时制宜，在人的智慧中。《西游记》孙悟空"七十二变制敌"。

"怠者不能修，忌者畏人修"（韩愈《原毁》），没出息！不应怕别人强，就怕自己不努力。修其身，修其事，真做到就不怕别人。

是故智者之虑（计虑），必杂（掺杂，不单一）于利害。杂于利，而务（所务）可信（伸，成其功）也；杂于害，而患（祸）可解（解除）也。

【批】得智谋之人而用之，则必能详审利害，而敌自不敢来攻。

【注】虑，计虑也。杂，犹参也。以两端往来于胸中，而酌量之

也。务，事务。信，理也。患，患难。解，散也。

【解】夫用兵，贵得智谋之人者，以其能为计谋而无或失也，是故智谋之人之于事也，必错杂于利害之间而酌量之。盖兵无常形，利中或有所患，害中或可为功。使惟见其害，而不见其利，则一于退缩，而无济事之能；抑惟见其利，而不知其害，则一于进取，恐致意外之变，皆非智谋之所为也。

施子美：事有利必有害，有害亦有利，惟所见之明者，乃能周悉其说，故不惟计其利也，虽害亦虑焉。谋者，所以远害就利也。

智者计虑，必掺杂利害。考虑周密，必细心求。

什么叫作智慧？仁者见仁，智者见智，呆子见呆。读一本书就视什么智慧，善用智慧，说容易真用上不易！

中国四大发明中有指南车。指南车，指方向的目的在往前进。祖宗发明指南车，何以后人修长城？这就是不肖！长城，画界，你不打我，到此为止。《廿五史》过去了！修《明史》，多延一《南明史》，连郑成功时代都承认是"南明"，有此雅量。没智慧，就留下修史的材料而已。

每个人都自认为是智者，但是发明指南车与修长城，智慧实相差实太远了。说长城是中国传统文化，其实，万里长城是违背中国传统文化。华夏文化，"夏，大也"。一个民族的思想与精神极重要，要有真正的认识。

智慧固然与天生有关，但又与勤学、好问有关。"舜其大知也与！舜好问而好察迩言"（《中庸》），仔细打听左近人的想法和舆论的观点。练达智慧最为重要，连舜的智慧都好问、好察迩言，天下无不值得重视的事，大智者是自左右环境启发出来的。

各民族发生智慧之始不同。中国自有思想以来即讲两端：阴阳、乾坤、善恶、男女、黑白。两端特别高深，"阴阳合德，刚柔有体"（《易经·系辞下传》），就生生不息了！老子"一生二"（《老子·第四十二章》）；孔子"变一为元"（《春秋公羊传·隐公元年》何休注），元生一切，"大哉乾元，万物资始乃统天"（《易经·乾卦》）。

只要会想，无不掺杂好坏、利害。小虫子碰到东西转身就跑，利害也。何况人乎？智者之虑，虑的是利与害。是否真懂得利害？智者，智不危身，做事至少不对自己有害。遇事，要先保存自己，记住：留得青山在，不怕没柴烧。

怎么去用智慧？读书，就看怎么读法？人为利死，鸟为食亡。当务之为急。人太明白就不行，其实，我什么都看清，见什么笑笑就完。有好东西留给儿孙做什么？儿孙比你强，又何必留！不如你，还不是卖掉！真悟就成功，因为没有私，"能以美利利天下，不言所利，大矣哉"！

现天下所争，即一个"私"字。一个"私"字害尽天下苍生。始皇帝，希望万世一系，但代代皆有亡国。太祖立铁碑、铁诏，要子孙天天看，不做坏事；事实上，天天经过，未必看。有争执，如无私心，好好坐着谈，绝对有利。争得那样，又为什么？佛讲空，道讲无，均创教者悟明白了，皆要有利于民。

人思想里，每天不是利就是害。想事情时，开始必须马上想到利与害。当务之为急，人每天皆应有当务，如想到利，则所当务之事必应有成就。

务实，不务虚！兵家与法家不说空的，就务实。"杂于利，而务可信"，所务可伸、理，伸其功，成其功；"杂于害"，考虑周密，必细心求；"而患可解"，祸可以解除。

"祸兮，福之所倚；福兮，祸之所伏"（《老子·第五十八章》），杂于利害两端，"执其两端，用中于民"（《中庸》）。天天想，就是计利。读书时，就以读好书为当务之急。

人非以成功为当务之急，而是以避祸为当务之急。如净往好处想，没想到害，害来就不能处理。会想的，想到利也必想到害，才能防患。不能尽想利，不成功的害也必想清楚，才能除这个害。

智者之虑，虑的是利与害，急所当务，务伸；防患除患，害解，这是智者责任之所在。

是故屈（畏服）**诸侯者以害，役诸侯者以业，趋诸侯者以利。**

【注】诸侯，指邻国言。屈，畏服也。害，谓设计谋以害之。役，役使也。业，谓构多事以劳之。趋，趋附也。利，谓施小利以诱之。

施子美：不过以彼之所畏者害之耳。

"屈诸侯者以害"，畏服诸侯，在于掺杂利害两端，而设计谋以害之。

施子美：不过以其之所为之事而业之耳。

"役诸侯者以业"，支配诸侯，在于掺杂利害两端，构思许多事疲劳之，使其忘了当务之急。如好大喜功者，则叫其穷兵黩武，以消耗其国力。

遇大才能者，构成许多美业，消耗其体力。消灭对方的实力，使其疲于奔命，焉能有工夫读书？

戒骄戒奢（《老子·第二十九章》："圣人去甚，去奢，去泰"）！人家赞美你，劳你时，就必戒之。人家役之以业，用意在使你寸步难行。

施子美：不过因其所欲而制之耳。

"趋诸侯者以利"，趋附诸侯，在施小利以诱之，给甜头吃。声色货利以诱之，许多事无不是诱之以利。现外交频仍，完全诱之以利。

我一生中天天读《易》，因为尽在困难中。到年纪大了，懂得文王拘于羑里而演《易》，心就能平静下来。

中国东西的确是"取之不尽，用之不竭"（宋苏轼《前赤壁赋》："唯江上之清风，与山间之明月，耳得之而为声，目遇之而成色，取之无禁，用之不竭"），但必看自己了悟多少。

《大易》与《春秋》要天天看，终生读之。自己必选一门，终生读之，子书在内，终生玩味，则取之不尽，用之不竭。学就有术，能够避祸。

今天中国人更必要好好善用智慧，因为未来的坎坷必然很多，到哪儿也逃不了。应脚踏实地，有了内在力量才能办事，绝不能感情用事。

故用兵之法：无恃（仗恃）**其不来，恃吾有以待**（有万全准备）**之；无恃其不攻，恃吾有所不可攻也。**

【注】恃，依赖也。有以待，谓斥堠常谨，堡栅常固，器械常修

也。不可攻，谓我能慎防，有以自守，虽攻无虞也。

焦六霭曰：怯防勇战，用兵之道也。必视未战如将战，处既战如未战。常有所恃，万无可攻。苟无自固之本，而偷或然之安，则虽极思虑之精，亦无益于智也。

施子美：多诈难信者，敌人之情；有备无患者，用兵之术。惟吾有备可恃，则无患矣。

等对方来，"恃吾有以待之"，就是来攻也攻不了。

【解】方虞升曰：吾所恃者，于未事而预防之，不于临事而始图之。纵强敌凭陵，而吾事事有备，自能制敌于整暇之中。

所恃者，"于未事而预防之，不于临事而始图之"。

"初九，潜龙勿用"（《易经·乾卦》），就是龙，时、位不到，也不可以乱来。做事绝对不可以乡愿。

在于平时要有备则无患，要有自固之本。

故将有五危：必死可杀，必生可虏，忿速可侮，廉洁可辱，爱民可烦。

【批】将非智谋，则守一而不知变通，适为用兵之灾，盖以示警也。

【注】危，殆也。必死，愚而自用也。杀，置之死也。必生，畏缩多疑也。虏，生擒之也。忿速，刚暴偏急也。侮，侮慢也。廉洁，狷介自饬也。辱，凌辱也。爱民，姑息不忍也。烦，烦劳也。五者，皆性情之偏者，不可不察，言当自省也。

太原刘氏曰：必死、必生、忿速、廉洁、爱民，皆偏性之弊。世之庸将辈，守一而不知通变，往往有之；无惑乎其见杀也，被虏也，且侮辱烦之，并受其害也。苟知所以矫其偏性，使适于中，则强有所加，弱有所用，刚有所施，柔有所设，事必量其可否，心必杂于利害，虽勇不必死，虽怯不必生，虽慎人不得而侮之，虽廉人不得而辱之，虽仁人为得而烦之，如是，以膺大将之任可矣。

"五危"，易中敌人之计。

如果想要支配敌人，一定要充分了解敌人。

施子美：必死，则勇进而无虑，故可杀。

"必死可杀"，可置之死。愚而自用，自己找死！愚者多半好自用，抱必死的决心；如处处抱必死的决心，就可杀之。

都不怕死，谁做元老？先烈与元老，差太多了！人是要成功，没有要找死的。

愚者好自用，贱者好自专，绝不能成大事，难以听进别人智慧之言，别人也不敢在他面前说话，袖当领袖就贻害苍生。

年轻人不懂得掩藏，信誓旦旦，易中人计谋，让对方达到目的。

施子美：必生，则惮死而求生，其心必怯战，故可虏。

"必生可虏"，畏缩多疑，左思右想，贪生必降。一个人有必生之心，必做俘虏。

如一人怕死，慢慢引之、诱之，早晚即成俘虏。视对方所好

九变第八

而定：好利，诱之以利；好色，诱之以色，就上道。

洪承畴被囚禁时，麻雀粪掉到其身上，必用手挥去；太宗庄妃（即后来的孝庄太后）得知后，知其必降："一个爱惜衣服的人能不爱命？"懂政治是天生的。

施子美：忿速，则不能忍，故可侮而激之。

"忿速可侮"，心志狭窄，智识卑陋，无脑！好发脾气，一介勇夫。一受刺激，就头脑不清楚，没有修养！

人世就是敌我，是一等一的人物，就不可以发脾气。智者不怒，专和人斗智。

施子美：廉洁之人，必好名，故可辱之。

"廉洁可辱"，狷介自饬，喜好名声。书呆子领兵不行！一介不取，非礼勿视，不受人污；有以凌辱之，则必求雪耻，而致轻举妄动。

【解】张预曰：民虽将所当爱者，要在审于利害之何如耳。若无微弗救，无远弗援，则必烦而困矣。

施子美：爱民之人，必姑息而不忍劳民，故可烦。

"爱民可烦"，心怀不忍，事无果断。为将者千万不可以有"妇人之仁"，否则姑息求全，遇事不能果决；一迟疑，可能全军覆没。

凡此五者，将之过也，用兵之灾也。覆军杀将，必以五危，

不可不察（详究）**也。**

【注】此因前篇治变之说，而直指其变之之道，以示人也。用兵有九变，且有五利，不可执一，惟智将者能变通之，可以成天下之大务，去天下之大患，而制驭乎诸侯矣。

【解】此亦是示人知变之方，将之性情，或有偏处，所当时时警省，事事变通，庶不至于有失。

刘氏曰：五者，皆一偏之性，为将者能通融之，使归于正，则全德矣。

"五危"，书呆子行为！"将之过"，将最易犯的过错。

一个人在任何人面前，尽量不要暴露自己之所短，否则早晚为对方所用。

"无欲乃刚"，真正刚者少见。好什么就给什么，早晚成俘虏；反之你好什么，人家知道了，即用以俘虏你。

"知变"，事事变通，不可固陋而不知变通。但人知所以用理，难矣！

要自省，修己自治。但是人一旦有毛病，也不是谁说了就能改，江山易改，本性难移！

每个人都有五危，戒之！人知你必死必生，乃是你自己说出的。一切皆操之在己，要善用智慧，自己的好恶不能为人所知。对方知你之所短，则你早晚必败。

外表如现之于平淡、冷静，则毛病不易被人抓住。人不能冷静，焉能成功？想要支配敌人，必须了解敌人。

多一分保密功夫，就多一分成就的机会。最可靠的只有父母，谁都不可靠，真的就是真的，不要自我陶醉。

"夫妇以义合"（陆贾《新语·道基》："骨肉以仁亲，夫妇以义合，朋友以义信"），不懂得"义"（《春秋繁露·仁义法》："以仁安人，以义正我，故仁之为言人也，义之为言我也"），用什么来维系？读书必明理，如读书不能改变气质，没有用，谈不到明理。

"格物、致知、诚意、正心、修身、齐家、治国、平天下"，乃《大学》之八条目，亦即"八骏图"，八个远大的图谋（策划、考虑）。做事必先立住大本，"君子务本，本立而道生。孝弟也者，其为人之本与"，本立而后道生，可以应无穷。

在大陆，北京话范围很小，方圆几十里而已，出这范围说话皆各有各的味。山东人说话像要吵架，山西话更难听。钱穆（1895—1990，中国现代历史学家，国学大师，江苏无锡人）说无锡官话，一急就难懂。鲁实先（1913—1977，湖南省宁乡县人，曾任台湾师范大学国文系教授，精通文字学、上古历法、《史记》）不说湖南家乡话，但说国语也难懂。中国文字同，对民族融合的功劳大。

今天都说普通话，但大陆与台湾不同，如"溜达"，北京说"绕弯"，台湾说"散步"，因为台湾有日本语的影响。

中国地大，山川地理形势不同，各地都有特产。中国百姓多半忠厚，神话特别多，到处都有，因历史太久！

南京蒋山有孙权的陵，六朝庙，墙极高，潭中有一石头龙，一边清水，一边黑水。

钟山，又称紫金山、蒋山，因汉秣陵尉蒋子文被视为山神，故又称蒋山。孙权因避祖父孙钟名讳，把钟山改名蒋山。《三国志》

记载，孙权死后葬于蒋陵。孙权陵，在蒋山，称作蒋陵。

苏州的虎丘，又名海涌山。春秋晚期，传说吴王阖闾葬后"有白虎蹲其上，因号虎丘"。山上一石一木，都有美丽的传说。

虎丘，在江苏省苏州市阊门外西北山塘街，距城约3.5公里。一说为"丘如蹲虎，以形名"。虎丘不仅以风景秀丽闻名遐迩，也以拥有天下名泉佳水著称于世，有"天下第三泉"之称。

山西太原，有晋祠。

晋祠，位于山西省太原市西南悬瓮山麓，创建于西周，是祭祀西周唐国诸侯姬虞的祠堂。主体建筑圣母殿，是现存中国古代建筑中唯一具有典型性的北宋时期建筑。保存在圣母殿内的宋塑群像，突破了宋以前宗教造像的模式，而成为当时社会上真实人物的写照，开创了雕塑艺术写实作品的先河，不仅是中国雕塑史上唯一反映宫廷人物的造像，而且是中国雕塑史上艺术高超的罕见精品。是集中国古代祭祀建筑、园林、雕塑、壁画、碑刻艺术为一体的珍贵历史文化遗产，也是世界建筑、园林、雕刻艺术中公元7世纪至12世纪间极为辉煌壮美、璀璨绚烂的篇章。

北京玉泉山，水质甘美，但运走则变味。

玉泉山，位于北京颐和园西侧，因山上有玉泉而得名。玉泉山海拔约 100 米。《日下旧闻考》记载："山有石洞三,一在山之西南,其下有泉,深浅莫测。一在山之阳,泉自山而出,鸣若杂佩,色如素练,澄泓百顷,鉴形万象,莫可拟极。一在山之根,有泉涌出,其味甘冽。洞门刻玉泉二字。"

台湾气候潮湿,所以患风湿的特别多。

我从小就有压力,因为"亡国"(指清亡)后在悲哀的气氛中受教育,每天要有计划地做事,不发牢骚,也不懂得悲观。你们必须好好地训练自己,升官发财是命,学"能"则操之在己,必要有超人之处,不求做高官显宦。

我到"政大"教书的原则:请我必有条件,要看得起我,不给钱没关系,给钱必亲自送来。不填表,既有身份证,又何必填!自己必有守,他们之所以会无法无天,乃因为我们宠他们。不可以自己否定自己,别人有没有守不管,自己必要有所守。不侵害别人,但自己的守不能因别人而毁掉。老年人必特别注意,应做时代的中流砥柱、标杆。

我从小不学抽烟、喝酒,来台后才学会抽烟、喝酒的。人生不易,不沾染嗜好最好。烟不会误事,酒绝对误事。尽量不要喝酒,晚上喝完酒还能再读书吗?

"无忝所生",必把自己训练成铜墙铁壁才行。我看人在街上捡烟头来抽,心生警惕就戒烟了。我一生就怕我母亲,于正月十六我母亲生日那天将烟具洗好供着,从此戒烟。朋友最重要,可以说真话。朋友来,我说:"戒烟了!"朋友太太说:"你能戒烟,我就能戒饭!"我说:"真戒了!"她说:"真戒了?薄情!"做事不易，人嘴两层皮，怎么说都有理，焉有真是非？女子无言便是德，说话得恰到好处！

我喜欢乡村，尤其农家。太祖高皇帝起兵失败时，明兵追赶；他见一山沟躲进去，藏身处霎时乌鸦落满地，将太祖遮住，追兵无所见乃回。太祖登基后，为报答"乌鸦救驾"之恩，所以满族人不可吃狗肉、乌鸦肉，并立杆祭之。昔人不忘祖先发迹的东西，只要出身不是下九流的绝不避讳，祭祀时必祭之，此为报本的观念。

必认识自己，个人环境不同，境遇有别。人家做好，不必羡慕。认识自己，才能知止，即使不成功也不会失败，不把老本赔掉。贪得无厌最糟！

中山先生让位给袁世凯，非凡人也；讨伐时，做临时大总统，达到目的就知止。真金不怕火炼，连毛泽东都曾挂中山先生的照片。人的成就在其德，不在其权。懂得真是真非，有正知正见了，才能做中流砥柱，人有其存在的价值，老年人必注意。

年轻人要有定力，尽量不要养嗜好。不必把是非、好坏、善恶看得那么严重，一切都是主观。重要在不欺心，欺心事早晚有一天毕露了！也不必为别人的是非所左右，以良知为主。"言之谆谆，听之藐藐"（说的人耐心恳切，而听的人则不以为意），自己往前悟，悟出真理。

唐代李华《吊古战场文》云："苍苍烝民，谁无父母？提携捧负，畏其不寿。谁无兄弟？如足如手。谁无夫妇？如宾如友。生也何恩？杀之何咎？其存其殁，家莫闻知。"道尽天下父母心，老年人的感触！

读《孙子》时，不必忘不了儒家，应接受各家的思想。你们自中小学即接受"道统"观念，迷信！旧社会不喜百姓读子书，此为愚民政策。先读《四书》，再读子书，此仍受道统观影响。你们接受太晚，不分头并进，来得及吗？此何时也，还谈道统？你们读西方哲学，还不是各家一起接收？吸收时，应不分彼此，然后专一个就行，必先广量接收。

南宋之前，犹无《四书》。朱子在金门讲学，《四书》为金门产物。

朱熹任福建同安主簿时，曾到金门燕南山讲学，后人兴建"燕南书院"。燕南书院可能在元朝圯毁。《金门县志》记载，太文岩寺于明朝末年在燕南书院旧址兴建，主要奉祀清水真人，原为三进大殿堂。清朝时，第三进曾辟为"燕南山书院"，对教化人心甚多贡献。

朱子学是南宋产物，因非救命的东西，故南宋并未因此而起。碰一英明的康熙帝，将朱子捧红，乃供于孔庙正殿，因为"朱子曰"比"康熙大帝曰"更有用，朱子学乃成为御用之学。

《孟子》在此之前为子书，地位与诸子平等；之前也不像《韩非子》般受重视。因其"道性善，言必称尧舜"，而被宋儒选入；其后程子接受，乃成为道统。韩愈（768—824，唐宋八大家之一。字退之，河南河阳人，祖籍昌黎，世称韩昌黎）"道统说"也是。

韩愈提出"道统说"，其《原道》以"尧以是传之舜，舜以是传之禹，禹以是传之汤。汤以是传之文武周公，文武周公传之孔子，孔子传之孟轲"，又说"孟轲师子思，子思之学，盖出曾子。自孔子没，群弟子莫不有书，独孟轲氏之传得其宗"。韩愈对孟子的推崇，为宋儒所继承，在宋代孟子不仅上升为"亚圣"，《孟子》一书也由子上升为经。

学术思想在乎人有高的智慧。吸收智慧，应绝对客观。我经子一同教。子书并非不如经书，经、子是后来定的。

今天中国人必广量吸收智慧，才能应事（世）。做书法家、哲学家、画家要到你们孙子那一代。今天你们还画画？我这些年不动笔写字、画画，无此闲情逸致！

玩味很重要，琢磨之，不必再作注释，明白、有用最重要。读书的目的，是要以古人智慧启发我们的智慧，不是做殡仪馆的化妆师。

"论笃是与？君子者乎？色庄者乎？"听一人谈论义正词严，如有弊病，要明辨之，看究竟是君子？或是伪君子。言论有弊病，要明辨之。不要自欺，但也不欺人。

古人著书，从早到晚，不愁吃不愁穿，一个人兴之所至，什么都可以写，但是那个书不可以印出去，不能自欺！不要有腐儒之见，要学智慧应世，做事必要走到前头去。

真正经书是五经：《诗》《书》《礼》《易》《春秋》。《乐经》已亡佚。许多当政者的话，不过是历史陈迹，实不足以为法，"学校钦定之枉，道正率性之元"。

以后没有子书，称"集"。文集也是一家之言，只是自己的思想没有那么高了！诸子与圣人等，将其一生经验笔之于书，皆为了救国护民。然因心切，帝王之家看来有过火之处。

今天应平心静气看那些不朽的经典，不要背着感情包袱，应像听戏曲般，各家都欣赏，然后品评其优劣。御用文人之言还值得听？

道统观是宗教的。在今天大可不必做正统派，做孝子贤孙、保镖更不必！子书在帝王时代受那么大的打击，几千年仍然传下来，必有其真精神，应吸收其精华。经史子集，不分高低。

有清一代无出一思想家，只是些书呆子，博学，会搜书，但无思想可言。思想家不然，有时一句话启示人，让人终生受益不尽。熊十力（1885—1968，湖北黄冈人）、梁漱溟（1893—1988，社会改造实践家，对推动乡村建设不遗余力）为清末民初人物。熊十力《论六经》中，分析《周官》对中国行政的用处。原是一封信，写了七万多字。

来台后，就是国剧界培育出几个人才，学术界没有。品评，听完后评之：乾旦程景祥（台湾唯一男旦演员）唱得不错，郭小庄（1951—）、徐露（1941—）功力不错。张安平（1940—）气不足，章遏云（1912—2004）不错。懂得听程派，就够境界，颇有功力。

程腔纤巧、柔和、若断若续，但时而奇峰突起、高入云霄；时而低回宛转、缠绵悱恻。其善用气口，断续之处，藕断丝连；高低曲折，自然无痕，最为悠扬悦耳、沁人心脾，尤其在气口上用功夫，巧夺天工。

对什么都不要迷，喜好书画看一看就完了，何必拥有？故宫展览平时都拿次品，好的怕弄坏。

台北故宫博物院的镇宫三宝，实际上是北宋三幅巨碑式的山水画：范宽《溪山行旅图》、郭熙《早春图》及李唐《万壑松风图》。往往只在每年气候湿度适中时展出。翠玉白菜、肉形石及《清明上河图》则是媒体营销所形塑的所谓"故宫三宝"。

提醒你们，失败了就知何以失败。多少读点《孙子》，遇事就不会那么单纯。不知其所以，才糊里糊涂！

人一落地，一睁眼就开始争了。小孩生下，就会捉弄母亲，磨炼母亲的爱力；吃奶，奶水不足，又咬，天性！有争，争之术就不同，不是流血才是争。会争的，他都胜利了，对方还不觉得吃亏，这就是人生。

不人云亦云，道德，盗来的德，不要迷信，一迷信就成为宗教。哪有不争的？表情就是争，如两人在一起卖花，要抢先一步卖。面对事实，不要完全求虚无缥缈的道德。

争之以道，达到矛（攻击器具，可以攻击人）就可以，不必损害别人，乃争中之德。自己达到矛，而对方不受害。心正矢（箭）直，"君子无所争。必也射乎！揖让而升，下而饮，其争也君子"（《论语·八佾》），亦争也。

学究，装绅士，其实见什么都爱，见什么都不敢说。人都一样，不肯说真的。必自"真"入手，面对事实处理事，"人之视己，如见其肺肝然"，不必伪！两方都有"真"的存在。许多事必自真实看，练到有真实性，别人才敢用你做事。任何人做事，无不想成功，必找真人做事。脑子第一感想到那个人，就能为你办事。社会上没有人要虚伪的人。

人要活下去，就得斗智。你有的，我也有，势均力敌，分出上下最难。但争时，多半势均力敌，必自此用智慧。"以敬事长"（《孝经·士章第五》），用敬的功夫争取一切，则人对你少戒心。最可怕的是，表面做事像慢一拍，等你一打盹，他就抢到你前头的人。

心直口快的人，不容易成大事，这样的人最没心眼，心无城府，无害人之心。

知人，从平常微小处观察一个人，自微处看人，不要讲成高深学问。不识人，就不能任人。能知人善任，就可以高枕无忧。知人善任，推己及人，不难，必细心。

崇祯皇帝（1628—1644在位）临上吊之际，还说："君非亡国之君，臣尽亡国之臣！"至死不悟的人太多，一切事不按事实去想，完全按理论就坏，终走上绝路。

要天天训练自己，不要太幼稚，称"大孩子"，乃是没有主宰。你们每天读书少，应早晚看一点经子之类的书，中午则看浏览的书。至少要精读一两本经书或子书，心中才会有主宰，遇事才不会幼稚。年纪愈大，想得愈精，遇事才能取之不尽，用之不竭。

郑孝胥（1860—1938），《辞源》编撰者之一（中国最早的一部大规模辞书，始编于1908年，1915年正式出版；1931年出版《辞源》续编；1939年出版《辞源》简编，是一部以语词为主，兼收百科的综合性语文工具书），我的《通鉴》是跟他学的。他脾气坏，书斋名"夜起庵"，半夜两点就起来打拳，上完课再上朝。

郑孝胥，字苏戡，一字太夷，号海藏，取自苏轼"惟有王城最堪隐，万人如海一身藏"，福建闽侯人。清光绪八年（1882）举人，历任广西边防大臣，安徽、广东按察使，湖南布政使等。辛亥革命后以"遗老"自居。民国十二年（1923），由陈宝琛引荐入清宫，任"懋勤殿行走"，为清室复辟出谋献策，被授为总理内务府大臣。民国十三年（1924），溥仪取消帝号，迁出紫禁城，他与日本人密谋，助溥仪辗转入日本使馆，再入天津日租界，从此追随溥仪。民国二十一年（1932）伪满洲国成立，出任"国务总理"；后日方见他难以驾驭，以其年高"倦勤思退"为名，民国二十四年（1935）以"头脑昏庸，才堪大任"的张景惠取而代之。民国二十七年（1938）暴死于长春，葬于沈阳市东陵区高坎镇七间房村。郑为近代两大书法大家之一，有"南郑孝胥、北于右任"之说，工楷、隶，尤善楷书，取经欧阳询及苏轼，而得力于北魏碑版。所作字势偏长而苍劲朴茂，柔中有刚。为诗坛"同光体"宣导者之一。

陈宝琛，德行高，是主任教官。迪化街有他写的字。

陈宝琛，原字长庵，改字伯潜，号弢庵、陶庵，福建闽县螺洲人。光绪十一年（1885），受刘铭传之邀游台，陈家与台北"板桥林家"自此结为姻亲。宣统元年（1909），奉召入京，任礼学馆总纂大臣。宣统三年（1911），在毓庆宫行走，任帝师，赐紫禁城骑马。继任汉军副都统、弼德院顾问大臣。清帝逊位后仍追随溥仪，命修《德宗实录》，民国十年（1921）修成《德宗本纪》，授太傅。民国六年（1917）张勋复辟时，推举为内阁议政大臣；民国十二年（1923）引荐郑孝胥入官。民国十四年（1925）溥仪至天津，宝琛亦移居天津随侍。九一八事变后，溥仪决意复辟，密赴东北；他赶赴旅顺劝阻，溥仪不从，日本派人挟持陈返天津。民国二十一年（1932），溥仪在日本扶持下成立伪满洲国，陈专程赴长春探望，呈密折劝说"贸然从事，只怕去时容易回时难"；溥仪认为"忠心可嘉，迂腐不堪"；陈拒受职务。民国二十四年（1935）病逝于北平。溥仪闻丧，震悼，赐奠醊，赐祭一坛，特谥文忠，晋赠太师。有藏书十万册，"清末陈氏私家藏书之多，冠于全闽"。

罗振玉（1866—1940），脾气也坏，是最后去世的。很有学养，有成就的人乃真下功夫。

罗振玉，字叔蕴，号雪堂，江苏淮安人。有自挽联语一篇，概括其生平几件大事："毕生寝馈书丛，历观洹水遗文、西陲坠简、鸿都石刻、柱下秘藏，守缺抱残差自幸。半生沉沦桑海，溯自辛亥乘桴、乙丑扈跸、壬申于役、丁丑乞身，补天浴日竟何成。"宣统帝嗣位后，内阁大库险遭焚毁，罗振玉不忍清初重要史料遭此厄运，于是上下周旋，才使十几万斤的档案和典籍免遭火难。但搬运出来后，部分档案却被历史博物馆以"烂字纸"及该馆"绌于经费"为由，出卖给同懋增纸店作"还魂纸"，他得知后，许以三倍价钱买下所有档案，为此奔走京津筹款，变卖私藏，还举私债，总算换回这批"烂字纸"。甲骨自受到收藏家及学者注意后，罗振玉伊始即致力于调查甲骨真实出土地，并考订出这些甲骨出土于商晚期都城，属于殷室遗物。甲骨出土地和性质的考订，直接导致后来安阳殷墟发掘。罗振玉以"古卜用龟，辅以兽骨"，认为在搜集甲骨时，必须龟、骨"兼收并蓄"，派人去小屯，不仅收集甲骨，还收集了一批不为古董商重视的出土物。在《洹洛访古游记》中，记载殷墟地形，甲骨出土情况，考订其他出土物及绘简图，成为第一部实地考察安阳殷墟著作，对整个甲骨研究学科的形成和发展上起"先导"作用。其后，西北敦煌石窟又有数万件隋唐以后经卷写本、石刻等珍贵文物发现，外国人明火执仗掠夺，罗竭力使其免遭流失国外，也是中国境内研究敦煌文书之先导者，他以浓厚的国学功底开研究之先河。民国三年（1914）刊布《流沙坠简》，和王国维开创和倡导简牍研究，共同开辟"国学"新领域。辛亥革命后，他以"清朝遗民"自居，长期侨居日本。民国八年（1919）返国，参与清室复辟。民国十三年（1924）奉溥仪之召，入值南书房。民国十七年（1928）迁居旅顺。九一八事变后追随溥仪，出任伪满洲国参议府参议、"满日文化协会"会长等职。民国二十九年（1940）病逝于旅顺。

正月十六，羲皇生日，乃吾人之新纪元。一月十五、二月二日都给羲皇过生日，因"二月二龙抬头"。

农历二月二日，时值二十四节气"惊蛰"前后，"惊蛰地气通"，自此土地解冻，冬眠的昆虫、动物开始出土，而俗以龙为万物之长，故二月二又被称"龙抬头日"。

九变第八

伏羲以龙命官。伏羲出生地甘肃天水，有麦积山。伏羲之国都位于陈，在今河南淮阳。

太昊伏羲，三皇之首，故称羲皇，中华人文始祖。生于陇西成纪，即今甘肃天水；伏羲氏率领部族从甘肃天水沿黄河东下，在宛丘即今河南淮阳择水而居，繁衍生息，孕育了伟大的华夏民族。《诗经·陈风·泽陂》："彼泽之陂，有蒲与荷。"即描写龙湖美景。伏羲立九部，设九佐；以龙纪官，号曰龙师。有太昊伏羲陵庙，自古就有民间祭祀伏羲和官方祭祀伏羲的习俗。师尊曾于新店静园立"人祖羲皇庙"。

将相本无种，人人当自强。要学常山之蛇，反应特别快，得活泼到这个程度，才像个人。

　　详细琢磨，临睡前读《孙子》，一乐也。喝茶、玩味，记住才有用。你们吃亏在不会背书。记住：敌人也读兵书。

　　读书要细心，平常要养勇。勇者不惧人势！做事，"智、仁、勇"三达德，缺一不可。在社会上，遇到比你年长的，一开口就得称呼"您"。世路人情皆学问，培养之。

　　你们能领导？连人气都没有！有尽责任？完全像行尸走肉！凭什么要受气？你们有骂人的勇气？坐像一摊泥，还有女人嫁这种男人？

　　行军者，言师行之际，必择便利而行也。第处军得法，相敌得情，治兵得当，斯使利在己，而胜自我操。

　　人必有最高的警觉。决定的事都得察言观色，环境变马上变！出门办事，本来要坐计程车，但看环境变了，就得设障布疑，马上改变方式。

何以办事一点警觉都没有？到社会上不懂得察言观色，不知变局，不能察言观色，就不必谈了，废才，活死人！

废才，指一个才华横溢的人却自暴自弃，或者不求上进，甚至走向歧途。多含贬义。

表现好很重要，有影响力，人家重视你。没有特殊才能，到哪儿也是废物。到哪儿连个表情都没有，能做事？要反应特别快，得如常山之蛇！

凡用兵，必先知九变之利，然后可以行军，故次九变。

一个人必得变，使机权，"可与适道，未可与权"，行权为难。先问自己："我能做什么？"

此篇以《行军》名篇，而篇中所言，皆处军相敌之事，盖举行军之大纲而指之也。

"处军相敌"，为将就此四字。如相面，要相得透彻！
处身相敌，要处身时看看你的对手。做事都有对象，得好好瞧你的对手，了解对方，设身处地看要如何做此事。

夫处军于山也、于水也、于斥泽、平陆也，四者各有其法；至地有绝涧也、天井也、天牢也、天罗也、天陷也与天隙也，六者各宜避之，此即所以行军也。若夫敌之动静、虚实、强弱、进退、车徒、疑覆等情，苟不知所以相之，非惟不足以取胜，且恐敌之或来乘我，又何以为行军之本乎？

处身之道，要"素其位而行，不愿（务）乎其外"（《中庸》），安于自己的位，不要坐这山望那山高。

人家表面戴你高帽，实际上是要进袭你。人活着多难，处处得有戒心。多读历史，可以了悟很多人生，以古为鉴。

篇末以轻进易敌为戒，且以恩威先后为法，足见孙子用兵，无所不慎，其示警之意至深矣！学者宜尽心焉。

社会事复杂，向外奋斗不外乎保护自己，要慎之又慎，以达到目的。了解处身之道，敌人就少，碰到阴险的，叫他连门都没有。

人不凶，能控制得了废才？你愈等他愈磨蹭，认为你可欺也！反抗不合理才叫守分，受气叫守分？

孙子曰：凡处军相敌，

【批】此揭一篇之冒

【注】处军，择地屯止；相敌，揣知情实。

施子美：凡处军以对敌者，必因其地而明其用。

"处军相敌"，屯兵之前，要察看敌人之虚实、行止、气势。

为将的两大责任：一、兵一离大营，必安顿之，安顿军队，安营扎寨。二、出兵目的，乃为对付敌人，必对敌人好好瞧，即察看敌情，看敌人之虚实、行止、气势。

兵贵乎知己知彼，人亦要知己之所处、知敌之情。平时，起床出门，就得知要怎么处理自己。办事必有对象，必好好瞧对手。懂得处身相敌了，就可以躲掉许多杀身之祸。

人每日所学即处身之道，好好地瞧一瞧左右所接触的人，一生才能平安过去。要先学自救之道，如一伸手就占下风，想再挣扎很难。

郑板桥《竹石》诗："咬定青山不放松，立根原在破岩中。千磨万击还坚劲，任尔东西南北风。"如根未扎稳，人家一收根，风来你就倒了。

绝山依谷，视生处高，战隆无登，此处山之军也。

【批】处军山间之法。

【注】绝山，即跨山也。依，附也。地势崇峻，曰山；地势卑下，曰谷。向阳，曰生。视，犹面也，在目前也。生地可战可守，故宜视之。在山曰高，居高，其势自顺，故宜处之。隆，高也。登，升也。无，毋通，言敌既乘高待战，则勿趋面而迎之也。

"绝山依谷"，跨山依附谷，地势低下。

"视生处高"，视生，生地可战可守；处高，后要有靠。面对生方，居高临下。

"战隆无登"，敌人在高处，不要仰攻。

要训练自己特别清醒，如每天昏昏沉沉，又怎能想事情？

敌人占了山头，夺山头不是好事。高位叫别人抢去，硬要抢回，牺牲太大。应先收根，使对方成孤家寡人，"亢龙有悔"，因为"贵而无位，高而无民，贤人在下位而无辅，是以动而有悔也"（《易经·乾卦·文言》）。不可以尽打硬仗，一比一，往往两败俱伤。

布危局，爬得高，人皆看得清，毛病就多。收根，风一来，他就倒。

绝水（涉水）**必远水，客**（敌）**绝水而来，勿迎**（迎战）**之于水内，令半济**（过河一半）**而击之，利**（战利）**；欲战者，无附水**（靠着水边）**而迎客，视生**（阳方）**处高**（上流）**，无迎**（面对）**水流，此处水上之军也。**

【批】处军水上之法。

【注】绝水，即涉水也。远水 谓令先济者，去水数里而阵也。客，指敌言，敌来赴战，故曰客。半济，则行列未成，首尾不接，其力分，其众乱也。利，犹言必胜也。附者，迫近之意。生，阳方也。高，上流也。水流，水之来处，言于岸边为阵，亦如处山之法，面阳方，据上流，庶有进退周旋之便，无决水浸灌之处。

【解】魏武曰：处军水上，亦当择其高也。前向水，后依高，无迎水流，恐溉我也。

要注意待客之道。过河后，必快快远离水，当心进退皆失据。

大战，即由小战加在一起，不是好事。点、线、面，最后成为全面战争。

术业有专攻，必天天读书，知当务之急，有自己的专攻，专攻以外的常识也必知。

"潜龙勿用"，如占下风，必养精蓄锐以备之。如果自身都不保，焉能救国救民？必先学自救之道，"留得青山在，不怕没柴烧"，有远见，做元老，享福。一出门就杀身成仁，成为烈士，因为太急躁了。

乡愿，别人都说好，不得罪人，但不能理政。处世必看环境，自己处于何处必知，"四面楚歌"是自己感觉，遇事一笑置之，无所谓就过去，这是最高的修养。你愈是软弱，人家愈刺激你。

绝斥泽，唯亟，勿留；若交军于斥泽之中（万不得已，必应变），**必依水草而背众树，此处斥泽之军也。**

【批】处军斥泽之法。

【注】斥泽，瘠卤咸湿，草木不生之地。亟，敏疾也。交军者，猝与敌遇之谓。背，倚藉也。

【解】依水草，背众树，盖因敌兵在前，难以亟去，不得已而暂处也。

"依水草，背众树"，除非上帝安排，没有这么刚好。读书是一回事，但实际事未必如此。作战极苦。斥泽水不能饮，人畜会受不了。

不要将做梦的事当真，合乎你的环境难找。于仓猝中遇敌，万不得已，必须应变，于不可为的环境中，找可为之处。临机制变，如何转不利为有利，在没有希望中找希望，要有起死回生之智。"智者之虑，必杂以利害"，知此，则遇任何环境，都可以解脱。

教育下一代，应使他们认识先民开发地方，所牺牲、付出的代价，而知所振奋，才不忽视自己的责任。教民必得以诚，告诉他，就是失望，也是力量。

失败是理所当然，要有心理准备，失败了必起来。谁能战胜逆境，谁就成功。鲤鱼跳龙门，跳过了，"鱼跃龙门，身价百倍"。客观环境无法左右之，鲤鱼跃过龙门就成龙了。

记得：敌人也读《孙子》。为将者都读兵法，都明白，要较真。

较，较量，较劲，比较，计较，对比着显得更进一层。真，与客观事实相符合，与假、伪相对，真诚，真谛。较真，当回事儿，不含糊。

必看谁智胜一筹，棋高一着。

平陆处易，右背高，前死（绝地），**后生**（高），**此处平陆之军也。**

【批】处军平陆之法。

【注】平陆，无山谷水泽之所。易，宽广坦平之谓。高，冈阜也。右背之者，以人之运动，皆于便于右也。后高前下，利于驰逐，可致敌于死，可处己于生也。

【解】贾林曰：高有右，回转顺也。后冈阜，处军稳也。前临低，用兵便也。

借形势，后高前下，则利于驰击。这是原则，要随时注意环境，才知道要如何应敌。

出门就在近处摆不行，距离愈近就没有转圜余地。

凡此四军之利，黄帝之所以胜四帝也。

【批】引黄帝征伐四帝，以证四军之法，自古然也。

【注】四军，总上，山、水、泽、陆，四者而已。四帝，四方诸侯，僭分称帝，而作乱者。

施子美：上古之世，用兵者自黄帝始。

四帝：一、四方诸侯；二、"帝"，可能是错字。此系做文章，举例而已！

帝，主宰义；王，天下所归往；君，群之首；皇帝，大的主宰；天子，替天行道之子。

【解】焦六霭曰：四帝，或谓太昊、炎帝、少昊、颛顼。

太昊陵，在陈州（今河南省淮阳县）。少昊陵，在曲阜，平顶金字塔形。

历代帝王把陵修得讲究，但后来又留下什么？许多均后代好事者立的碑。

凡军（行军）**好高而恶下，贵阳而贱阴，养生处实，军无百疾，是谓必胜。**

【批】总承上文，言用兵之利，在得地势之助。

【注】高则爽垲，所以安和，亦以便势，故可好。下则卑湿，所以生疾，亦以难战，故可恶。又曰：居高，便于觇望，利于驰逐也。

东南为阳，主生；西北为阴，主杀，故处山之阳，则高也、燥也、明也，此之谓贵。处山之阴，则卑地、湿也、晦也，此之谓贱。生，曰方。阶，高处。养，犹处也，言可樵可汲，资以生养也。处军者，能据高阳，则无阴湿之患，人马亦不至病，故无百疾。

丘陵、堤防，必处其阳，而右背之，此兵之利，地之助也。

【注】丘陵，高阜也，以处山之军言。是谓必胜。堤防，堤岸也，以处水之军言。右背之者，置山丘、堤防于营右，所以负其固，便其势也。利，便利也。助，犹辅也。

这是理论，实际环境不会与之同，读书不可以食古不化。

上雨（上游下雨）、**水沫至**（有识力），**欲涉者，待其定**（水位有定之后，有定力）**也。**

【注】沫，浮泡也。涉，徒行厉水。
【解】杜牧曰：过越溪涧，亦是履险；如遇水来有沫，即系上流有雨，须待沫尽流缓乃可。不然，恐隐济之倾，暴水猝至。

识力、定力、耐力，这是公式。
有识力，自然之水来，是先有水沫，可作为征兆。
在人世上，越是不易发现处，越要注意，因越能隐藏对你不利的事。
有人找老师，说"不在"就好了，多说一句都不可以。
坐在屋里，人一来，看其表情说话，即知其人为何而来，因为"诚于中，形于外"。

愈是有经验者，愈不容易受骗，必练得喜怒不形于色。

有识力，还要有定力，"知止，而后有定"。有定力，还要有耐力，定、静、安、虑、得。许多事多半因为没有耐力而失败了。

何谓知止？读《大学》，虽非专门学问，但可以确定自己的方针。"知止，而后有定"，则不见异思迁。人的毛病，在坐这山，而望那山高，一见异就思迁，不见异就不思迁。一见异，就不知止。无论做什么，干上十几年，就有成就。我就从教一个学生来的。知止，必始终如一。如喜翻译，学好外文，译上二三年，必有生花妙笔。不知自己要做什么很苦，彷徨。知止，一天就忙不过来。立一志，真做，可以每天累得焦头烂额。

人要有事做，就是学下棋，也总比不用脑好。诗、词、歌、赋，以前读书人都会，只是程度问题。现在人都不会了！每天念，三年就可有为，就视你做与否。《诗经》就三百篇，一年可以读毕，贵乎持之以恒。应学会利用时间，成功在此。人与动物不同，会支配时间。发愤三年，不论学什么，都可成型。

中国东西，每个都有继承的必要，喜欢一个，就下功夫。有一女学生听我讲后，现在就做翻译，说比当公务员好。立一合理的志，真做可就忙不过来。必要会用脑。学词，念上百首，再看《白香词谱》就成。

凡地有绝涧、天井（四外高，中间低）**、天牢、天罗、天陷、天隙，必亟**（紧急、急切）**去之，勿近也。**

【批】六害之地，随在皆有，苟能辨之于早，自不至误入害中。

【注】前后险峻，水横其中者，为绝涧。四高中下，势如凹屈者，为天井。山林环绕，易入而难出者，天牢也。荆棘蒙蔽，锋镝无所施者，天罗也。陂陁泥泞，车骑灭没，曰天陷。道路狭迫，地多坑坎，曰天隙：此六害也。

王晳曰：凡遇六害之地，行军勿得处之。以有不虞，智力难施。

学多少智慧，不会用也没用！必玩味之，心中有《孙子》作为主宰。

一个人必先像个人，学做人，守人的分寸，尽人的责任。如先学圣人，就忘了做人。

做人亦有段，立身五段：士、君子、贤人、圣人、大人。无达段，即未入流，是白丁。立身有其层次：从士开始，士，人开始的地位，"士尚志"，必修至此境界。"志，心之所主"，是与生俱来的，求则得之，舍则失之；心，身之元。尚志，永守住志，"君子存之，小人去之"。哀莫大于心死，心死即无志，小人也。颜回"其心三月不违仁"，尚志者；一般人"日月至焉而已矣"，即不能尚志。其次成为君子，成德之谓君子。"立身行道，扬名于后世"，信则人任焉。"道也者，不可须臾离也"，日行一善，积善成德。积义，察微，识微。进而为贤人，己立立人，己达达人，是菩萨的境界，自觉觉人，法施，自己明道了，必叫别人也明道；有所保留，即非贤者。再进而为圣人，"知进退存亡而不失其正者"，恰到好处，慎始诚终，知行合一。佛，觉行圆满的境界。最高则为大人，"与天地合其德，与日月合其明，与四时合其序，与鬼神合其吉凶"，天无私覆，地无私载，天道尚公，好生、尊生、厚生，生生不息；日月无私照，容光必照；四时不忒，表现出伦序，有伦有序。"立于礼"，礼者，理也，履也。"与鬼神合其吉凶"，鬼神，即祖宗，行为必与祖先过去有德者同一好坏。

为人父母的无不望子成龙，自己如无成龙，成了蛇，也不要再叫父母操心，善意的欺骗就是孝。做儿女的对父母没有多大的贡献，但最低限度也应不使父母操心。昔人有分寸，母亲对儿子也不乱说话。"满洲国"结束后，太师母关心，请师母侧面询问我的想法，我写"长白又一村"明志。

长白山，是满族龙兴之地象征。清军入关，建立二百多年政权，康熙时期奠定了中国现在的版图，立下"长白一村"的丰功伟业；师尊以复兴"华夏天下文化"自许，毕生致力于开辟"又一村"的奉元文化伟业。

作战是野蛮的事，极苦！有十粮都没得吃。只有大陆那些苦难的人才能作战。要有智者的头脑，野蛮人的身体，才能生存于社会。养勇，必自小培养。

不可自陷于绝地，而不能自拔，然后因此而牺牲了。人所处环境，左右是否都懂，外面的助力极为重要。自然环境不好，必躲之；人为环境，则看处世态度，做事必合礼（理）。

吾远之，敌近之；吾迎之，敌背之。军旁有险阻、潢井、林木、蒹葭、翳荟者，必谨覆索之，此伏奸之所也。

【批】安营立砦，左右之间，或有掩蔽之所，即宜加意巡逻，恐有伏奸，为敌所愚。

【注】远、近，并去声，远，离也；近，附也。背，音佩，弃也。山多，曰险；有水，曰阻。潢，音黄，池也；井者，下也。林，木丛生也。蒹，苇属，似萑而细高数尺，又谓之蒹葭，即芦也。翳，障蔽。荟，音会，草盛貌。谨，慎也。覆，犹言再三也。索，搜求也。伏，谓伏兵。奸，谓奸细。

以上为处军。人亦有处身之道。

【解】险阻等处，恐有伏奸，宜仔细堤防，以免不测。孙子言必谨覆索者，盖致叮咛之意也。

做任何事，皆有敌方；有敌方，就有奸细，必加以搜索之。间谍多半伏于下流社会，或是人多之处。

开始做事，出手不能低，"小人下达"，日趋下流，而下流难返。

自己不走坏路，就有万全把握；对方则有走入坏路的机会。千万不可做永远洗不掉的事。

千万不可为自己找嗜好，变成自己的致命伤。坏行为，人无不洞悉之，习以为常就坏，自身不洁，到哪里人皆防之。你失礼，人就对你加以小心，自己害了自己！

每个人都有隐私，以了解别人的隐私为智，虽无大害，亦无好处。好事者专门丑化人，自己的事尽量少叫人知，就少被人丑化，这就是人生。

以下为相敌，做事时要好好瞧对手。

近而静者，恃其险也；远而挑战者，欲人之进也。其所居易者，利也。

【批】相其军形之法。

【注】静，安守也。挑战，谓以轻骑往来其间，求与战也。人，指我军而言，易，坦平之地。

【解】王皙曰：恃险而不恐，故虽与对垒，可久持不战。

"近而静者，恃其险"，对方特别冷静，绝对是有备而来，必注意。人越是谦卑，实际上是准备周全，想进攻你。

"其所居易者，利也"，对方居于有利之处。

末世人情特别薄，了解愈多愈有戆容，愈知自己明白不多。

如对事没有想法，就没有作法。考虑不周，怎能有行力？心有所思，必现之于表情。知己知彼，则百战不殆。

交友必要谨慎，"先择而后交"，慎交。《论语·季氏》曰："益者三友，损者三友。友直，友谅，友多闻，益矣。友便辟，友善柔，友便佞，损矣。"

人与人之间如果没有感情，就要少接触，否则是非就多。

众树动者，来也，众草多障者，疑也。

【批】相其草木之法。

【注】树，植木。动，摇撼也。草，卉属。障，遮蔽也。众，举目皆然之谓。

【解】杜牧曰：多作障蔽，使疑有伏焉。

"众树动"，因为要开山辟路。

故布疑阵，设疑。设障疑敌，使敌人起疑，"能而示之不能"。

鸟起者，伏也；兽骇者，覆也。

【批】相其鸟兽之法。

【注】藏其形，曰伏。不意而至，曰覆，又曰：覆亦伏兵之称。

不意而至，有出其不意之事发生了。

【解】鸟之情性，翱翔自如，乃忽然惊起而高飞者，下有伏兵，以待我也。兽之行止，优游自适，至群相骇而奔走者，引军潜来，以覆我也。

藏形之兵，有伏兵。

唐李华《吊古战场文》云："鸟飞不下，兽铤亡群。亭长告予曰：此古战场也，尝覆三军。往往鬼哭，天阴则闻。"鸟不敢下飞，兽骇跃奔走，鬼哭神嚎。

尘高而锐者，车来也；卑而广者，徒来也；散而条达者，樵采也；少而往来者，营军也。

【批】相其尘埃之法。

【注】车重而行疾，仍须鱼贯，故尘埃高锐（尘土飘得很高）。步轻而众多，可以并进，故尘埃卑广（尘土低但覆盖广）。散，开衍也。条达者，纵横断续之貌，樵采之卒，皆各随其所向，尘埃疏亮，可以觇之。少，微细也。往来者，或往或来之谓。

此章警示人，要随时有警觉心，观察对方的动静。任何事都会有象可征，必要天天留心，仔细考察。

每天行军这些现象都有，做事时亦如是。平日要善于察言观色，进门看脸色，察言观色；出门看天气，观察气象。任何事情来都有象征，要留心，仔细考察。有些人心瞎，眼亦瞎。

做任何事，看对方的表情，就知对我们有利或无利。

再好的刀伤药，也不如不拉口。问题发生后，找几个安慰词来安慰自己，自我欺骗！一叶落而知秋，诊断世事。以经验诊世，任何事发生，皆非单纯，如掉以轻心，想收拾就来不及了。人生即斗智，智高一着，就走在前头。

辞（外交辞令）**卑而益备者**（暗中有特别的准备），**进也**（想暗中进攻人）；**辞强而进驱者，退也。**

【批】相其辞令之法。

【注】辞，谓辞命，或曰使命言辞也。卑，谦抑也。益备者，增其营栅之固。强，肆慢也。进驱者，阳为进战之势。

【解】杜佑曰：诡诈驰驱，示无所谓，实其欲退也。

"辞卑而益备者"，以谦为进。外交辞令卑，但兵不松弛，是缓兵之计。人对你戴高帽，必定要小心、注意。

"辞强而进驱"，叫阵。虚张声势，装腔作势，实际上是想以进为退。"空城计"只能用一次。

轻车（战车）**先出，居其侧**（敌营之旁）**者，陈**（阵，布阵）**也；**

无约而请和者，谋也；奔走而陈兵者，期也；半进半退者，诱也；仗而立者，饥（兵已饥饿）也；汲（打水）而先饮者，渴（饥渴）也；见利而不知进（进而取）者，劳也。

【批】相其士卒之法。

【注】轻车，战车也。其侧，谓敌营之旁。约，期会也。请和，谓讲解之好。谋，犹诈也。期，期日也，定期日以出战也。诱，诳诱也，伪为乱以诳我也。仗，倚也，又曰兵仗，盖矛戟之属。引水于井，曰汲。劳，疲倦也。

【解】杜牧曰：汲水先饮，渴已甚矣。然观其一人，则三军可知。

布阵了！做任事，单枪匹马不行，都得摆一阵势。

判断对方，要随时用智慧。

"无约而请和者，谋也"，有其计谋，无约而和，日本奸诈在此，我们吃其亏。

第二次世界大战后，处理日本问题的共识先后有《开罗宣言》与《波茨坦公告》。1945 年 7 月 26 日，在波茨坦会议中，中、美、英三国联合发表一份公告，声明履行《开罗宣言》及有关日本投降之处理方式的决议；8 月 8 日苏联对日宣战后，公告中添补了苏联。1951 年 9 月 8 日，包括日本在内的四十八国代表在美国旧金山签订了《旧金山和约》，但没有中国代表参与，美日又擅自在"台湾归属"上故意采具争议性的模糊表述，此皆违反《开罗宣言》与《波茨坦公告》之决议。而且苏联并未签署或同意《旧金山和约》，无法产生合法的权利和义务。日本投降文书中的承诺，并没有因《旧金山和约》而被废除。

看环境。看一环境，即了解环境所发生的事。看一人行动，亦然。

饱的叫他饥，就得死亡。没饭吃，都得投降。人生"饥渴"两字要用得准，则能战一切。做事，真冷静看一切，可少吃多少亏。

懂得什么叫人生？你们应好自为之，什么都靠不住，逃难时，会骑马没马，会开车没车，从河沟跑。你们根本不懂变局一来，天下成什么样子！中国这百余年，变局太多。我讲兵法，在教你们认识变局。变局一来，什么都没有了。人要多练达，自己所有的才靠得住。

"见利而不知进者，劳也"，疲惫不堪，此为下手之机。

以此诊世，判断对方，诊透一切。人生经验很重要。智慧是培养出来的，"舜其大智也与，舜好问而好察迩言"（《中庸》），舜之大智，无一不取之于人。

今人净说自己漂亮的事，丢脸的不说。旧时代不以贫为耻，做苦事、正事的职业不丢脸，下贱才丢脸，此观念维系很重要，家庙供祖宗发迹的东西。

"圣人不能生时，时至而不失之"（《文子·上礼》："二夫圣人非能生时，时至而不失也"），要把握机会，不做马后课。真想有成就时，必时时留心行情、时局的转变，要善用脑子。

鸟集者，虚（兵空了）**也；夜呼者，恐**（恐敌）**也。**

【批】相其营垒之法。

【注】集，谓栖止于幕。虚，壁空也。呼，叹息之声。恐，心怖也。

【解】李筌曰：士怯将懦，故惊恐相呼。

夜里打哨，壮胆！

"色斯举（惊飞貌）矣，翔（回翔审视）而后集（栖）"，鸟欲栖息时先回翔审视，审于进；"子路共（拱，作揖）之，三嗅（张翅）而作（飞）"（《论语·乡党》），鸟一见有危，即速飞，勇于退。知时，识进退，人可以不如鸟乎？

军扰者，将不重也；旌旗动者（不整齐），**乱也；吏怒者，倦也。**

【批】相其军政之法。

【注】将不重，无威之可畏也。乱，其部伍相紊也。吏，谓偏裨以下之将。怒，有叱声恶色也。倦，士卒疲困也。

将不自重，就没有威仪，"君子不重则不威"（《论语·学而》）。将若不受兵的重视，士卒就不按规矩行事。

到哪儿，人家不重视你，得检讨自己。

【解】旌旗辄动，无纪律也。

"旌旗动者，乱也"，无纪律，军心已乱。

"吏"，军中下面管事的小官。"怒"，久劳思怨；"倦"，倦怠也。久兵在外，久劳思怨，皆败象。

兵于正规时可以救民，但不正规时就会扰民。

没有小牺牲，必有大牺牲。遇事要冷静，人皆患得患失，则无不为矣。

知止很重要，"知止，而后有定、静、安、虑、得"（《大学》）。应静时就要静，宁静以致远。但人真要能放弃，很不容易！

杀马食肉者，军无粮也；悬瓿不返其舍（营舍）**者**（随便游荡），**穷**（穷途末路）**寇也。**

【批】相其储畜之法。

【注】马，战阵之资，杀而食之，以粮绝也。瓿（fǒu），军中爨（cuàn）器，悬之不炊，且不返舍，则困矣。

【解】王晳曰：悬瓿，不饮食也。不返舍，无回心也。皆以死决战者。

"诚于中，形于外"，遇事要善察。懂得故布疑阵，则外人猜不透。

谆谆翕翕，徐与人言者，失众也；数赏者，窘也；数罚者，困也；先暴而后畏其众者，不精之至也。

【批】相其将理之法。

【注】谆谆，言重复也；翕翕，语有声也。徐，缓也。失众，谓失其心。数，犹屡也。窘，穷迫也。困，倦怠也。事势穷迫，恐有叛志，故屡赏以劝之，希悦众以免难也。畏者，将心自悔之意，盖三军解体，又从而姑息之也。不精，谓不通将事。至，极也。

【解】宽猛相济，精于将事也。先行暴虐，后畏其众，则大非矣。

吃人嘴软，低声下气，众人对他没有信心。

施子美：赏罚，所以示劝惩也。一赏不当，则不足以使人慕；一罚不中，则不足以使人畏。

"数赏者，窘也；数罚者，困也"，为了维系人心，不得其赏而赏之，困兽之斗。

但赏多就不值钱！家事、国事、天下事，均如此。

"先暴而后畏其众"，船至江心补漏洞。开始凶，后来反说好话。

"不精之至也"，精，至高之境。

防未然，必有"机先之智"，随时随地，谨慎小心。许多人用威镇不住，群众运动即常如此。先暴而后畏其众者，不精之至也。事后补救，于事无补！既有今日，何必当初！对事处理不精，乃无确定的把握，根本不懂得怎么当领袖。

办事，公私必分明。对部下溺爱，什么也办不到，最后就无可用之人。以私情相系，必垮！做事，一就一，二就二。吃饭、喝酒成亲兄弟，再做事岂不马虎？得懂人和人的关系是什么，永远保持这种关系。此乃精于情，非不通情，精之至也。分就是分，寸就是寸，守分寸。永保持那个关系，多久都有用。

"情投意合，守道遵德"，以此八字与众相得。找同志，相处之道，太微乎其微了，有几人能用得上？

做领袖得与众相得，非入圣庙，为达目的必"无所不用其极"。遵德，但非伪道学，"二人同心，其利断金"（《易经·系辞上传》）。懂得遵德，才不会起摩擦。尊重每个人的行为，要善用心之机。

来委谢者，欲休息（想暂时休兵）**也。兵怒**（有怒势）**而相迎，久而不合，又不相去，必谨察之。**

【批】相其军情之法。

【注】委，委曲也，或曰：益子弟为质也。谢，谢罪也。久不合、不去，欲俟我兵先动，然后出奇以制我也。必谨察者，戒勿妄动之意。

彭氏曰：孙子言相敌之法，不为不详矣，然亦岂可尽执耶？

【解】吴子言将所慎者五，"慎"字与此篇"谨"字同。

"来委谢者"，委质为臣、谢罪；"欲休息"，想暂时休兵。多半为缓兵之计。别人委曲求全，可能是施缓兵之计，不要戏台想媳妇，一厢情愿，尽往好处想。

要命令你，得有根据。《辕门斩子》，大的诈，等说情的人来，送个大人情。老婆子比儿子精。兵以诈立，兵不厌诈！

京剧《辕门斩子》：宋帅杨延昭败于穆桂英，愤怒而归。其子宗保临阵招亲，决按军法斩之。孟良、焦赞、佘太君、八贤王求情不准。"准媳妇"穆桂英来献降龙木，并保证大破天门阵，佘太君力保，杨延昭始赦宗保。

都是公式，以此衡量一切。好好吸收精华，悟通了，每字都是经验之金科玉律。

其中必有谋，另有文章。或是有备而待隙，想一举成擒。

兵（兵事）**非贵益多也，惟无武进，足以并力，料敌取人而**

已。夫惟无虑，而易敌者，必擒于人。

【批】兵藉武勇以制胜，然不可恃武勇而轻敌。惟老成持重者，可以取胜于人，亦行军之一道也。

【注】益多，犹言增兵也。武进者，轻敌尝试之谓。并，合也。料，度也。取人，取胜于人也。虑，计谋也。易，轻忽也。

通义曰：料敌，即知敌之可击，并力，即知吾之可以击。夫如是，自有以胜人矣，兵岂以益多为贵哉？

【解】无武进者，即孔圣"临事而惧，好谋而成"之旨。

施子美：兵在奇变，不在众寡。

兵不在多，而贵精。不武断进兵，轻敌而进。

施子美：善用兵者，伐人以谋，不以力，故不勇于进。

在事之先，能将敌人料想好，用谋取胜对方。

绝对不可以轻敌，凡事不可掉以轻心，刚愎自用。

"无虑"，不详虑，就无计谋；"易敌"，轻视敌人，因为没有重视有敌人的存在。"必擒于人"，终必见擒于人。

"仁者安仁"，真知，造次必于是，颠沛必于是，"其心三月不违仁"；"智者利仁"（《论语·里仁》），不真知，所做事有利于仁，但"日月至焉而已矣"（《论语·雍也》）。贵乎有真知，不要人云亦云。

老成持重，老谋深算，做事必从头到尾想清楚，再设几个假设，好、坏都想清楚了，绝不轻举妄动。我凡事细心，经过的事绝对都用脑子排练过。

必安分守己做事。社会陷害人的，无不以名利诱之。兵法就是料敌，目的是取人。贵精，绝不鲁莽行事，对敌人必清楚。知敌之后能料敌，办任何事绝不可掉以轻心。

教育有利也有弊，教出不好思考的年轻人则造成无知、轻敌。轻敌由于自傲，人必自毁而后人毁之，是你给人可乘之机。轻敌，什么都挂零，无不失败。

家有书香气，家庭教育才像样。"子孙虽愚，经书不可不读"，"礼乐传家久，诗书继世长"。经书是思想，养成做灵魂人物。

坐着琢磨，如摆棋谱，才能与人交锋。好好养勇，不是做事就必得死。培养勇，北宫黝之养勇，"不肤挠，不目逃"。读书人应"养浩然之气"，孟子曰："我知言，我善养吾浩然之气。""其为气也，至大至刚，以直养而无害，则塞于天地之间。其为气也，配义与道；无是，馁也。是集义所生者，非义袭而取之也。行有不慊于心，则馁矣。"（《孟子·公孙丑上》）

卒（敌兵）**未亲附**（投降）**而罚之**（受罚），**则不服**（内心不服），**不服则难用也；卒已亲附，而罚不行，则不可用也。**

【批】治兵当恩威并济，先后得宜，而后众为我用，亦行军之一道也。

【注】服，犹伏也。

【解】至驾驭士卒，其恩威之用，先后之宜，尤不可不讲也。

施子美：爱与畏，虽不可偏废，而用之则有先后焉。

内心不服，无向心力；尚有二心，难叫他为你效力。

赏罚必明，绝不可以宠部下，要恰到好处。

行赏，领导人必有肚量，多准备些。开始小心眼，不公平，赏罚不明，必定坏事，无法赢取向心力。

故令之以文，齐（齐—）**之以武，是谓必取**（胜）。

【注】令，所以导之也，盖亲附之谓。齐，所以饬之也，即罚之之谓。

【解】徐胤升曰：令，有温和之象。齐，有整肃之义。

"令之以文"，文，文德。为将必修文德，"远人不服，则修文德以来之"（《论语·季氏》），以文德领导，不可以空口说白话。中国重视儒将。

【解】"令之以文，齐之以武"二句，勿平讲。

"莫不有文武之道"，文武之道并用。

先以软的，等亲附了，一喊立正，都立正了；如有不立正者，齐之以武。以文领导，以武行事，违令者斩。文武并用，恩威兼施。

令素（平日）**行以教其民，则民服；令不素行以教其民，则民不服。令素行者，与众相得也。**

【注】素行者，民心固结，而相信之深也。民服者，施以刑罚而不怨毒之也。士以诚使民，民以诚事上，是谓相得。

指南曰：行军之法，虽不过处军、相敌两大端，然御下又实有其道焉。

此篇言行军之道，在于察地形，识敌情与服士卒而已。

施子美：令素行者，以此教民，则民必服；不素行者，虽教不从。

行军第九

其所以为素行者，以琅人习其教，而以心相得也。

命令平常就能实行，绝无特权；"民心固结，相信之深"，用以教百姓，使百姓对你有信心。如应示威而不示威，他绝对不会感激，以你有德，他反而会轻视你。

光知爱，不能令，不行。光有令，也不行，心悦才能诚服，"中心悦而诚服"。

【解】孙子言行军，而推及治兵在加意于平日者，盖行军之根柢也。

"以诚使民，以诚事上"，情投意合，相得之本，用人亦如是。

兵绝大多数不是知识分子，而且不是乖顺人。文人带兵，十之八九失败，因为想太多，摆架子，领导无方则成乌合之众；大老粗以义合，领兵则成功。

无论家庭与个人，必言出法随，恩威并施，连对亲儿子都必须如此。儿女必经严格训练，教之以道，否则将来不成才。传统教育贵乎有贤子孙，只有自己好是不足的。一代有成就，没有多大作用，所以要有贤子孙。

父母本身必须有修养，要注意平常的行为，"言教不如身教"，此为永远颠扑不破的真理。

《论语·子路》云："其身正，不令而行；其身不正，虽令不从。"又云："苟正其身矣，于从政乎何有？不能正其身，如正人何？"

了解思想了，才知守分与寸。孙子与爷爷亲，没有一个孙子怕爷爷的。以前合膳，孙子坐着吃，儿、媳站着吃。温酒，一餐至少一个时辰。祖孙可以同席，父子不可以同席，一定的法则。父子间得有所守，才可以发挥作用。东方人大都守中国文化，日本人生活不完全中国化。

最好没有战争，才不必养兵，但不可能！

做事，不能尽靠猛劲干。用人，必双方心心相印了，才能谈重要事。

"世有伯乐，然后有千里马"（韩愈《马说》），人才是有的，但也得有识才者。没有伯乐的才能，必用经验印证："若有所用，必有所试；如有所试，必有所悟。"要用他做什么，必用什么试一试他。必须换一换，才能遇上人才。试完了，再把机要事托他，绝不可以感情用事，必要冷静。"君子之交淡如水，小人之交甘若醴。"

官僚世家，什么也不能做，只能说说罢了。全斗焕，牺牲别人，造就自己。

1979 年 12 月 12 日，韩国保安司令官全斗焕少将发动"双十二政变"，逮捕陆军参谋总长郑升和上将，全面掌握军政大权于一身；次年 5 月中旬，宣布全国戒严，并派出部队镇压爆发的光州民主化运动，并把异议人士金大中、金泳三等拘捕入狱及驱逐出境。1980 年崔圭夏总统被迫下台，全斗焕成为韩国总统，展开其近八年的独裁统治，史称"第五共和国"。在第五共和国期间，全斗焕政府一共改组了二十二次内阁，内阁阁员平均任期为八个月。

人要了解处身之道，就少有敌人。卖棺材的相死人，处世一定要特别小心，碰到阴险的，你连门都想不到。

行军第九

人皆应"素其位而行"，男女都一样，许多人皆因惹火上身，咎由自取。一个人必须有丰富的知识才行。无能，则事事处于被动，发挥不了作用。实力最为重要。

读书不要泛，要专一，要有层次地读书。以前人五岁启蒙，到十五六岁了，文章就有个格。你不进步，别人在进步。

马无夜草不肥，人做事也必有凭借，要因山以为高。凭借，运用在自己智慧，认识了也必培养之。出门在外，如谁都看不起，一切都得平地起，劳累一辈子能有成？要注意：有些人虽本身无用，但"成事不足，败事有余"。

"青年才俊"全国都可以用？老年人的想法不同，有时可能坑了你！不是别人没用，而是你自己没用！社会就是如此！平日就须培养感情，做人要有礼貌。现用不行，人家不喜拉关系，必放长线以钓大鱼。他如果是山，你必以他往上爬。千万不可以骄傲，多一分骄傲，就多一分失败。

遇事，不要以硬碰硬，要讲真理，要注意实际的事。人必有点计谋才行。对方就是"非"，你也没办法使他"不非"，又何必自找麻烦？只要到你用事时，你自己能"正"就好。

受人欺负，必要"忍"，做窝囊废没关系，他们走了就笑笑。玩味之，心中有《孙子》做主宰。

无论做什么事，必要学到绝招，对方有比不上你的，你就站得住，才能吃最高的饭。如果你和别人没有两样，无超人之术，人家必找小舅子。读书亦如此，要比别人好，这是你吃饭的本钱，必要学到一境界，此完全在乎自己。做任何事必要有独到之处才行。不要怨天尤人，应勉励自己。

地形，泛指整个大环境，即客观环境。

势，有自然之势，有人为所造之势。造势，必要有智慧。谁能造势，谁就捷足先登。

台湾卖槟榔也造势，以穿着暴露的年轻"槟榔西施"作棋子，风俗败坏至此，如何挽回？宗教讲利害焉有力量？就以"利"和"禄"为重心。如捐一百万就当荣誉董事，会美中不足！"荣"岂是能用钱买得？那"荣"的背后不知隐藏多少罪恶？荣，应该是美善，必须是自己的，要终身能有才是真荣。老鸨居然捐钱当选模范母亲，此一流弊太可怕了！将来如何挽回？现在的情形，是每个知识分子的责任。

看大学知识分子中藏有多少不可告人的事，已不知"廉耻"是为何物了，这是人的社会？何以社会堕落至此？如果你认为女儿不可去参加"轰趴""性派对"，那就是真不可。如你认为女儿不可以，自己又怎么可以去捡便宜？这就是良知，要以此衡量一切。

立身行道，人必以立身为本，要守身如玉，这是你的价值。男女都要守节，罗振玉有"贞松堂"。想做事，人必衡量你的人格、作为，男女都一样。多少有成就的人，没有一个不是有人格，是像"人"的人。不能取信于人则失败，必须修点德。

人都自私，女人尤其必须注意，生理上使然！女人必须像女人的样子。试婚、婚外情、一夜情？可别听他说什么，一旦日后他心里存有阴影，必会一辈子瞧不起你。不要天真听谁说，自己身上可一点也不能放松。人一旦粗心大意，贪小便宜，往往就会吃大亏。

社会上何以成功的人特别少，因为"足以为法"的太少了，而"为戒"的则太多。哪个年轻人不吹牛，不做梦？可是人生不如意事十常八九，一失足则成千古恨！所以，必要先立身，才能谈其他。

前篇言山、水、泽、陆，盖行军在途，所经所处之地耳。此篇言广狭阴险易，乃军次于此，安营布阵之所也。用兵不知地形，虽以智勇之将，战守必至失利。故率师越境，在审地形而立胜，故次行军。

不论走到哪儿必先察看四周环境，才知要如何妥善安排自己。

言军次之地，有通、挂、支、隘、险、远之六形，而因及用兵之弊，有走、弛、陷、崩、乱、北之六败，盖以明地形为兵之助，而六事在所当修也。

六形，六种环境；六败，环境影响成败。
智不危身，故要处身相敌，因为防人之心不可无。

以地形含兵情，故始分两段，中以"地形者，兵之助"句顿合，而归重"将知胜道"，诚知兵之要者。

哪有那么多好处等你来？敌人都不来，画画还可以。
文人论兵，纸上谈兵，只能做参考。曹操亲身带过兵，其《孙子注》为人重视在此。
自古武人读书少，虽领兵经验多，但不能笔之于书。白崇禧（1893—1966）战争经验多，人亦聪明，但守不足。张群（1889—1990）、何应钦（1890—1987）亦经验多。

篇末复引"四知"之说以结之，见兵之为事，不越乎"三才"之理，惟视夫将之识察为何如耳！

三才，天时、地利、人和，必恰到好处，时过境迁则必败。
京剧《失空斩》：马谡"言大而夸"，实不能领兵，但孔明念旧情用马谡，乃"失街亭"，不得已使"空城计"，最后挥泪"斩马谡"。必多少有点冷酷才能为政，进而领兵，绝不可以背感情包袱。言大而夸的人多半没有用，不听军令而好自用，此乃愚者，愚者往往好自用，贱者则易自专，喜把持权命。

中国以前重视世家子，因其有家教，自小见多识广，处世乃稳。牧猪奴之子，一点人生经验都没有，不大能成事。

西汉丞相公孙弘（前200—前121），少时家贫，在渤海海边放猪。直到四十多岁，用刀削竹青抄写《春秋》诵读学习；年六十，以贤良被征召入京为博士。后出使匈奴，归后向武帝报告情况，不合武帝心意；武帝认为公孙弘无能，弘借病免官归家。元光五年，武帝征召文学，菑川国又推荐公孙弘。武帝策诏诸位儒生。公孙弘对策被排在最后，送到武帝手上，被擢为第一，奉召入见，武帝见其相貌姝丽，封为博士，待诏金马门。公孙弘回答说："愚臣浅薄，安敢比材于周公！虽然，愚心晓然见治道之可以然也。去虎豹马牛，禽兽之不可制者也，及其教驯服习之，至可牵持驾服，唯人之从。臣闻揉曲术者不累日，销金石者不累月，夫人之于利害好恶，岂比禽兽木石之类哉？期年而变，臣弘尚窃迟之。"武帝讶其言。朝中议事时，弘先陈述开头，使武帝自行决断，不肯力争。武帝察觉其行事谨慎敦厚，善于辩论，又熟习文法吏事与儒术，甚喜，一年后迁为左内史；其后任为丞相，封平津侯。弘外宽内深，与他有仇隙者，台面上与人和善，但私下报复，杀主父偃，黜董仲舒，皆出自其策。

你们必多读过去的东西，自己在精神、心灵上也能成为世家子。不学，无术；学，就有术。

北宋司马光（1019—1086）反对王安石（1021—1086）变法，沦为意气之争；他作《资治通鉴》，是为皇帝写的，作为乱世之资鉴。

虽然他的本意在维护当权者、既得利益者，但可以自其中学得为政之道。书要知道怎么读，怎么从书中得智慧。

《资治通鉴》是司马光所主编的一本长篇编年体史书，立意在作为帝王统治借鉴，共二百九十四卷，三百万字，耗时十九年。自周威烈王二十三年写起，一直到五代后周世宗显德六年征淮南，计跨十六个朝代，共一千三百六十二年。由于《资治通鉴》着重政治军事方面，后世有称之为"帝王之书"，后人多以之作为谋略研究。

《战国策》也要看，不必严肃地读，而是轻轻松松地看，反而易于有得，当作故事书看，有空就看几则。

要懂得怎么读书，自书中求得智慧。不要当人走狗，助人为恶。就外边助人为恶者最坏，是最要防的，但是防不胜防。外面环境更不知谁是助人为恶者，吃亏后才知。

"读有用书，养浩然气"，才能不助人为恶。没有能力叫别人好，但不要助人为恶。民主时代治事也得用术，但不要做个人或集团的走狗，应为公众利益而奋斗。也不必要做圣人，就为己志奋斗，不要背感情的包袱。

孙子曰：地形有通者、有挂者、有支者、有隘者、有险者、有远者。

【批】举六地之形。

【注】通，谓平原广野，四无要害也。挂，谓后高而低，如悬物

然也。支，谓倾侧难行，两相抵敌也。隘，谓两山之间，平谷狭窄也。险，谓涧壑坑坎，上下艰难也。远，谓两军对垒，相去甚遥也。

【解】大凡用兵，安营布阵，在于度地为先。此六者皆地之形也，然各有制宜之法，勿容紊焉。

施子美：地有异形，兵有异机，一险一易，地之形也，因地制宜，兵之机也。

做事应先立本，先开拓，非求成功，而是要探路子。

社会上难免会遇到不愉快的事，亦不出此六形。任何团体，有走者、弛者、陷者、崩者、乱者、北者六者之象，此乃领导无方。

我可以往，彼可以来，曰通。通形者，先居（守住）**高阳**（高而向阳之处，前边很宽），**利粮道**（有特殊环境，利军需），**以战则利。**

【批】地之通形。

【注】先，犹夺也。高阳，隆高向阳之处。利粮道者，谓于津要之间，筑甬道以护之，令无阻截也。

地之通形，我可以往，彼可以来。"先居高阳，利粮道，以战则利"，此乃理论而已！

做事业必先利粮道，有自养之方则源源不绝。

做学问，有安身处，利粮道，必好好做学问。预备好必用的东西，则粮票源源不绝。

可以往（有去路），**难以返**（无回路），**曰挂。挂形者，敌无备，**

出而胜之；敌若有备，出而不胜，难以返，不利。

【批】地之挂形。

【注】出而胜者，乘易往之势也。难以返者，恐敌邀我于路也。

地之挂形，有去路，无回路。

净往好处想，天真！光知往前跑，孤注一掷，不知留后路，忽略失败后的结果，无法善后，只好挂了！

做事必须预留后路，先想坏处，有自存之路了再去干。要做最坏的打算，能承担就做。

我出而不利，彼出而不利（棋逢对手），**曰支**（支离破碎）。**支形者，敌虽利我，我无**（勿）**出也；引而去之**（声东击西，用术示诈），**令敌半出而击之**（敌人走了一半才去打），**利。**

【批】地之支形。

【注】利者，设为便利诱我也。击敌半出，则已出者，不得未出之救；而未出者，多被蹂躏之患，败之必矣。

地之支形，我出不利，彼出亦不利。

声东击西，用术示诈，引而出之，乘其半出而击之。

必知道对方也读《孙子》，你懂术，敌人亦懂术。棋逢对手，要使人中计，必要有高着。

任何东西必要有超人之处，若都与人一样，那就难以取胜了！

隘（左右高山中有狭谷）**形者，我先居之，必盈**（满）**之**（于入口处必有重兵把守）**以待敌；若敌先居之，盈**（准备完整）**而勿从，不盈**（准备不完整）**而从之。**

【批】地之隘形。

【注】兵在隘中，其势聚合，可散而抟战；在隘外，其势涣漫，难敛而交斗。故从不从，于此分焉。

地之隘形，左右高山，中狭谷地。

不可以轻敌。有足够的兵力，于山谷入口处扎营，守得完整无缺；如对方有万全的准备，则不可轻易作战。

有智慧，一定要用在生活上，要过智慧的生活。

人贵乎有志，在患难环境中能增长许多用事的智慧。挨过饿，受过苦，一个时代给一个人的影响很大。不世之雄，都是从困难环境中过来的。

险形者，我先居之，必居高阳以待敌；若敌先居之，引而去之，勿从也。

【批】地之险形。

【注】居高阳者，欲致人也。敌先我后，岂可从？

地之险形，坑坎不平，难以驰突，尤不可致于人。

"引"与"诱"，两个动作。对方也读兵法，想引对方走，必要有超人之智。高估别人，低估自己，才有必胜把握。棋逢对手，必有一两着是高着才行。

把私心丢掉，才接近真理，才像个人。做人先从"不自私"入手。自私，连狗都知道，是动物的行为。人之所以为"灵"，因为知道利他，仁也；亦即知道自己之外，还有别人，"仁，二人偶也"。郑玄《礼记》注："仁，相人偶也。"可见仁有二人之意。

无论怎么交朋友，必有要分寸。每个人有每个人的责任，朋友之间必责善，"责善，朋友之道也。"但是"父子责善，贼恩之大者"（《孟子·离娄下》），"父子之间不责善，责善则离，离则不祥莫大焉"（《孟子·离娄上》），所以要"易子而教"。

远形者：势均，难以挑战，战而不利。

【批】地之远形。

【注】均，相等也。挑战者，引致敌人使来与战也。

焦六霜曰：此就强弱众寡相若者言之耳。

地之远形，两军对垒，距离尚远，迎敌者劳，致敌者佚。

人每天都有对手，与自己相较量者皆为敌。势均力敌时，绝不可打硬仗，而贵乎能造势。如果没有必胜的把握，绝对不可以冒险轻进。

凡此六者，地之道（自然之势）**也，将之至任**（极重之事），**不可不察也。**

【批】为将者，务察六地之形而善用之，则得其道，无所往而不利也。

【注】察，谓即此六地之形，而变通之。不可不察者，甚言之以

示警也。

【解】凡此六者，皆因地形而制胜之道也。

彭氏曰：六者之道，胜负攸关，自是将之至任。

施子美：苟能察之，则因形用权，可以制胜矣。

将的任事之道，人事与地形（环境）相配，乃将领最高的警惕，最高的任事之道。

六种地形，六种环境。做事都有环境。做任何事绝对不可以主观，是主观的都叫"迷"。

料事如神，百发百中；料事不对，往往忽略自己，以为是客观环境造成的。

故兵有走者（夫势均，以一击十曰走）**、有弛者、有陷**（全军覆灭）**者、有崩**（崩溃）**者、有乱**（纷淆）**者、有北**（败北）**者，凡此六种，非天地**（自然）**之灾，将之过**（过错）**也。**

【批】兵有六败之形，其咎在于人事，未可徒恃乎地，以为胜也。

【注】走，逃散也。弛，废坏也。陷，灭没也。崩，倒置也。乱，纷淆也。北，奔溃也。孙子言将之过者，以兵之六败之征，其咎在于人事，而不关乎地形也。

指南曰：盖以明为将者不可不知地形之为助，尤不可不知治兵之为重也。

此六败，乃是人为之过。自然灾害等无可避免，最怕的是人为的错误，乃智慧不足，计划不周所致。

观察一个团体，可以知其成败，哪类人出哪类的差错。

成败往往就在微妙的刹那间。战争中间有许多微妙处，非文章所能言出。一仗打下来，就可以懂得《孙子》很多。得一次教训，会用一次。人要是没有失败，也就不会有成功。

若光纸上谈兵，一点用处都没用。以前致仕（当官退休）讲学，因为累积了许多的经验。今天不行，尽讲《比较政府》，是比较成就？

夫势均，以一击十，曰走；卒强吏弱，曰弛。吏（文职）**强卒弱，曰陷**（全军覆没）。

【批】六败之由

【注】吏，偏裨以下之长也。

无能！领导官以下领导无方，易造成全军覆没。

卒与将不生直接关系，而卒与吏则有直接的关系，吏领导卒。

初中教育如有"放牛班"，负责教育的官员要负大责。老师弱则学生废，初中生问题乃多。

大吏（小将，如政工干部）**怒而不服**（总司令），**遇敌怼而自战，将不知其能，曰崩**（分崩离析）。

【注】不服者，不受节制也。自战者，不由指麾也。

武断进兵！猛张飞般，犯杀气重、轻于战的毛病。军中必有统一命令。

将弱不严，教道不明，吏卒无常（常职），陈兵纵横，曰乱。

无常必乱！吏卒平日无常，必失败。吏卒平日必有常，小部下亦如此。

李莲英有"倾国之智"，人长得丑，但懂得老佛爷的心事，西太后惜发如命，非李梳头不可。人必有特殊智慧才可。

家中做事，给你帮忙的，必无你的智慧，要看人任事。

无论在家庭，小孩能动就必叫他做能做的事，否则到成人就一事无成。"惯子如杀子"，环境一改变就完全不能生存。人绝对不能松散，从小经过严格训练，就习以为常，也不以为苦。

必天天奋发向上，天天闲时多，成就不大。人必要有精气神，此为人之三宝。智慧如不高，永远做一件事，有了经验，日久天长，也就高人一等，因为熟就能生巧。

将不能料敌，以少合众，以弱击强，兵无选锋（核心干部），曰北（败北）。

【注】选锋，以骁勇出群者充之，别为一卒，以备缓急之用。

养兵千日，用之一时，应使"能者在职"。

亲信干部，选精锐者为之。要自微处看人，精锐可以一当百，必要时，叫他冲锋陷阵，否则将高手置于常手中，亦显不出高手之能。

能知人善任，就可以高枕无忧。"贤者在位，能者在职"，天下就无弃人、无废才。成就事业，以培养接班人为第一要义。

凡此六者，败之道也，将之至任，不可不察也。

【批】兵之六败，皆暗将自致。为将者宜谨察之，以为制胜之本。

【注】陈皡曰：一曰不量众寡，二曰本乏刑德，三曰失于训练，四曰非理兴怒，五曰法令不行，六曰不择骁勇。上六者，皆自致覆败之道。为将者所当以此自惕，而勿徒委于地形之便利也。

六败必知。以此设想，自己处事时当如何，平时必把自己治理得井井有条。

人生如战场，每个人都想求必胜，但必看自己做的是否必胜。自料，先有自知之明；其次料人，要有知人之智，则可以"知己知彼，百战不殆"。

必重视微，小事不马虎，大事也不会马虎。成功人物无不自微小处入手，冷静才能清楚。考察一个人，就看其私生活是否有条不紊。许多人在一起，即可以看出哪个人聪明。

体情制礼，可以防乱。但徒法不足以自行，法令贵乎能够执行。

智者不怒，不可以气领事。智者不多言，言多必失，必要有守口如瓶的修养，"好狗不露齿"。要少年老成，"老要张狂少要稳"，处世要冷静理智。

夫地形者，兵（军事）**之助也。料敌制胜，计险厄远近，上将之道也。知此而用战者，必胜；不知此而用战者，必败。**

【批】地形特用兵之一端，用兵之道实不尽在于此。

【注】助，犹辅也。用兵所恃，虽不尽在地形，然亦将所当知。

既能逆料强弱虚实之情，而为制胜之要，又能计度险隘远近之形，而为制胜之资，斯本未兼通，乃为善耳。

【解】言战在计，不在地，地形只为兵之助耳。要能料度敌情，制为胜法，兼能计地里险阨远近之利害，以保其终，如此者上将之道也。

施子美：内尽其机，外得其利，战无不克。不知，则必败。

料敌，是制胜的第一步；其次，计地形之险阨远近，地形乃兵之辅助。

自然环境无法改变，只能加以利用，全属智慧的事。能旋乾转坤的多半这类人。

处事之道，"穷则变，变则通，通则久"；制权，权权，以应未预之变，不可以一成不变。

必要懂得善用心机。遇事、处事，靠第一感做事，危险！

故战道必胜，主曰无（不必）战，必战可也；战道不胜，主曰必战，无战可也。

【批】为上将者，所贵料敌制胜，而不曲从君命，斯为知胜之道。

【注】必战，恐失机也；无战，惧贻祸也：此二者，正上将之道。

施子美：一胜一负，常决之于临时之机。

将在外，君命有所不受。因国君在朝廷内，并不知实际情况。什么都有专学，表面了解只是口耳之学，绝不会有深刻的认识。

国家既设了那么多官，就应分层负责，使每一官都能负起应负的责任，发挥在位谋政的作用。政、事，乃见之于行者，故曰行政，行政官，是执行者。

自己立得住脚最重要。做任何事，要先想失败，精神能负荷了才去做，不要净是梦想。人贵乎有自知之明，绝不打没有把握的仗。

故进不求名，退不避罪，惟民是保，而利于主，国之宝也。.

【注】题炬曰：凡为将者，受寄于外，便宜在己，可战则战，不可战则不战。

【解】王晳曰：不求名、不避罪，皆忠于国事者。竭心殚力，不畏艰险，而保民利主之是务，又何名罪之足计耶？

施子美：一进一退，惟利之是视，则其心未始不在于君民也。

此段发人深省，是做人的道德，守住的原则：有权不拉帮，不弄权，乃国之大宝。知进退存亡而不失其正者，其唯圣人乎！

专家可以决定战与不战，但必要有原则，不可以师心用事。智与德，乃两回事，必智德兼修。糊涂，乃智慧不足，不是人品坏。

乾隆帝，英明之主，所修的《四库全书》绝无错字。升平世，也必须有方法消磨读书人的心志。

乾隆帝修《四库全书》，实寓治术于其中，是一种钳制思想手段。鲁迅说："乾隆朝的纂修《四库全书》，是许多人颂为一代之盛业的，但他们却不但捣乱了古书的格式，还修改了古人的文章；不但藏之内廷，还颁之文风较盛之处，使天下士子阅读，永不会觉得我们中国的作者里面，也曾经有过很有些骨气的人。"

师尊曾购置《四库全书》一套，并翻阅三遍，结论："没有可读之书，要读四库未收之书。"强调以"学校钦定之枉，道正率性之元"，作为整理中国学术原则，停售昔日帝王货，要另辟思想新天地，自"元"重新认识中国文化。

视卒如婴儿，故可与之赴深溪（谷，最险之地）；**视卒如爱子，故可与之俱死。爱而不能令**（命令），**厚**（亲厚）**而不能使，乱而不能治**（改正），**譬如骄子，不可用也。**

【批】上将之抚士卒，恩威兼济，甫能有成，不然则骄而不可用，又何以使战乎？

【注】视，看待也。婴儿，赤子之称，女曰婴，男曰儿，视卒如之，保护之至也。爱子，亲爱之子，视卒如之，亲厚之至也。骄，傲惰也。孙子言将之驭下，徒以恩遇而不知严以济之，必致桀骜难驯，亦犹父母之于傲惰之子，姑息太过，则狃恩恃爱，无所不至矣。

施子美：夫上之视下，犹子也。其待之者，则有异焉。

不约而亲，不令而信，则可与之赴汤蹈火。

"殉情容易守节难"，有了深情，才能守节；有了深情，才有深爱，始终如一。长在嘴上的爱，谈不到牺牲。

想做事，想人家对你好，就看你怎么对人家。"朋友之道先施之"（《中庸》："君子之道四……所求乎朋友先施之"），不虚求别人对你好。

"爱之，能勿劳乎"（《论语·宪问》），爱而能令，告诉他为所当为，天天开功课表，令他为所应为，使他劳心、劳力。教子亦如是。

"师出以律"，大执法，法必彻底执行。政治，当狠则狠，一切按政令行事，不可因人而异。

教子必有方，"人莫知其子之恶"(《大学》)。教子有一定的规矩，必使小孩自小明白钱来之不易，用之也不易，每月的花费有一定。教子必有方，使他不敢也不想做坏事。人多接触正经的人与事，人格可以与之融化，"居使然也"，"居移气，养移体，大哉居乎"(《孟子·尽心上》)！可见环境的重要，影响一个人将来是否成才。

小孩必要有人管、督促，做什么事才能到一个境界。如身旁无一管得严的，自己再有惰性，如何求进步？暴发户不懂得教子，把孩子害惨了。

暴发户，有钱就溺子，让小孩什么事都不能也不会做，当然发财没有两代了。以前家庭不易出坏孩子，因为家庭有一定的规矩，故有"祖孙宰相"。

苏州太仓有王锡爵故居，王锡爵曾孙王掞在清康熙年间亦官至大学士，人称"祖孙宰相""两世鼎甲"；王锡爵之孙王时敏、王时敏之孙王原祁是名闻海内外的娄东画派先驱"四王"中的代表人物。

刘墉，自其父刘统勋开始，刘氏一门相继出了"文正公"刘统勋、"文清公"刘墉和其侄"文恭公"刘镮之，一家祖孙三公二宰相，成为名至实归的书香门第、名门望族。

以前每人每月都有月费，花不够的，自己拉债，没有花的就存起来。贤妻良母特别重要，找对象要"贤贤易色"(《论语·学而》)，要重德不重貌，不能光找花瓶，否则以后家不像家，人不像人。

夫妇为人道之始，"君子之道，造端乎夫妇"。"贤贤易色"，贤贤，前为动词，敬重；后为名词，贤德。易，看轻；色，外在形色。亦即爱其贤德而轻其色貌。东汉班昭《女诫·妇行篇》提出"妇德、妇言、妇容、妇功四德"，以德为首。

一般人找对象都受欲的支使，最后吃亏，后悔来不及了！

对儿女要爱而能令，告之所当为、必做，不可以溺爱，反而害了儿女，不学，最后抓瞎。大家庭要避开厚爱，没有父亲的孩子一旦被厚爱，就被宠坏了；母亲必下手，使小孩懂道理才行。骄子现象，以今日为甚。小孩必叫他做事，治家如治军，要井井有条。知道不难，但去做难！

齐家治国，不能齐家就不能治国，以前的家多半有个样子。今天的父母乱宠小孩，小孩自小就没有学规矩，长大怎能不出问题？人皆"望子成龙"，希望儿子是龙，却教不出龙子，乃因不懂得教之道。"前三十年看父敬子，后三十年看子敬父"，怎能不好好教导儿子？

一世为三十年，也是一代。"前三十年看父敬子，后三十年看子敬父"：一、父亲前半生有成就，儿子也跟着受人尊敬；三十年后儿子有出息，老父也跟着受人敬重。二、儿子自小"看父敬子"；三十而立后，亦懂得"看子敬父"之道。《说文》云："父，矩也，家长率教者。"不以规矩不成能方圆，父母是子女最好的规和矩，一则言教一则身教，而身教重于言教。《孟子·离娄下》云："中也养不中，才也养不才，故人乐有贤父兄也。如中也弃不中，才也弃不才，则贤不肖之相去，其闲不能以寸。"家庭教育之重要，可见一斑。

女孩在家自小必教学做家事，习女红、烹饪等，出嫁才能担负家庭责任。昔女儿成长时，母亲就教授《女儿经》。

《女儿经》约撰于明代，以俗语、格言为主，押韵对仗，读之朗朗上口，是中国古代规范女子道德行为的教材。

中国人重视"胎教"，怀孕时不走横路、不出院、不织布，因其错综复杂，专纺线。

南北朝颜之推《颜氏家训·教子》说："圣王有胎教之法，怀子三月，出居别宫，目不邪视，耳不妄听，滋味，以礼节之。"《列女传·母仪·周室三母》指出："古者妇人妊子，寝不侧，坐不边，立不跸，不食邪味，割不正不食，席不正不坐，目不视于邪色，耳不听于淫声……如此，则生子形容端正，才德必过人矣。"

知书达理之家极重视胎教，怀孕时可以不做事，但不可以乱听戏，怕恶声入，影响腹中胎儿。这是重视规矩。今天小孩鬼灵精，乃胎教教太多了。

母教，在小孩一出生，就要使孩子循规蹈矩地往前走。小时家教严，没有直接接触复杂的环境，看不到不太好的事情，什么都有一定的限制，如更换东西有定时，养成好习惯，不到时候不糟蹋，则"少成若天性"，即使日后没有人看着、限制，也没有那个习惯，因为一个人小时养成的习惯不太会改变。

年轻人无守的，多半是家庭教育不太好。不要学时代的歪风，歪风很快就会过去了。

既生孩子了，就必须自己带，否则不如不生。一个人小时没有受教育，长大再被人教育很可怜！后天的环境很重要，习成若天性，习惯成自然。小时往往"近朱者赤，近墨者黑"（西晋傅玄《太子少傅箴》），应教育儿女使他们多接触好人，因为人很难再改变，所以父母应自小看之，不使他有种种的毛病，这是为人父母必负的责任。

少成若天性，到中年再教育一个人，就太晚了！真想救他，必使他从心理改变起，令他自觉——"知耻近乎勇""无耻之耻，无耻矣"（《孟子·尽心上》）。但是很难！"江山易改，禀性难移"（《醒世恒言》），日久天长了，依然故态复萌。

以前人四五岁启蒙，第一个字即教"孝"，小孩虽然不懂，但从小，心就不放任，教育必从小就重视。一个人如果连亲生父母、子女都不爱，岂能爱别人？根本没有人性！

今天女子读书愈多愈懒散，要注意！"金玉其外，败絮其中"（明代刘基《卖柑者言》），自己的生活如果不堪闻问，又谈何其他？自年轻起就应知行合一，否则将来如何教养小孩？看看这一代年轻人懒到什么程度！两人相偶，如果有一个真好，也就不会吵、闹。人都自以为比别人好，结果呢？

知吾卒之可以击，而不知敌之不可击（不知敌人比我们强），胜之半（胜负各占一半）也；知敌之可击，而不知吾卒之不可以击，胜之半也；知敌之可击，知吾卒之可以击，而不知地形之不可以战，胜之半也。

【批】上将既能料敌，又能计地，且得乎宽猛之宜，审乎天官之理，斯三才并用，而胜可操。

【注】胜之半，或胜或负，未可预定也。

知彼知己，知天知地。读书贵乎明理，但知所以用理为难。有人督促，学习才能到一境界。

不可以光站在自己的立场想事，而忽略了对方，"人莫知其子之恶，莫知其苗之硕"（《大学》）。一举手一投足必注意，要争之以道，不争之以盗。

两人"棋逢对手一般平"，取胜则必视客观环境。知道自己与对方的实力后，进而要了解自己的客观环境，如此做事怎么会到处碰壁？

如只知道读死书，而外边环境一无所知，焉能不到处碰壁？纵使你有自己的主观，能把天下事都变成如你所想的那样？人应自近处想。

故知兵者，动而不迷（惑乱），举而不穷（困弊）。故曰：知彼知己，胜乃不殆（危殆不安）。知地知天，胜乃可全（师出万全）。

【注】此篇专言地形，至末兼重天地，盖以见孤虚旺相之理，亦兵家所宜晓者。知地不知天，未可谓为全胜也。

【解】张预曰：不妄动，故动则不误；不轻举，故举则不困：盖识彼我之虚实，据地形之便利，而后战者。

人要是迷，遇事完全以自己作为出发点。迷而动，乃对事无真认识，也无详细的计划。

对事情认识不清楚，绝不可以妄动；要动时，绝不能有所疑惑。必要有最高的智慧，要做万全的准备。做事有万全的准备，后继有人，才能源源不绝。要做永久的打算。

能知彼敌之虚实，又能知我兵之强弱，战而即胜，不致危殆。

求人事之知，不可以自欺。知彼知己必真知，才能有万全的把握。

能知天时之顺逆，又能知地形之便利，战胜之功，可以全收。

求自然之知，善用心之机！

"全"，不但能全己，也能保全敌人。全敌为上，中国文化全胜而不损人，以智胜也。

人要坐不住，绝对不能做学问。以前当县长的，必是进士出身，科举名次愈前面的，做的官离京师愈近。地方官少有不懂事的。只要不犯法，按年绩晋级，可以成为一品官，人称"太平宰相"，"无灾无难到公卿"。

苏东坡《洗儿诗》："人皆养子望聪明，我被聪明误一生。惟愿孩儿愚且鲁，无灾无难到公卿。"

以前大凡入阁拜相的都必有一套。什么也不会、什么也不做，只想求好，怎么可能？

《孙子》要会背，储备之，日后可以用上。你们懂的也只是马路常识而已，人生的事知道不多，年纪尚轻。要脚踏实地，按年龄去求智慧，切身体悟事情。如稍微用点心，今天乃是千载难逢之机，天天学习，可以重视别人的事去体悟。依时事训练脑子，自看得的经验，到自己临事发生问题了，就知道要怎么处理，可以处理许多纰漏。许多事情的复杂，都有远因、近因，可以今事作为实习场所，有时历史倒演，就知道怎么处理。天下就怕有心人！沾事者迷，旁观者清。为政不在多方，在乎力行，多方就易生毛病。

年轻时应重视别人的经验，每天看报，按一个调调往下走，才能看出问题，不要乱看。"尽信书，则不如无书"（《孟子·尽心下》），国家庆升平，文人话多；战争一爆发，就抱头鼠窜了。

看熊十力的《原儒》，知道"儒"的本来面目，自此开中国文化的新境界。现应正视儒家到底是什么，知道何以要做知识分子，才知道自己的责任所在。

历代都有批评经书者。一个东西传下来不一定完整，有后人补上的，假的可能超过真的。不论真假，只要是中国人想的就值得重视，所以我称"夏学"，许多似是而非的言论不必重视。

熊十力在学术上跑第一棒，我们应接着跑，此端视个人的智慧。要正学，还中国学术的本来面目，一如正心而心正了。

见人家好，不可以嫉妒，要学人之所长，就可以省掉很多的麻烦。人家十年工夫，你一个月得到，何乐而不为？

任何事必要有外面力量作为辅佐。做事不在乎谁说对不对，要"进不求名，退不避罪，唯民是保"。人必为子孙谋，进退不为己，无私，都是为了保民，才是"国之宝"。

"仁以为己任，死而后已"（《论语·泰伯》），要怎么学，怎么做。

"奉元"两字岂是空的？欧元即是第一个"奉元"，出与美元争衡。

欧元，是自罗马帝国以来欧洲货币改革最为重大的结果。欧元不仅仅使欧洲单一市场得以完善，欧元区国家间自由贸易更加方便，而且更是欧盟一体化行程的重要组成部分。（参见《维基百科》）

老祖宗留下的智慧太高了！人贵乎有志，在患难环境中能增长许多用事的智慧。《论语》任何一章参透，都可以成事。经为常道，人人必行。如真想用上，必熟，熟才能生巧！

在台湾，没有一个学校没有我们同学教书。你们教书的责任更重，因为有志才去教书，要造就下一代必拿出良知，必明白是与非，要本着良知处事，使社会渐渐步入正途。读书贵乎明理，为明真理故必教学生明真理，不管别人高兴与否，知识分子永远是一般百姓的领导人。昔日"一入门墙，终身弟子"，如有四分之一同学能如此，则我愿足矣！知识分子必负起知识分子的责任，视自己之修养境界。"没有梧桐树，难招凤凰来"，做事总是要有盼望，每一期总有几个很好的学生。我别的不敢和孔子比，但学生数目一定超过他。

你们最低限度要不助人为恶，此乃操之在己。保存真理，保存于至微处。助人为恶者没有人格，我不理他，因为他没有人品。"季氏富于周公，而求也为之聚敛而附益之。子曰：'非吾徒也。小子鸣鼓而攻之，可也。'"（《论语·先进》）冉求，是助人为恶的祖师爷。"鸣鼓攻过"，是个礼法，叫人都知，使他脸红；不改过，则逐出师门。一个人的境界，没有力量改正天下为恶者，但是不可以助人为恶。乱鼓掌即是助人为恶，不发自良知的鼓掌，是最低的助人为恶。必要把持得住自己。"人要坏，四十开外"，四十以后有利之所在，就不听老师的话了，这时财富都有了，也有了社会经验，为了利，心就黑了。

人就怕有志，士尚志，一旦有志，觉都不能睡。精神一到，何事不成？就怕没有志！你们在这么好的环境中，丰衣足食，学的东西如不能超过古人，就很可惜！术业有专攻，人必须先对得起自己，才能对得起别人，"己立立人，己达达人"，本立而道生。本身如果站不住，还能谈其他？人的惰性很可怕！必要脚踏实地，鞭策自己上进。真自私，必得拼命造就自己，达到一个境界。到社会了，不团也得社，需要学问时就来不及了！

恋爱有切身利益，爱国如同谈恋爱，切身之爱，切身之痛！今天中国从苦难来，必加倍努力，将来才能治理中国。

了解特殊民族才能当中国领袖。因为食不同，特性乃出。地大且特殊，有文字、有民族，有宗教、有土地，所有的要素都具备，不了解其民族特性，又怎么治理？"治大国，若烹小鲜"（《老子·第六十章》），治理中国不是一件容易的事，偶一不慎就不可收拾。

"为政以德"（《论语·为政》），不是以术，当政必得以德服人，才能使人真心诚服，如"七十子之服孔子也"（《孟子·公孙丑上》）。

中国未来有好的远景，如说二十一世纪是中国人的世纪，就必须负起责任，洞悉"中国"是什么，皆非儿戏话。近代你们看了不起的人物，都是败下阵来的，那成功的又是何等人物？不成功靠什么来救时代？应冷眼旁观，必了解近代史，知道其成败的原因，研究近代人物的成败，是一部活的《通鉴》。治国平天下是智慧产物，不是宗教，必须冷静。

人的经验很重要。我这半生，尽在浑水中摸鱼，教书是反串，什么事都做过。提醒你们，要你们努力，老一代必走，把持没有用。

"做大事业以培养接班人为第一要义"（曾国藩语），人人都是接班人。"人人皆可为尧舜"（《孟子·告子下》），"人人皆有士君子之行"（《春秋繁露·俞序》），则"见群龙无首，吉"（《易经·乾卦》）。

了解文化、民族精神所在，将古书当作智慧读，天天琢磨，当白话读，日久就能深入，有朝一日就能用上。

中国人于政治上有特殊的智慧，此套政治艺术绝非他国所能及，日本还可以了解，其他很难，因为在智慧、治世之道上距离太远。

好好接受古人的智慧，不要落空。拿不出办法失败了，就因为不学无术，中国近代这一段即失败于不学无术。

自1920年以后取消学校读经，知识分子是在审判中国书，不是在读中国书，造成近代中国思想之混乱，台湾的"中华文化复兴运动"，则是"挂羊头卖狗肉"。一切都会过去，到你们这一代必须平心静气地处理，你们得"学"才有"术"处理。

"学而时习之"，什么有用就学什么。你们这一代无书可读，应先读当务之急的书，可以多读子书，稍用脑就能明白。诸子皆有治国护民之志，极为明显，开门见山，有用就读。

《诗经》《尚书》《礼记》是了解经书的初步，慢慢看就明白。《大易》与《春秋》内有无量义。《荀子》为实用派集大成，《韩非子》则为法家之集大成者。

我的《四书》学了三四遍，跟不同老师学，每个老师所讲都不同，学派不同。我自年轻就养成习惯，没有休息，没有度假，天天忙。

今人很知足，不知自己不如人，以前的人不同，虚心向学。好好认识自己，不能就要学，不要自欺。必要广博地学习，多接触、多学习，如连今天的常识都不知，又如何处理事情？但不要乱看书，必要有系统地看书。学问必自己做，"师父领进门，修行在个人"。

　　《坛经》主张佛性本有、见性成佛，自在佛，观自在，你即佛。三念，非三称。三称是念佛号三次，跪拜三次；三念则是三念佛，念，念兹在兹，惦念，想念，念母。

　　你们读书，每字都要注意，一字都不许放过。每一字深入，马上惊醒，夜里焉睡得着？书贵乎自己读，抓住要点，不要求速，"上句不懂，不读下句"，真懂、真知才真有用，必得了悟。

　　我每天说时事，势也。大势之所趋，抓住势了，才可以乘势。现在要斗智，他们做事侵害到我们，怎能不反？势一过，就没了！

　　抓不住时，马上时过境迁。"圣人不能生时，时至而不失之"，结果成为"圣之时者"。

　　九地者，用兵之地，其势有九也。

要识势、乘时，不可失机、丢时，必知机，否则怎么知机来了？时来了，动得恰到好处即机，机关，机轴，关键之所在，"万物皆出于机，皆入于机"（《庄子·至乐篇》）。你们每天大而化之，错过时，完了！人必要有斗志，不要怕死。

佛，人弗，空的，不能做人的事。儒，人需，人之需也，需于人，因为不能一个人活。仁，人二，二人相偶，"仁，亲也"。"妻者，齐也"（《说文》），与夫齐，夫妻平等。

"作之君，作之师，为配上帝"（《孟子·梁惠王下》："《书》曰：'天降下民，作之君，作之师。惟曰其助上帝，宠之四方'"），作君、师，配上帝，难！是天人境界，天人合一，"大人者，与天地合其德"（《易经·乾卦·文言》）。

为什么要读书？教书岂是容易？不用心就把孩子教成死人了！每天为你们打气，懂得有责任了，连走路都得眼观四面，耳听八方。

中国是"天民"观。

"天民"一词散见于《礼记·王制》《庄子·庚桑楚》，以及《墨子·非攻下、非命下》，《孟子》的《万章》《尽心》诸篇章中。《孟子·尽心上》云："天民者，达可行于天下而后行之者也。"《墨子·非命下》云："禹之《总德》有之曰：'允不著，惟天民不而葆。既防凶心，天加之咎。不慎厥德，天命焉葆？'"可见古就有天民之说。

"大哉乾元，万物资始，乃统天"（《易经·乾卦·象传》），万物与天平等，人为天民，可与天地参矣，何等尊贵！"予，天民之先觉者"（《孟子·万章上》)，先觉觉后觉，只是有先觉、后觉之分，要以先觉觉后觉，此为责任之所在。天民，有天爵、天禄，"天爵自尊吾自贵"，"修其天爵，而人爵从之"（《孟子·告子上》)，做好事有好报；"四海困穷，天禄永终"（《论语·尧曰》)，缺德则天禄永终。

要特别埋智，人一有了正气就生威，精神一到何事不成！

儒讲治世，专讲人间世，佛光山亦称"人间佛教"。

高调谁不会唱，能这么做？我相信因果，怎么来，怎么丢！

刘拱辰曰：前篇言地形，盖安营布阵之所，以广狭险易言也。此篇言地势，乃征伐所至之处，以浅深轻重言也。形，其常也；势，其变也。凡先常而后变，故次地形。

人生就是战场，应用什么智慧取胜？不可以人云亦云，遇事必须要客观，要比别人先了解。反复想，找答案。

能齐家就能治国，能恋爱就能治国。说一句话要收效，必看对象，使他一听就明白。

王凤洲曰：此篇因地制宜，较量主客之术；决机谋变，深达人情之理，屡次交发，以两喻结之。

养识，必有智了，才能斗智。养勇，见义必为。养量，有容乃大，不能容绝对不能成事！

要实用，得适应所有的环境，说话必须看对象。

九地者，随师之所驻，合人之情，而名之者也。兵之所至，地有九等，法亦不同，大抵皆本于人情。善用兵者，驭之以术，发之以机，期其士卒皆有可用，而地势不足为害矣！

机，势也。跟着势走，乘势。走在别人前头，于他有障碍，他绝对骂你！

将相本无种，男儿当自强！以前批命，批一辈子，都是骗人的话！儒讲"求"，求学、求生、求婚、求仁，都是主动的，一切操之在己。

孙子曰：用兵之法，有散地、有轻地、有争地、有交地、有衢地、有重地、有圮地、有围地、有死地。

【批】九地之目。

【解】凡用兵实赖地势以胜，然地不一，势亦不□，不可不有以辨之。

施子美：天时不如地利，得地之利，而后可以决战。然地有利有不利，吾则因地而制变。

九地之目，地势有九，当因地制宜，不可一成不变。人生也有围地。先学做人为第一要义，"其身不正，虽令不从"（《论语·子路》）。读书的目的，在改变气质。

刚毕业，出社会找职业，不是看报应征，有事就去做，而是要重视工作环境。乱闯虽可练出胆力，得到工作经验，但不好则使意志薄弱者为之消沉。应做力所能及的事，人生贵乎奋斗，就在己能上奋斗。鸟刚会飞时，有往上冲的劲，遇有困境必斗。年轻人出社会望人家的高，往往将妄想当成志，但一奋斗就受到打击。又何必做妄想的事？必知己知彼，先问自己：我能做什么？

诸侯自战其地，为散地。

【批】散地之势。

【注】兵未出境，士卒近家，各怀内顾之心。

【解】尤尺威曰：自战于境上，有城邑之可恃也，战必不勇，败则奔归。

战事，跑到你本土打就糟，表示国家软弱，敌人进来了。

在自己本土作战为散地，没有必胜的把握。战争，不可以在自己疆域内作战，炮一响，都回去找自己妻儿，逃兵太多。

求智慧，不能不读书。用前人的智慧启发我们的智慧，不学，无术；学，就有术。

入人之地，而不深（不够深入）**者，为轻地。**

【批】轻地之势。

【注】出境未远，士卒思归，战无死斗之志。

【解】王圻曰：出境未远，三军之心犹在进退之间。

必深入敌境作战，兵才能一心一意作战。

回想有多少国家借中国土地作战？中国近百年来受气，日俄战争（1905）也在中国境内打。不可再尽抱别人的大腿生存，留给子孙忧患。

东北兴安岭落叶积深皆烂掉，人车经过常陷入，也不知有多深。特别古老的地方不易作战，一旦陷入加上路径不熟，就回不去了。

我得则利，彼得亦利者，为争地。

【批】争地之势。

【注】彼我皆利者，寡可以制众，弱可以强敌也。争，竞得也。

【解】有必争之势，以其要害之处，有险足恃也。

施子美：彼此必争，故谓之争地。

兵家必争之地，如徐州。

徐州，简称徐，古称彭城，是江苏省"北大门"，自古就是重要交通要冲、军事战略要地。相传为尧所封大彭氏国地，是中国夏商时期东方重要方国。夏商时，徐州睢宁一带还建立过一个邳国。战国中期，先后为宋、楚国都。秦末民变后成为西楚霸王项羽的都城，今市内户部山上戏马台传为其操练兵马旧址。徐州一带也成为楚汉相争的重要战地，多场重要战役以此为主战场。东汉之徐州刺史先后治郯县（今山东省郯城县）、下邳（今睢宁县古邳镇东北），曹魏时移治彭城。1948年12月，解放军在淮海战役后期攻克徐州。

大连近郊旅顺口一带，易守难攻，乃历代兵家必争之地，要害之所在，日俄战争在此决胜负。

旅顺口，东临黄海、西濒渤海，守着渤海咽喉，自古兵家必争。1880年，清政府北洋大臣李鸿章在这里建立北洋舰队，只经营了十六年，之后便长期处于日、俄两国争夺的目标，现在依然是中国人民解放军北海舰队的军用港。站在群鸥飞翔觅食的旅顺口岸边，偌大的醒狮铜雕朝港口外嘶吼，往东是雄伟的黄金山，向西是老虎尾半岛，西南是巍峨的老铁山，周围形势险要环守着旅顺港，两山对峙而形成出海口，不愧为世界五大军港之一。因此有些军事家形容"旅顺一口，天然形胜，即有千军万马，断不能破"。（参见《辽宁旅游资讯网——旅顺军港》）

1894年中日甲午战争后，日本从中国割取辽东半岛、台湾和澎湖列岛，并将朝鲜纳入其势力范围。俄国早已觊觎中国渤海湾口的不冻港旅顺，乃联合法、德进行干预，迫使日本作出让步，由中国付巨资"赎回"辽东半岛。但俄国的扩张行径，加深了与日、英、美间的矛盾。日本极不甘心，决意扩军备战，以武力同俄国争夺远东霸权。1902年1月，英、日缔结针对俄国的军事同盟条约，并得到美国的支持。1903年，日本基本完成扩军备战计划，决心以武力与俄国抗衡；俄国则指望通过战争巩固其在中国东北和朝鲜的地位。同年8月，双方就重新瓜分中国东北和朝鲜的问题举行谈判。1904年2月6日谈判破裂，日本与俄国断绝外交关系；同时，日本联合舰队在司令官东乡平八郎指挥下秘密行动，于2月8日夜偷袭了停泊在中国旅顺港内毫无准备的俄国太平洋分舰队；9日日巡洋舰队袭击朝鲜仁川，迫使停泊于此处的两艘俄舰自沉；10日两国宣战，日俄战争正式爆发。（参见《台湾问答——日俄战争的经过》）

真想报复，必使对方爬不起来，多少必用心计。

做事的目的在求成功，必研究成功的要素再去做，也就是要找有利的条件。

我可以往，彼可以来者，为交地。

【批】交地之势。

【注】交，谓地有数道，往来交错也。

【解】陈皞曰：道路交横，彼我皆可往来，如此之地，最恐我军首尾不接，宜谨备之。

双方都可以往来，交错之地。

诸侯之地三属（连），先至而得天下之众者（得天下之助），为衢地。

【批】衢地之势。

【注】三属者，三面切近邻国也。先至，谓先遣使者至彼，以通好也。得众，得其助也。四达，曰衢。

【解】必先使人至彼，与之约和，以得天下之助者。

张预曰：凡遇邻国三面相连，当往结之，以备外援。

施子美：三属者，谓己与敌相当，而旁又有它国相属，先至于此，则可得它国以为己助，故谓之衢地。

前苏联与中国，相邻国境长。此相通之地，必讲外交，以通好，得其助。

入人之地深（远），背（经过）城邑多者，为重地。

【批】重地之势。

【注】深入敌境，经过之城邑既多，津梁皆为我得，要害皆为我据，则人心专一，重于班师。

【解】梅尧臣曰：背城邑多，则津梁绝，故曰重难之地。

山险、地势之利皆为我据，则人心专一，重于班师。

山林、险阻、沮泽（阴湿之地，一走即陷入），**凡难行之道者，为圮地。**

【批】圮地之势。

【注】难行，谓损车毙马，颠踬陷没也。

【解】何氏曰：少固之地，不可为城、垒、沟、隍，宜速去之。

施子美：凡难行之道，皆谓之圮地。

山林、险阻、沮泽，难行之路，为坏地。

所由入者隘，所从归者迂，彼寡可以击吾之众者，为围地。

【批】围地之势。

【注】狭而不广，曰隘；曲而不直，曰迂。

【解】杜佑曰：持久则粮乏，故敌之寡少可击吾之众多。

施子美：所由入者既已险隘，而所从归之路又且迂曲，则其地入而难归。

做任何事进退无据，常感到被四面包围，苦战，又得了什么？

学校是小社会，在学校是难得的时机，应好好读书，脚踏实地储备自己。发财不能在学校时，以后干活的时间太长了。读书必读到有趣味才可以，书到用时方恨少，到那时想学也必须有环境。

疾战（速战速决）则存，不疾（稍一迟疑）战则亡者，为死地。

【批】死地之势。

【注】欲速战者，以救不可望，野无可掠，前险已失，退守无由也。

【解】李筌曰：阻山背水，利速不利缓也。

施子美：死地者，谓危绝之地也。万死一生之地。

到了死地，要死里求生。做事不要尽留些死地，警觉心太慢，行动迟缓，晚了一步，就完了！

驾驭环境，完全在自己的智慧，"时乘六龙以御天"，要每天练达智慧。

四面楚歌时，昼皆成昏。要死里求生，以救不可望，什么打击皆不以为意。人在绝望时，也得挣扎。

人生不如意事十常八九。希望，还有希望；绝望，即不可望。做美梦时，怎么也没有想到不如意事。大梦初醒，但也不绝望。生存容易，想成就难；必练成铜墙铁壁，以救不可望。

软弱者则无救不可望之心，或者出家，最后甚至自杀。

要培养气势，不可以怨天尤人，"天爵自尊吾自贵，此生无怨亦无尤"。就在乎自己怎么活，看清人生，往前奋斗。挫败是当然的，有便宜不可以乱捡。

人要有点纳气，明知人家已到了绝境，就应躲避。人到临死之际，无不做最后一搏，反击力量不可估计。不打落水狗，要适可而止。你不叫人活，人亦必不叫你活。切不可轻举妄动，什么都做就两败俱伤。

处事时必对任何人都留一条出路，此乃为自己未来留一条回路。做太绝了，死后人必必分你的尸。

是故散地则无战，轻地则无止，争地则无攻，交地则无绝，衢地则合交，重地则掠，圮地则行，围地则谋，死地则战。

【批】用兵有此九地，即不可无此九法，为将者所当因地以为战胜之方也。

【注】无战者，知众心之未固。无止者，禁军中之逃亡。无攻者，不蹈众争之危。无绝者，恐致敌人之截。合交，能得四邻之助。掠，则粮刍可足用。行，则倾毁不为害。谋，则变化而能出。战，则必死而后生矣。

【解】凡此九地，皆用兵所必遇者，岂可无法以处之哉？……此"因地制宜之事"也，亦即"求胜万全之道"也。

社会上到处都有死角，碰到死角必战，不能等死。但必须分析客观环境，不可以打硬仗，否则牺牲多。

诸葛亮"借东风"显奇才，但在过程中受苦的可都是良民！道高一尺，魔高一丈！

境由心生，"心境"自修养来的，自培养智慧修养，因为到哪儿都不安全。如知道自己现在处在什么地，就知道用什么办法取胜，必自知。要练习处处敏捷，反应快，遇事要当机立断。

"里仁为美；择不处仁，焉得知（智）？"（《论语·里仁》）里仁为美，为择居；择不处仁，焉得智，为择业。

朱熹解："里有仁厚之俗为美，择里而不居于是焉，则失其是非之本心，而不得为知矣。"《孟子·公孙丑上》云："矢人岂不仁于函人哉？矢人惟恐不伤人，函人惟恐伤人；巫匠亦然。故术不可不慎也。孔子曰：'里仁为美；择不处仁，焉得智？'夫仁，天之尊爵也，人之安宅也。莫之御而不仁，是不智也。不仁，不智；无礼，无义；人役也。人役而耻为役，由弓人而耻为弓，矢人而耻为矢也。如耻之，莫如为仁。仁者如射：射者正己而后发；发而不中，不怨胜己者，反求诸己而已矣！"显然作择业解。师尊以《论语》文字简练，应不致重复。要吾人立说必小心，不可随兴之所至，所以要依经解经，并提示：古有八股，今亦有。注解皆有其时代背景。

出生，第一次投胎，没有选择权；职业，第二次投胎，应慎取舍，前途好坏，完全在乎自己。人的职业不同，心地亦不同，"矢人惟恐不伤人，函人惟恐伤人"（《孟子·公孙丑上》），不处于仁者之业，为职业上求发展，而有所失德，所以选择职业必注意。虽非做矢人，而做的是同于矢人的事，则人必对你加以小心。没有智慧做一事，可能为终身之忧。

在矬子面前不可以说短，何况其他？此为做人之道。于必要时给人留面子，此乃你给自己留下后路；否则落井下石，最后你也必得死地，因为他将来有机会必辱你。

学兵法可能对别人有好处，做事时必要留一条路。人家在危难之际，你要伸手大力支持，对方必终生不忘；反之则人必报仇。人在走投无路时不可以激他，否则他一有权必打倒你。人在有成就时，要以报德为美，"滴水之恩，当涌泉相报"。

否极泰来，好坏事都如此。

古之所谓善用兵者，能使敌人前后不相及（顾），众寡不相恃。贵贱不相救，上下不相收。卒离而不集，兵合而不齐。

【批】古人用兵之法，既有以乱敌，复以自料。

【注】古之所谓，盖述昔人之词。前后，谓前军后军。及者，联络之意。众，大阵也；寡，小阵也。恃，依藉也。此以上，言其阵乱也。贵而上者，将佐也；贱而下者，什伍也。救，应援也；收，敛聚也。此以上，言其队乱也。不集，则溃散也；不齐，则参差矣。此以上泛承上言。

以上言阵乱也。

施子美：制敌之道，莫大乎有以挠之也。

"敌人前后不相及，众寡不相恃"，前后不相顾、众少不相仗恃，此言阵乱也。

"贵贱不相救，上下不相收"，"贵"，领兵者；"贱"，兵卒。领导者与军队，不能相应、收回，此队乱也。

"卒离而不集，兵合而不齐"，卒离溃散，不能齐整，则成残兵败将。

合于利而动，不合于利而止。

【注】利，即九地之利。合利者，审时度势，相机因变之谓也。有利则动，无利则止，盖我之节制先定，而后分合进止，得以自由也。

周鲁观曰：动无主，以利为主。死里求生，即死地之利也。

【解】定解：彼虽惊扰，亦当有利则动，无利则止。

施子美：兵以利动，非利则不动，故或动或止，必视其利否如何耳。

原则：合于利的环境则动，不合于利的环境则止。

军队的动止，标准在于利。不谈利，口是心非，伪君子。以利使善，动止完全以利为尚，回馈社会亦是。

合于利则动，计划以知利害之所在。不合于利则止，人莫不趋吉避凶，是长远的吉凶祸福，而非短视近利。知道动止的重要，就不可以盲动，要唯利是尚。对事情无彻底认识，轻举妄动，在刀尖上跳舞，还自以为是在金字塔上。

《孙子》云："合于利而动，不合于利而止。"还不到儒家的境界。孔子"罕言利"（《论语·子罕》），非不言利；《易·乾卦·文言》云："能以美利利天下，不言所利，大矣哉。"能以大利利天下，还不言己之所利。所以尸子（商鞅的老师）称"仲尼尚公"，公而无私，何等境界！

《学庸》所谓"君子无所不用其极，无入而不自得"，即志在必得，绝不空入宝山回。活读书，就知儒家实比法家还法家。

敢问：敌众整（整齐）而将来（有备而来），待之若何？

【批】敌人将来待之之法。

【注】敢问、曰者，设为问题之词。众，兵多也；整，理也。

难以争锋，如何应付？蓄盈待竭，避其锋锐。

做事，第一要看环境，其次要有做法。做法不易，如同下棋。多读书，如多读棋谱，但仍要行。必随时留意，摆摆棋子。

智者不怒，老谋深算，坐山看虎斗。搞政治哪有不阴险的？必要有纳气，有气能受，能忍才能做事，真能耐！斗，根本不是一块材料。教之以道，学会纳气，"那小子真有能耐！"伟大人物因为能耐！

曰：先夺其所爱，则听（从，听受）矣。

【批】在于先夺其所爱。

【注】夺者，竞取之也。所爱，或积聚之处，或救援之国，或腹心巢穴之类，皆是也。

【解】王晳曰：兵尚神速，夺爱尤当然也。

陈明卿曰：所爱，谓敌所依恃者，夺据之也。

术，要反主动为被动，得有上间、智间。

军中之所爱，莫过于辎重与粮草，吃穿之所在，如毁得彻底，明天即没东西吃，三天就站不起来。因为人最简单也得吃。

人必有所爱，自他的所爱动手，他一反顾，阵容就乱。反之，自己的所欲与所爱，不可使人知。想有成就，必时时刻刻有所警觉。

先夺其所爱，吴伟业《圆圆曲》"恸哭六军俱缟素，冲冠一怒为红颜"，说清能入关，就因吴三桂的所爱陈圆圆被夺。但也不尽然，抢走陈圆圆，也没得吴三桂的"听"；吴若不重视圆圆，拼命追，就可能当皇帝。所以夺其所爱，有时也不行，必术够才会听。

得如何知敌，间何等重要！必有上间、智间。投其所好，夺其所爱，人在欲下没有不昏的，欲令智昏。人都有所爱，如动其所爱而不痛心，那就必得加以小心。

夺人之国与夺人之物不同。自一举一动可以知一个人的将来，看萧何进咸阳城尽收些什么？一个人志趣远大与否自此分野。

楚汉之争时，刘邦攻克咸阳，诸将皆争夺金银财宝。唯萧何进入咸阳后，一不贪恋金银财物，二不迷恋美女，却急如星火地赶往秦丞相、御史府，并派士兵迅速包围丞相、御史府，不准任何人出入。然后让忠实可靠者将秦朝有关国家户籍、地形、法令等图书档案一一进行清查，分门别类，登记造册。因为依据秦朝典制，丞相辅佐天子，处理国家大事；御史大夫对外监督各郡御史，对内接受公卿奏事。除了军权外，丞相和御史大夫几乎总揽一切朝政。萧何收藏这些秦朝律令图书档案，使刘邦掌握了全国的山川险要、郡县户口，并知民间疾苦，对日后制定政策和取得楚汉战争胜利起了重要作用，足见萧何之深谋远虑。

所以要了解一个人，"如有所用，必有所试"。明白容易，做不易。有些人光读书，并没有明理。"四十而不惑"，不惑于欲才能有所成就。有所好，皆欲也。

千万不可对人说出你的所好。位高权重，有人想贿赂你，就会投你之所好，致你身败名裂。

兵之情主速，乘人之不及；由不虞（没有设防）之道，攻其所不戒（警戒）也。

【批】明其夺之之法。

【注】情，犹理也。主速，谓夺之之际，惟以神速为要也。不及者，仓卒不暇之时；不虞者，忽略不备之路；不戒者，懈怠不振之处。

梅尧臣曰：兵机尚速，当乘人之不及；乘人之不及者，在由所不虞之道，以攻其所不戒之所也。

【解】邓伯莹曰：见敌当仓卒之际，必不及为，不及料，不及备，胆易惊，心易乱，此情也，故以速夺为主。

施子美：惟速则可以乘人之不及，殆犹震雷之不及掩耳，迅雷之不及掩目。

乘时，乘势，乘人之危，自对方软弱处下手。但对方亦有智、有备，必高人一着。

清帝逊位，因为"不忍以养人者害人"。

辛亥年腊月二十五日，小年，即 1912 年 2 月 12 日，刚六岁的宣统皇帝溥仪，由隆裕太后颁退位诏书："朕钦奉隆裕皇太后懿旨：前因民军起事，各省响应，九夏沸腾，生灵涂炭。特命袁世凯遣员与民军代表讨论大局，议开国会、公决政体。两月以来，尚无确当办法。南北暌隔，彼此相持。商辍于涂，士露于野。徒以国体一日不决，故民生一日不安。今全国人民心理，多倾向共和。南中各省既倡义于前，北方诸将亦主张于后。人心所向，天命可知。予亦何忍因一姓之尊荣，拂兆民之好恶……"

另一诏书："古之君天下者，重在保全民命，不忍以养人者害人。现将新定国体，无非欲先弭大乱，期保乂安。若拂逆多数之民心，重启无穷之战祸，则大局决裂，残杀相寻，必演成种族之惨痛。将至九庙震惊，兆民荼毒，后祸何忍复言。两害相形，取其轻者……"

《孟子·梁惠王下》云："昔者大王居邠，狄人侵之。事之以皮币，不得免焉；事之以犬马，不得免焉；事之以珠玉，不得免焉。乃属其耆老而告之曰：'狄人之所欲者，吾土地也。吾闻之也：君子不以其所以养人者害人。二三子何患乎无君？我将去之。'去邠，逾梁山，邑于岐山之下居焉。"

《说苑·至公》云："大王有至仁之恩，不忍战百姓，故事勋育戎氏以犬马珍币，而伐不止。问其所欲者，土地也。于是属其群臣耆老，而告之曰：'土地者，所以养人也，不以所以养而害其慈也，吾将去之。'遂居岐山之下。邠人负幼扶老从之，如归父母。三迁而民五倍其初者，皆兴仁义趣上之事。君子守国安民，非特斗兵罢杀士众而已。不私其身惟民，足用保民，盖所以去国之义也，是谓至公耳。"

怎么来怎么去，清朝"兴于摄政，亡于摄政"。

清兴于摄政王，顺治帝叔父多尔衮；亡于摄政王，溥仪生父载沣。

我看过几代兴亡，经过"仓皇辞庙日"。

李煜《破阵子》有云："四十年来家国，三千里地山河，凤阁龙楼连霄汉，玉树琼枝作烟萝，几曾识干戈。一旦归为臣虏，沈腰潘鬓销磨，最是仓皇辞庙日，教坊犹奏别离歌，垂泪对宫娥。"

由敌所不料度之路，攻敌所不戒备之处，则其所顾爱者，无不为我所先夺矣。

神乎其神！如入无人之境，得如何知敌，可见"间"何等重要！

兵贵神速，机不可失，识时，知机。要戒惧小心，"有终身之忧，无一朝之患"（《孟子·离娄下》）。

凡为客之道，深入则专，主人不克。

【注】敌人自战其地，为主；我兵深入人之地，为客。专，专一也。克，胜人也。

【解】深入重地，则心志专一；敌为主人，在于散地，故不能胜也。

张预曰：我兵深涉敌境，敌自不能获胜；客在重地，主在散地故耳。

专一，不分心，此为术。亡命徒才可怕！

你们就是有天大的抱负，也必须多读书，读书即读成方子。你们不读书，自以为聪明，靠父母给的一点本钱就想治国平天下？

中国书没有空谈理论的，老子说"治大国，若烹小鲜"，必须多么谨慎小心，否则小鱼就焦了！

烹，是中国烹饪法之一，不同于蒸，是以热气将食物弄熟。小鱼，连骨头都是嫩的，如何使之既熟又完整无缺？火候不到也不行，水火得恰到好处。把火候加到恰到好处，然后用冷开水慢慢弹（用冷水不卫生），使之冒气，就利用这个气，将食物弄熟了。用烹，可使小鱼完整无缺，而且味道鲜美。恰到好处，即中，不过火。这需要多大的耐力，更要含多少德，识机，亦即火候。耐心、细心、爱心，加上水，谨慎为之，偶一不慎，则小鱼烂矣！

中国自古就会吃，老子一定进过厨房，才知道"烹"之难！

掠于饶野，三军足食。谨养而勿劳，并气积力。运兵计谋，为不可测。

【批】用兵务于深入，投士卒于不得不尽力之地。

【注】掠，抄取也。饶野，多稼穑之地。谨养者，抚循有方，饮食周给之谓。并气，敛之使盛也；积力，养之使强也。运兵，即运其不测之兵；计谋，即计其不测之谋。

我足，则敌不足。对付一人，要自各方面消耗他。

养兵，平时不可使兵闲着，否则成出柙的老虎。平时过劳，战时则谨养而勿劳。

"谨养而勿劳"，蓄养元气，不过于无谓之劳。不伤元气，更加一口气，故言"并气"。不劳，自然而然可以"积力"。

养生自此入手，至少中年就要懂得保养身体，不可以等退休了再打太极拳。

孩子太野，打骂不是办法，他必有所好，投其所好使他累得糊涂。

【解】王晳曰：并锐气，积余力，形藏谋密，使敌不测，斯胜自易矣！

"形藏谋密，使敌不测"，莫测高深，专做敌人不可测度的事。不可以轻举妄动，必胆大心细。

有时还必得做俘虏，故意送的间谍。残兵败将，敌国不重视，但乃是故意留下的高手，连姜子牙在商都是间谍。

投之无所往，死且不北（投降）。**死焉不得，士人尽力。**

【注】投，犹置也。无所往，谓深入重地，左右前后，皆无可逃也。北，败走也。尽力，谓致力以战，于死中求生也。

【解】既殊死以战焉，有不得致胜之理，士乃自竭尽其力，鏖战以求生矣。

施子美：士人尽力，大抵以怀生为心者或有乖，以死为念者功常有成。

想死，不得其死，只有竭尽其力，死里求生。人生不易，尽遭罪，求死不得！

士，有文士，有武士。《孙子》里的"士"，不指读书人，是指士兵。

兵卒甚陷则不惧。无所往则固，入深则拘，不得已则斗。

【批】深入重地，则三军心志自无不专一之理。

【注】陷，谓引兵入于危地，如陷阱中也。不惧，拼死也。固，其志坚也；拘者，其势一也。斗，尽力战也。

【解】迫之以不得已，乃不犹豫，斯尽其力以斗也。

施子美：此用之之术也。

深入，越陷越深，不知四边环境之吉祥、险恶，不考虑可怕之处，就会拼老命。

最会做事的人，绝不叫对方感到已经绝望，而做困兽之斗。狗急跳墙，终两败俱伤。必要善用聪明智慧。

是故，其兵不修而戒，不求而得，不约而亲，不令（训示）**而信。**

【批】申心志专一之故，见用兵不可不以深入重地为务也。

【注】修，整治。戒，谓皆知慎谨。求，索取也。得，谓同致其力。约，誓师也。亲，谓上下相救。令，告戒也。信，谓听其将令。

施子美：势有所迫，不期然而然耳。必其人之素习也。

此乃环境使然也，家亦当如此。

禁祥去疑，至死无所之。

【注】祥，妖言也；疑，豫志也。之，往也。

【解】王皙曰：灾祥神异，易于惑人，故禁止之。

施子美：用众在乎心一，心一在乎禁祥去疑。

禁止迷信、妖祥之事，"国之将亡，求之于鬼神"，世愈乱，宗教愈兴盛。历史到乱离时，邪教特别多。

郑成功以"洪门"反清复明，曾国藩、左宗棠亦为大龙头。

红帮本名"洪门"，始建于清初，从事反清复明活动，是秘密社会组织，早期多以高山老林为根据地，活跃于江河流域。盛行于西南一带的哥老会，亦属洪门支系。白莲教、红枪会、大刀会、小刀会、天地会等秘密组织，也都是从洪门衍变而来。青帮（清帮）又名"安清帮"，是中国历史悠久的帮会，徒众昔皆以漕运为业，故称粮船帮，大江南北入帮者颇众。俗说"瓶中太满水须走，青叶红花白莲藕"，即指反清的帮会，有青帮、洪门、白莲教三大主力。

上海青帮杜月笙（1881—1951）讲义气，潜伏分子靠此活动。其后成为利己的集团。

杜月笙于抗战时，暗中帮助国民党的特务组织，由戴笠负责的军统，网罗人员、搜集情报，并协助戴笠建立"人民行动委员会"，策划多次暗杀汉奸活动。

做事贵乎去疑，不生疑。要用术去结心，使人对你有信心，必有真诚表现出。去疑，才能结同心。人失败，多半失败在"疑"上，愈看愈觉可疑。任何团体最怕谣言，更不可互相猜疑。人与人之间，将与兵之间，人心一生疑就完了，表面怎么合也没用。

为什么读书？自己能干什么？不深思熟虑能摆出阵势？必须十分灵活，才有能力了解《孙子兵法》。

吾士无余财，非恶货也；无余命，非恶寿（活久）也。令发之日，士卒坐者涕沾襟，偃卧（睡卧）者涕交颐，投之无所往，则诸、刿之勇也。

【批】投之无所往之地，则无不拼死以决战，可为诸刿之勇。

【注】无余财者，弃之而不留也。无余命者，致死而不惜也。恶，憎也。襟，衣之交衽处。沾，湿也。口旁，曰颐。交，合也。诸，专诸，吴公子光客，后为光刺吴王僚。刿，曹刿，鲁庄公臣，鲁劫齐桓公于坛坫之上，反鲁侵地。

【解】李筌曰：兽穷则搏，鸟穷则啄，而况于人乎？令其迫于自救，则虽诸、刿，无以加之。

环境使人团结。如何造一个专一的环境？用一帮人，必须造就出其必须努力的环境，客观环境很重要。

善为政者，不轻易树敌。士可杀不可辱，有志之士有生之年必报复，至死都不忘记你。所以，做事不可以压迫人，软弱人可以成为不软弱人，要留人转圜之余地。

人生没有真正的是非，也没有真正的仇敌，利害与共可以由敌而友。处人，不要占人便宜，人皆有公道心，稍微过火，人就恨你。

故善用兵者，譬如率然。率然者，常山之蛇也，击其首，则尾至；击其尾，则首至；击其中，则首尾俱至。

【批】深入之兵，互为救援，自有率然之势。

【注】率然，急遽之貌，以状其相应之速也。

神话传说中，会稽常山一种首尾互相救应的蛇：击其头则尾至，击其尾则首至，击其腰则首尾并至，名为率然。

【解】方虞升曰：蛇之首尾，人之左右手，皆喻其一心相救之捷也。

施子美：兵机事以速为神。率然者，取其速也。

自护的精神！读《孙子》要学得此一精神；知此，当知天天如何活。

应世如常山之蛇，反应之快，何等活泼！反应要特别快，如能记住此要点，则无人行动超过你。

施子美：其相应也如此，何其速也？

要学常山之蛇，反应特别快，使之都有反应，都有作用，得活泼到这个程度，才像个人。

要训练机智、急智。反应快，还要马上力行，不可以慢半拍。

将相本无种，人人当自强。得如常山之蛇，才有智慧、反应来了解《孙子兵法》。《孙吴六韬》(指《孙子兵法》《吴子兵法》《六韬》)要用一辈子，玩味之，深思熟虑才能有所得。

今天环境已到当头棒喝了，同学何以还没有反应？反应快很重要，骂人也不必用"三字经"，有其智慧。

敢问：可使如率然乎？曰：可。夫吴人与越人相恶（相讨厌，世仇）**也，当其同舟而济而遇风，其相救也如左右手。**

【批】率然之势，虽以吴越世仇之人，杂处于中，亦有不容不相救之情。

养一班兵，如一点反应都没有，就糟！

你碰人家，人家就有反应；你不碰人，人亦不碰你。任何事应考虑后果，要少树敌，不可以忽略别人的反应。

【注】按《史记》吴王阖庐代越，越袭吴，灵姑浮以戈击之，被创而死。其孙夫差，日夜治兵以图报越，卒败之于夫椒，故曰相恶。同舟遇风，言其处患难也。如左右手，言救护之速也。

"吴人与越人相恶"，就是世仇，"当其同舟济而遇风"，也可以同心协力救危难。

施子美：唯心一，而后可使之知相救。必死无生，于其必死之中，而求一生焉，则其心之一，故能使之相救如是也，尚何仇雠之足云？

要造势，造成一个"同舟共济"的环境，使相恶之人能相救如左右手，忘了彼此是仇人。

虫子为了生存都有保护色，说话平铺直叙毫无保留，呆头呆脑，不深思熟虑能造势？

利欲可令智昏，闲着没事干，是非就多。做事业，应四人做，就用三人分之；若是五人做，则是非多。家事亦如是，必叫所有人不能过于闲，闲中易出事。人遇有危难，都想渡过，而无是非。

一个时代安宁是非就多，自顾不暇焉有工夫扯闲？清修《四库全书》，开史馆，是政术。

是故，方马埋轮，未足恃也。齐勇若一，政之道也。刚柔皆得，地之理也。

【注】方马者，束缚之，使之相连也。埋轮者，界画之，使之不乱也。政之道，以平日之教令言。地之理，以投之无所往言。

施子美：所恃者，人心如何耳。

束缚之，界画之，使之按规矩行事。但如不能同心，亦未足以依恃。做事立很多规矩，摆样子可以，实际做事则用不上。

我每年不蹚蹚一百万绝不停止。新店"静园"税一年十三万。为修书院，在苗栗买三十甲地，至少一亿以上。活着一天，就做一天。这边教育出问题，或是人性出问题，不知道，人与人之间最缺少热。从老师要修庙窥知同学，自小事看民族性，看这一代年轻人懂不懂得责任。没有群力，什么也办不到。

能投资，观光的都来了。无情无义，哪有责任感，因为见义不为无勇，又如何做事？你们不都是老师的亲人？印一千五百张观音像，现在教的学生三百人就十五人拿，其中有两人最有责任感。做事绝不可以感情用事，不行就不要做。不是要考验别人，而是先要考验自己。我从立本讲到术，同学就只记得术了。

我以前在东北办的学校，现在学生至少五十多岁了，都是高干，师母就借了不少力。

经验很重要。"民可使由之，不可使知之"。团体做事即在摆弄人。要做事，必了解地方情形，有万全的准备再做，不感情用事。我到台北办慈航中学，被卖掉修庙。

我在台没有亲情，但有人的情。台湾没有一个乡没有我们的同学。不论谁成功，我都是他们的老师，这宝押定了。将来把灰撒在祖宗庙旁，或作肥料种棵树，就不浪费！

【解】陈子渊曰：政之道，以治军之纪律言。

齐，"齐之以礼"之齐。治军之政，必使之齐勇若一，刚柔皆得。

军政之效，因知其所以然，故能生效；知此，则当知如何处事。

中国近代史，外人尽登我们的土。现台湾把什么都毁掉，可惜！应保留给后人看。德国路边仍保留古时厕所，但已不使用。日本侵略我们，其遗迹应保留，作为耻辱的纪录，让后人看了能知耻，知耻近乎勇。制造一个同心合力的环境很重要。"方马埋轮，不足恃也""齐勇若一，政之术也"。

制造一个同心合力的环境虽然很重要，但是太难了！齐其志，一其志，才能勇其力。士尚志，齐其志，则千万人若一人。

英雄主义都想做老大，各为己利。何以要让野心家利用？在

"爱国"大前提下，有何不能容？

你们有无每天拿出一点时间想国家事？如没有，那读书做什么？每天冷静想，每天所学、所经历有多少是与国计民生有直接关系？当务之为急，今天当务之急事应怎么处理？讲义教三代，时代一改变都用不上了！每天不知所为，当然就不知所云了！

自然环境有特色，要保存不失己之特色。台湾的特色是什么？只要你的见解真高，人无不接受。

我的亲孙子到现在没花过我一分钱，我为他取字"存赤"，意即存赤子之心。"圣人不私其子"嘛！

《说苑·至公》云："《书》曰：'不偏不党，王道荡荡。'言至公也。古有行大公者，帝尧是也。贵为天子，富有天下，得舜而传之，不私于其子孙也。去天下若遗躧，于天下犹然，况其细于天下乎？非帝尧孰能行之？孔子曰：'巍巍乎！唯天为大，唯尧则之。'《易》曰：'见群龙无首，吉。'此盖人君之至公也。夫以公与天下，其德大矣。"

不必看得那么窄，什么都要留给儿孙！

【注】地之理，以投之无所往言。

地势造成的。

故善用兵者，携手若使一人（合心），**不得已也。**

【注】携，提挈也。"若使一人"者，谓三军之众，无不奋力致果，

同心敵忾也。芮氏曰："若使一人"，此孙子小举其最便宜者形之耳，呼吸相通，臂指相应，正率然之势也。

【解】指南曰：言手、言人，总是孙子以身喻兵之意，观"率然"一语，前后左右如使一人身也。

理众如理寡，必要有术！做事使对方都达到不得已，亦不易。

必要躲开"不得已"，不要叫人给套上了，否则一辈子都不得已。人生一会儿都不可以打盹，一刹那的失败将成终身之忧！

人事之不齐，要好心切，讲东讲西一辈子，打嘴的就在你家，人没有不遗憾的。

想的都不来，连边都摸不到，而不想的却都来了，这就是人生！无怪乎叹"人生不如意，十之八九"！

你们应实事求是，不要尽做白日梦，如有三生缘，就凑在一起好好过吧！家就是家，这就是人生！自实际体验人生，完全不落空，稳扎稳打，不会有大失败，不吃大亏。必切实际想，任何事必将志变成实际才行。

这一代年轻人专权跋扈、无知无能，绝无群德可言，有人说是升学考试制度造成的。启示你们：必有容人之量，结群德才有成就。群德，贵乎了解别人，知道自己以外还有别人。

观念必清楚，做事才有分寸，完全站在一己立场看事不行。天下事有机会担当必要有一套，最低限度也要做个明人。

将军（为将者）**之事：静以幽，正以治，能愚士卒之耳目，使人无知。幽者，渊深之谓也。**

【批】大将深入，当静正自持，而审察人情，以尽骗往骗来之妙。

【注】静则不挠，正则不偷。幽者，渊深之谓也；治者，条理之谓也。以言出谋，则安静而幽深；以言御下，则公正而整治。愚，颠倒之也。《荀子》非是是非之谓愚。

将军治己之学：静以幽邃，人不能测。

【解】汇解：大都人心憧憧不静，便轻浮而浅露矣，如何能幽？所行邪僻不正，便妄举而易乱矣，如何能治？

直以行事，无邪曲，有渊深的修养。以幽的功夫达到静，"宁静以致远"，静则不挠不怠。

想问题时，如有人问："有不快？"乃因你被看出有心事。静，应没人看出你心中有事。此说易，可非易事。

你本身没有什么价值，作秀招待你；如你有作用，绝不热情招待你，怕你一旦暴露了，就不能做事。深居简出，不与外人接触，"静以幽"。愈是没作用的，愈是显山露水。好狗不露齿，看一人谈一问题，即可知其程度。

正而自治，人不能挠，最重要的一部功夫。

正，止于一，止于至善。知止，而后有定、静、安、虑、得。学什么，都必学到最高境界，如此焉有废物？什么都到不了一个境界，可怕！

正当摆出样子，井井有条，给人看的。无知识，常人也。有诸己而后求诸人，要下治己的功夫。"政者，正也。子帅以正，孰敢不正？"（《论语·颜渊》）达到正，下面办事才能有条不紊。

上梁不正，则下梁歪。

能静幽、正治，使跟随者对你有信心。但养正、养勇，均非一日之功，平日必须深下苦功。书呆子，活废物也！完全浪费，一点贡献也没有。

能愚士卒耳目，因为士卒对将有信心。

行得正、走得正，才能愚民，但也不能多次。"空城计"乃孔明平日细心来的，是以日常德行换来的。

愚民政策，颠倒百姓之认识，使人对事无正确的观念。社会上黑为白，白为黑，黑白颠倒，是非不分，乃执行高等愚民政策的结果。

是非不清，愚人也，只有被人支配，不然就是盲从，自己完全没有想法。愈傻的愈大胆。

易其事，革其谋，使人无识（zhì，了悟）；**易其居，迁其途，使人不得虑。**

【注】易，移易也；事，谓前所行之事。革，更革也；谋，谓旧所发之谋。易居者，处军已定，弃之而化适也；迁途者，路可直行，背之而远出也。此皆所以颠倒士卒，不告以实言，不示以实行，令之如聋如瞽，无所闻见也。

"易其事，革其谋，使人无识"，易事革谋，使人不明所以。
有自了的智慧，自知者明。默而识之，心会才能神通。
必要训练自己有莫大的用处，一个"懒"字什么都败坏！
"易其居，迁其途，使人不得虑"，声东击西，使人不得预为计虑。

平日要用不正常方法训练自己，能耐烦，有急智，才能临机应变。

培养自己智慧、实力，学会纳气，伟大人物没有不怕老婆的，因为能耐！

做事，第一要看环境，其次要有做法。做法不易，如同下棋。读书如看棋谱，但做法必随时留意。

帅与之期（约期举事），**若登高而去其梯；帅与之深入诸侯之地，而发其机。**

【注】帅，主将也。期，约战也。梯，木阶。机，弩牙。去梯、发机，喻其不得不然也。

【解】登高去梯，使无退心。

"登高而去其梯"，爬到高处，踢倒梯子，示无退心。有去路，无回路。

机，门轴下即机，非平的，可以转动。枢机，机要。

箭上弦，刀出鞘。

若驱群羊，驱而往，驱而来，莫知所之。

【注】羊，柔毛畜，性喜群行，故曰群羊，喻其绝无知识也。之，往也。

【解】杜牧曰：莫知所之，言三军但知进退之命，而不知攻战之何所指也。

牧者之智。如牧者之驱羊群，驱之而往，驱之而来，而羊莫知所往，不可不返。

聚三军之众，投之于险（险地），**此将军之事**（责任）**也。**

【注】聚，合也。投，犹置也。险，指危难之地。

唐荆川曰：军事尚密，人情又难与之谋始，苟无颠倒之术，士卒得以先事而晓其情，必惊疑畏惧，或生他变，犹豫之间，机败而事不成矣。且私相告语，则有泄漏之患；惊怖太甚，则有叛降之患，皆当深虑而预防之。

【解】侯天放曰：兵，诡事也，非止诡敌，并诡我士卒。如有知识则疑惑，有思虑则恐怖，惟氓之蚩蚩，易以服御之也。

"投"的意境比"置"为高，投是有目标的，如投篮、投资、投标、投机。

为将者必有高深的学问，应多读书，才能有主宰，有定力。

"现在不得了"比"将来不得了"还要重视。胸中有点墨，添点定力，重视现在。

人将来遇到什么难说，想到的都没来，没想到的都来了，"人生不如意事，十常八九"，遇事处之泰然，好好解决问题。

九地之变，屈信（伸）**之利，人情之理，不可不察**（详究）**也。**

【注】"九地之变"以下，照上"甚陷则不惧"，同在患难，则自相救，无有知虑，则易使之，此盖凡物屈伸之利，亦人情自然之理也。

【解】梅尧臣曰：九地之变法，其中具有屈而能伸之利，乃人情之常理。

易事、革谋、易居、迁途，皆九地之变。屈伸，不是能屈能伸之说，须照"投之无所往，则诸刿之勇"二句，方合上下文义。"九地之变"三句，总是一线串下。

施子美：因九地之变，由屈以求伸，岂不谓人情之理乎？

屈伸，"往者屈也，来者信（伸）也，屈信相感而利生焉"，"尺蠖之屈，以求信也。"（《易经·系辞下传》）屈，是为了那个伸，利生，要能屈能伸。

你们书读不少，没见过世面是真的。老谋深算，必用有经验者。

人生如战场，就是敌我，敌我之间绝无感情可言，必好好瞧对手，不可以背感情包袱。政治、军事上绝无感情可言。

如当外交官，谁都会做，但有无成就则端视对国家、民族有无贡献。外交官必具备外交官的素养与学养，其言谈之间与所签订条约，一语一字之差，影响世局。"辞，达而已矣"（《论语·卫灵公》），能有伦有序，可非三五天的工夫。

凡为客（入寇，客兵）**之道，深则专，浅则散。去国越境而师**（兴兵）**者，绝地也；四通者，衢地也；入深者，重地也；入浅者，轻地**（轻还之地）**也；背固**（险固）**前隘**（狭窄）**者，围地也；无所往者，死地也。**

【批】为客之道，当务于深入，而后士卒皆有专一之心。

【注】离乡远，则无家室之念，而专于御战；离乡近，则有桑梓之思，而散心以生。去国，去己之国；越境，越人之境。绝者，绝望

之谓也。衢、重、轻、围、死五者，皆为客之地，故于"九地"之中，摘而言之。

【解】凡此五者，所贵通达其变也。

"为客之道，深则专，浅则散"，从外地主动进攻，客兵无退路，越深入越专。

做事、做学问皆如此，必须有专学，极深研几，"唯深也，故能通天下之志；唯几也，故能成天下之务"（《易·系辞上传》）。

王皙曰：越境者，越过邻国之境，所谓背城邑多者。

"去国越境而师者"，兵不可返，粮不得继，此危绝之地。临绝地，必战以出险。

是故：散地，吾将一其志。轻地，吾将使之属（联属）。争地，吾将趋其后（扯其腿）。交地，吾将谨（敬谨）其守。衢地（要津），吾将固其结。重地，吾将继其食。圮地，吾将进其途。围地，吾将塞其阙（缺口）。死地，吾将示之以不活。故兵之情，围则御，不得已则斗，过则从。

【批】以九地之变，申言为客之道，在审地而妙神明之用，复终之以知兵之情。

【注】御，拒敌也；斗，力战也。过，犹误也，陷之于死地也；从，谓听吾之令。孟氏曰：陷于危难，则无不听从将令者。

【解】魏武曰：进其途，疾过去也；塞其阙，令决战也。

施子美：人之情，皆能违害就利。非势之使然乎？

撼山易，撼戚家军难！

一片散沙，唯一的办法便是一其志，"志者，心之所主"。

每个人皆有其主见，要将所有的主见划一，谈何容易？连老婆都未必听你的，夫妻都同床异梦。

我们不求一其志，因我们无此德能，而是要找同志，所以同学虽多，有"色彩"的我都不要，"此非吾人同志也"。吾人之志，是在为民谋福利，不谈其他。

要好好学做事，懂得怎么做事。要识时，乘势。空谈无用，必须脚踏实地去做，躬身实践。有志者，莫不在本地好好建树。吾人之武力不能主动，对方何时出手不得而知，斗智也。读书，是为了求智慧。

何以那么痛苦？因为"迷于欲"，便失去了尊严。职业无贵贱，幸福包含一切，连尊严在内。做官，"赵孟能贵之，赵孟能贱之"，能有尊严？做事业，苦干二十年，你的便是你的，有成绩。做事业苦干数十年都会有成绩，大学教授退休了，只剩自己一人。我教五十年书，六千多个学生！遇事要脚踏实地想，不可以妄求。每天要问自己："我能做什么？"若老是"人家叫我做什么"，走时便剩几个箱子了。

吾人同学如此多，大家用些力，便可以将书院建树成大家庭。故吾人虽无德行可以"一其志"，但可以找同志，要有三三两两的智慧。

真有三三两两之智，加在一起，至少也可凑上十桌。会做事的人，每年皆可增长五桌。

最难防的乃双面、三面谍。正面迎战者犹可以防备，最难防的是扯后腿的。但扯后腿的，最后亦被人出卖，因为对方看不起他。若有关系如师生、同门关系，还扯人后腿，人家还会看得起他？出卖别人，也出卖了自己的尊严。

你"无所不用其极"，尽投对方所好，出卖别人，也出卖自己的尊严。一开口就表媚态，却无法成功，为什么？正因为你没有尊严，对方反而不相信你。你真表现好，若有用时自找上门来。做人失德了，对方便不相信。你一说话，人家便知你专挑他喜欢的说。

九地之势，各有权变之法。

"轻地，吾将使之属"，于轻还之地，必使之相连属。如"连坐法"，有连锁作用。

一人犯法，其他有关联的人一同受罚。秦孝公时，"定变法之令，令民为什伍，而相收司连坐"，即一家有罪，其余九家必须举发，否则十家连坐受罚。

"争地，吾将趋其后"，于必争之地，要在敌后下手。

"交地，吾将谨其守"，于交通之地，要严己之守备，不使敌人偷袭。

"衢地，吾将固其结"，于要津之地，要善交与国，固其可援。你与他交往，人家亦与他有交往，所以要固盟。以色列为美国必声援之国。造声援，人都有腹心人，碰不得！美国就对付不了古巴。

用机心看一问题。你就是有完全的力量，也得用机心处事，不可以为已经有万全的准备了。

"亢龙有悔"(《易经·乾卦》),美国最好的写照,到处赔钱。

"重地,吾将继其食",重地必不可放弃,要使军队日用继续不断。

问题越拖只对我们越不利,等对方出拳,必使我们鼻青眼肿。

没有号召力,没有群众,就没有作用。

"圮地,吾将进其途",倾圮之地,引兵速进。

"围地,吾将塞其阙",缺口为活路,塞之。

贾林曰:示之以不活,**欲其殊死以战也。**

"死地,吾将示之以不活",示以必死,必死可生,人将尽力也。

什么都怕,他就玩你,误上贼船就得听他的。无必死决心,他就要你。

要养己之威仪,则无人敢侵犯你,养威,有威望。有没有人的尊严,完全在自己,不要作践自己。

"围则御,不得已则斗":人到绝路,不拼命不能逢生,只要不怕死,道道就多,鬼都怕不要命的。

斗智,读书是为了求智慧。

遇事要有急智,不能一成不变,悲伤流泪不能解决问题,要冷静,撑得住,谁也不能扰乱你。

领导人必要有智慧,要树立原则。做领袖树立原则,不必一声令下都要人从之,就怕自己没有过人的智慧,他错了就会不声不响地跟着你走。人都各有主张没错,等他碰了壁后才会从。

学生不接受没关系,到他自己做决定时,都出毛病,就会跟从老师了。做事不必急,也不要发脾气,时间一长,就会证明你的智慧。

小孩也有他的主张。小孙子学泡茶，要自己摆弄，但几次都搞不好，就从了。

1971 年到 1981 年学生多，但成绩平平，今后不如此，一班五六十个学生，好照顾。看你们的文章，不知从哪儿入手。好好学，三年确有小成，走马灯的没有成绩。在书院读十年以上的，大有人在。读上三年的有个样子，所写文章半实。有没有读书，人家一看文章便知。

女人就是贤妻良母，女人干政，无不亡国的。我来台时，师母相送；回去时，办不到了！师母寄来当年我俩驰骋在东北大地时所穿的马裤。我第一次骑马，掉一颗牙。

好好研究《孙子》，你们这一代绝对用上。外文必要好好学，今天交通便利，往来密切，可以促进交流。我们以前读书，若为救命而读，因为从民国到来台前，无一日无炮响，所以特别重视于书。搞政治，成果重要，生死存亡不计。

是故，不知诸侯之谋（谋天下之谋）者，不能豫交。不知山林、险阻、沮泽之形者，不能行军。不用乡导者，不能得地利。

【注】知谋，以豫交；知形，以行军；用乡导，以得地利。三者，皆兵家之要务也。军争非此三者，不得其利；为客非此三者，亦不免于害，故重出以明之。

【解】李筌曰：并兵震威，则诸侯自顾，不敢豫交。

结联盟，以作为权变。

做事必了解地方情形，有万全准备了再做，不可以感情用事。

中国地大，每一地方都有乡音、神话，北方人说南方人是蛇变的。

传说炎帝、黄帝、尧、舜和汉高祖刘邦的诞生及其形貌，都与龙有关，是龙种、龙子。"龙，鳞虫之长，能幽能明，能大能小，能长能短，春分而登天，秋分而入渊"，直至今日，我们常说"龙的传人"或"龙的子孙"，这些都是图腾祖先观念的传承。蛇亦称小龙，《山海经·海外西经》记载轩辕之国"人面蛇身""尾交首上"，汉代画像砖就有"人面蛇尾"的形象。台湾少数民族也多以蛇为图腾，有许多关于百步蛇为祖先化身的传说和不准捕食蛇的禁忌，其文身以百步蛇身上的三角形纹为主，演变成各种曲线纹。

江苏也分南北，江南为古吴、越国之所在。苏州名园多、古迹多，俞樾（1821—1906）"曲园"；杭州"诂经精舍"修得很美，很雅。

清光绪元年（1875），俞樾得友人资助，买下苏州一块废地，如曲尺形，亲自设计，利用弯曲的地形，凿池叠石，栽花种竹，建屋三十余楹，园内主要建筑有乐知堂、春在堂、小竹里馆等，后园中构有曲池、曲水亭、半亭、认春轩等。园中遍植青松翠柏，叠石假山散布园中。取《老子》"曲则全"句意，命名为"曲园"，自号曲园居士。晚年在杭州诂经精舍讲学，其弟子有章炳麟、吴昌硕等人。

上海南京路，最早是洋人的跑马场。

1845 年，上海英租界确定西界，即今天的河南中路。1848 年，英租界再次延伸至今西藏中路。1851 年，麟瑞洋行大班霍格、韦伯等五人共同组织"上海跑马总会"，在今南京东路以北、河南中路以西处，永租土地八十亩新建花园，即上海第一跑马场，也被称为老花园跑马场。花园的南侧设有抛球场，沿花园内侧则筑成一条跑马道，以供赛马。不久以后，因为场地狭小，跑马总会在花园南侧外增筑马道一条。因为这条道路是专供赛马使用而筑，所以就被上海居民称之为"马路"。城市道路称为马路即源于此。同时为方便会员前往赛马场，上海租界当局修筑一条与南侧马道平行的道路，从外滩直抵跑马场。此后租界兴建数条与这条马路平行的道路，所以这条马路被命名为大马路。因为当时居民并不知道这是跑马场，而误以为是一花园，因此通往跑马场的这条马路也被称为花园弄，或音译成派克弄（Park Lane）。

北方人胸襟豁达，没有"非我同类，其心必异"的心理。

《左传·成公四年》载："史佚之志有之曰，非我族类，其心必异，楚虽大，非吾族也，其肯字我乎？"晋惠帝时，有大量羌、氐等胡族人迁居至长安附近，由于外族在政治、经济上经常受到汉人剥夺，造成不少胡人破产，成为汉人的奴婢。此外，不少边疆的官吏偏袒汉人，令胡人得不到公平的对待。结果，羌、氐不断作乱，且规模越来越大。江统于 299 年提出《徙戎论》，建议

迁徙胡人，避免其作乱。（参见香港石篱天主教中学网站《北朝胡汉融和笔记》）

一个人，你相信他，他就相信你，人心是肉长的。

入境问俗，入乡随俗，才能得地利。

"世路难行钱为马"，重赏以达目的。但用乡导，必有机术，因为是用敌人做乡导，他对地形熟，但如他是爱国分子，可以将你引至绝境。

知人知面不知心，可见知人之难！所以说"知人则哲"，要"明哲保身"。

《尚书·皋陶谟》云："惟帝其难之，知人则哲。"《老子·第三十三章》称："知人者智，自知者明。"《诗经·大雅·烝民》亦云："既明且哲，以保其身。"

四五者，一不知，非霸王之兵也。夫霸王之兵，伐大国，则其众不得聚（一片散沙）**；威**（威武）**加于敌，则其交不得合。**

【批】用兵不审地利，而深致意于霸王之兵，亦九地之变也。

【注】四五，指九地言。九地之中，五为客兵，四为主兵，故不合言之，而分言之也。霸，长也，天下诸侯之长也；王，往也，天下人所归往也。众不得聚，计以分其兵也；交不得合，威以破其党也。

成王者之业。以力者霸，统天下，统一；以仁者王，一天下，一统。王者，天下人所归往，仁者无敌，没有战争。但王者之兵，亦得用术。

要养气势,有学、有识、有德。望之不似人君即缺德,丈夫使太太不生气也得用术。

【解】赵克荣曰:伐大国能分其众,则权力有余;权力有余,则威加敌;威加敌,则旁国惧;旁国惧,则敌交不得合矣。

大国之兵必多,吾人伐大国,却能使其众无法聚在一起,此须深思。与四外结交之邻国合作,使其交不得合,多么孤立!

欧洲为了其利益,可以合在一起,"欧元"实施用了多少智慧、多少步骤?

是故不争天下之交,不养天下之权(与国),不养天下之权(诸侯),信(伸,成)己之私,威(威武)加于敌,故其城可拔,其国可隳。

【注】不争,绝之也,不养,夺之也。信,犹遂也。承上言,能绝其交,夺其权,则天下诸侯无不势倾而助寡,夫是以吾欲得遂,且威可加人。拔,攻取也。隳,毁坏也。

【解】梅尧臣曰:不争其交,不养其权,斯得以伸己之欲,而加威于人。故人之城可得而拔之,人之国可得而隳之。交既不得而合,何交之可争乎?众既不得而聚,何权之可养乎?见敌无与交合,且无其权,则吾之欲,无不可伸;而吾之威,无不可加矣。

施子美:多方以误之,用术以怠之,使其权不可得而成,其事必坏,其势必孤,是吾不养而可以胜矣。

以此为术。不争，绝之也；不养，夺之也。不争、不养，以自己为权，和对方对付，何等气势！

真想与人竞争，不能养天下之霸权，"卧榻之侧，岂容他人鼾睡？"大丈夫不可一日无权、不可一日无钱。

"信己之私"，树立自己的规范、权，何等气派！

其量无限，如水随环境转。真有自信是最难的事，那是自己所独有的。

大学毕业，高级知识分子必有个格，必立个风。虽非世家，但是可以从自己开始立个风，有家学渊源，家中男女皆各有所学。

刘师培，其家五代传《左传》。

刘师培（1884—1919），字申叔，号左盦。刘文淇之曾孙，刘毓崧之孙，刘寿曾之侄。仪征刘氏，于清季前后五世相继注《左传》，为近代经学世家，"扬州学派"之中坚。

洪宪（袁世凯）当皇帝，将全国名人名字写上，刘也被列上，实际上他一辈子没有搞过政治，人家误会。刘一辈子不懂得官是什么，刘家是学术世家。世家是封爵的。

中国人家有家学，家学渊源在此。必于家造一个风气，树立家学。

找实际的东西，读完对智慧有助益。女孩研究诗词，达境界在才华。什么都不动手，则胸无点墨。

读点东西，自己下笔。作文，先选一百篇熟读，熟了再套之，此为基本功。

自己为天下第一有权，才能"威加于敌"。此威包含多义，以三军为之，以外交为之，以经济为之，则"其交不得合"，多么孤立！此为学《孙子兵法》的目的。

刘邦歌曰："大风起兮云飞扬，威加海内兮归故乡，安得猛士兮守四方？"何等气势！

"其城可拔，其国可隳"，有必胜的把握！自信难，多少人抱侥幸的心理。

社会即"需要而有用"，所以必要训练自己有用，"若有用时，自找上门来"。孟子说"自求多福"，懂得自求的人，当然多福。

《孟子·公孙丑上》云："祸福无不自己求之者。《诗》云：'永言配命，自求多福。'《太甲》曰：'天作孽，犹可违；自作孽，不可活。'此之谓也。"

施（行）无法之赏，悬（设）无政之令。犯（用）三军之众，若使一人。

【批】用兵当有以鼓舞其心思，且有以杜绝其疑虑，斯可以转死亡而为生存，亦九地之变也。

【注】无法之赏，即所谓法外之赏，不拘常法者。无政之令，即所谓政外之令，不由常政者。犯，用也。若使一人，言众皆一心，互相救应也。

施子美：悬法外之赏罚，悬政外之威令，故不守常法常政，所以曰无政无法。

立的法是常法，非常时代则要用非常法。"重赏之下，必有勇夫"，要施无法之赏，行政外之令。

为政必大方，不可吝赏，也不可懈于法，否则无是非。

清代开"博学鸿词科"，是政术。

康熙十七年（1678），三藩之乱平，国势基本稳定；正月，康熙帝称："自古，一代之兴，必有博学鸿儒，振起文运，阐发经史，润色词章，以备顾问著作之选。朕万几余暇，游心文翰，思得博学之士，用资典学……凡有学行兼优、文词卓越之士，不论已仕未仕，令在京三品以上，及科道官员，在外督抚布按，各举所知，朕将亲试录用。"

因为有术，所以清能有近三百年的江山。

计自爱新觉罗·努尔哈赤建后金国，到清逊帝溥仪退位，凡二百九十七年；若自爱新觉罗·福临入主中原起算，则为二百六十八年。

有术，必读很多书。满译汉书，第一部即《三国演义》，尽讲战术。一部《三国》，使满人当上中国皇帝，因为通俗，人人皆懂。《四书》《五经》一般人读了不大真懂，愈是通俗的东西愈是有用。

"若使一人"，无二人！众皆一心，互相救应。

有智，组党，"家家是党部，人人是小组"。试问自己有几个朋友？以目前决定台湾的命运，要选贤举能，应选出真能为台湾做事，真正关心台湾前途的人。

人最难的是认识自己。

有三三两两之智合在一起，众志成城要"通志除患"。

师尊时常强调"贵通天下之志、贵除天下之患"，语出《易经·系辞上传》"圣人以通天下之志"、《春秋繁露·盟会要》"盖圣人者贵除天下之患"。

同学未必是同志，有时不是同志，便是敌人。做事是要找同志。不会种水果，但可以买水果。

犯（用）之以事，勿告以言；犯之以利，勿告以害。

【注】犯，用。事，战阵之事；言，始谋之言。利，为九地之利；害，即利中之害。凡人之情，知其谋，则犹豫生焉；知其害，则恐惧生焉，故勿告也。

"用之以事，勿告以言"，不可以知无不言，言无不尽。

告诉他做这件事，不必向他解释为何如此做，也不必告诉他怎么做。每个人都有自己的处理方式，多说一句都不可以。

"犯之以利，勿告以害"，"民可使由之，不可使知之"，否则兵会裹足不前。

"民可使由之，不可使知之"语出《论语·泰伯》，历代因标点不同，解释多有出入，意思有别：一、"民可使由之，不可使知

毓老师说孙子兵法

之"，何晏、邢昺、杨伯峻多采此解，以"圣人之道远，人不易知"，既不易知，使其知极麻烦，就不用使知了；近人以此为孔子的愚民政策，并以此批孔。熊十力认为，此为孔子刺古帝王之辞，因当时学在官，民间无学术。二、"民可，使由之；不可，使知之"，此最早由清人宦懋庸提出；师尊以为此一标点较好，因为孔子要"有教无类"，将学术思想普及于民间，所以讲学于野。三、"民可使，由之；不可使，知之"，"使"字解为"被支使"或"被使用"，即百姓若可任使，就让他们听命；若不任使，就让他们明理。《孙子》"犯之以事，勿告以言；犯之以利，勿告以害"，有愚士卒耳目之意，因士卒不知危难才能勇往直前。

投之亡地然后存，陷之死地然后生。夫众陷于害，然后能为胜败。

【注】亡者存之基，地虽曰亡，力战不亡；死者生之机，地虽曰死，必死则能生。投之、陷之者，言致其众于死亡之地，使自愤也。害，指上亡地死地言。"能为胜败"句，与《军形篇》"能为胜败之政"义同。

施子美：亡而后存，死而后生，存亡死生，固相反也，然亡而能存，死而能生，则盖有以使之求存于亡，求生于死，故必投之亡地而后存，陷之死地而后生。

"投之亡地然后存，陷之死地然后生"，置之死地而后生，必有起死回生之智。

"众陷于害、能为胜败"，在没有希望中找希望，要打最有把握的胜仗。"生于忧患，死于安乐"。

《孟子·告子下》云："入则无法家拂士，出则无敌国外患者，国恒亡。然后知生于忧患，而死于安乐也。"

故为（治）兵之事，在顺（表面顺从）详（慎察）敌之意。并力一向，千里杀将，是谓巧于成事。

【批】谋敌之事，且设譬以摹用之妙，亦九地之变也。

【注】顺之者，骄之也。详，审查也。并，合也；向，犹趋也。

【解】夫兵之事，非易为者也。惟在乎顺承敌人之意旨而审察之耳。夫始也顺之，终也杀之，此之谓巧于致敌，以成克捷之功者也。

李筌曰：敌欲攻我，以守待之；敌欲战我，以奇待之。此皆顺也。

大全："巧"字跟"顺"字来，惟其能顺敌之意，使之不疑、不备，然后得以并力一路，乘其隙而中之，故曰"巧"。

施子美：有以诱敌，必有以制敌，此机也。机，巧也。详敌之意，而并力以敌之，此非巧者不能成事也。

得有术！一面知敌，一面骄敌。

骄之，再察其骄的程度。详敌，顺之，骄纵这个敌，详详细细地了解他。察其意，便能骄其意，促其骄，早晚必败。

想害一个人，不要骂他，要宠他。真正坏的人永不说人是非，看人总笑笑。顺敌，真想害一个人太容易了，天天为他戴高帽，神化他，再看其表情，就知其有几分力量。聪明人则不为所动，继续干。

"合力一向"，"二人同心，其利断金"；"千里杀将"，千里之遥也能把将杀掉。

成事，不是一比一，也不是开门见山，而是"巧于成事"。

巧能成事，四字吃紧！看形势行事。

作战不是要用利，而是用巧。巧，自顺、详来的。以巧成事，乃自斗智来，要花招。

记住：敌人也在打你主意！害人之心不可有，防人之心不可无。

是故，政举之日，夷关折符，无通其使，厉于廊庙之上，以诛其事。

【注】政，军政也。夷，平也；折，毁也。关，谓津梁要害之处；符，持之以通往来者。使，谓使命。无通者，恐泄机也。厉，严敕也；诛，责成也。

【解】杜牧曰：夷其关，折其符，不令国人出入，盖恐敌有间使潜来，以窥伺我之虚实也。

黄治征曰：厉于廊庙之上，总是君臣交警，励精以图，不敢怠忽从事之意。

施子美：用兵之道，见则图，闻则议，是谋不可泄也。

想决一死战了！毁了兵符，不求助其他兵力；不再通使，要自己干到底了，没有讲和的余地。

破釜沉舟，抱必死的决心，才能打必胜之仗。

敌人开阖，必亟入之，先（夺）其所爱（以之为人质），微（无）与之期。践墨随敌，以决战事。

"敌人开阖"，敌人露出隙缝了，可以行动；"必亟入之"，曹操注："敌有间隙，当急入之也。"

"先其所爱"，先夺其所爱作为人质。"微与之期"，不要与之约期。

金人三缄其口。

《说苑·敬慎》载孔子参观周太庙，看到台阶立着一个铜铸金人，嘴被扎了三道封条，背面刻着一行字："古之慎言人也。戒之哉！戒之哉！无多言，多言多败。"

必练习守口如瓶，想成事先把嘴封住，才能打入任何团体的核心。

组织绝非一个人，组织就是力量。团结就是力量，量大才能容。

【解】凡用兵之道，虽当践履成法，而不可以妄动，尤贵因敌变化，以决战斗之事。

王圻曰：践墨，正也；随敌，奇也。践墨随敌，正中之奇也，须一串说。

施子美：能因敌变化也，故可以决吾之战事。

"践墨"，践行成法，严格守法；"随敌"，随敌任事，不拘成法，以决战事。

对敌有既定政策，严格守法，不轻易更改；临阵，没有既定政策，不拘成法，能随敌应变。

是故，始如处女，敌人开户；后如脱兔（自救），**敌不及拒。**

【注】彭氏曰：处女、脱兔，借以拟用兵之妙！分言之：处女为守，脱兔为攻。合言之：始之如处女者，正为后之如脱兔也。

【解】其始也，如处闺之女，以示其弱，使敌有怠惰之情，开可攻之户；其后也，如脱网之兔，莫知其迅，使敌惊从天而下，未能以拒我也。

爱国也得有术！一面知敌，一面骄敌。

作战，不是要用利，而是用巧。麦克阿瑟在朝鲜战争中，看志愿军"始如处女"。做事必看得稳，看得准，开户"如脱兔，敌不及拒"。

李卓吾曰：兵之幽静莫测，如处女之柔而坚贞；兵之神速莫及，如脱兔之刚而跳跃。"处女""脱兔"二喻，即以发明"践墨随敌，以决战事"之意。

先示之以弱，然后用之以锐。

人家有群力，孤掌难鸣，不与之斗，佯装欺敌，假惺惺，如无阳刚之气。装样子很重要，可以弱欺强。

开始做事，示谦，使对方去掉戒备心；长期战，使之无火力，再乘机反攻。决定不移，戒急用忍。遇事不能靠第一感决定，更不能用感情决定，必用理智，要沉静，不冲动，不怕事。事情未发生，最好设法不使之发生；一旦发生了，要养精蓄锐，作长期抗战。

社会想不到的事都发生，好人才常遇到兵。没事，不惹事；有事，不怕事。你挺得住，就没人敢惹你。

以知人秘密为荣才是奇，可看出其人的修养。任何事都有机密，不探听就有成功的机会，在哪里都是红人，人家不以你为愚。

人家的隐私不要知道，人家有不可告人之密，你也有，不必探听。就是听了，也要故意装作不知。没有必要知道的，就不必知道。君子不处嫌疑间，要机灵，世路人情皆学问。

拜访人，必先约定，了解人家的习性、生活方式，不可造次。事情办完就告退，尤其人家又有客人来时，必速去，此为智慧。自己事办完了，也不能耽误别人，懂识时务，下次你再来，人家才会欢迎你。

事情完全在自己处理妥当与否，要随时了解环境，做事才能左右逢源。社会上对任何事都有一定的要求，找一个厉害的长官教育你，你就成才，强将手下必无弱兵。

深思，读书易，真正做事不易！两口子过日子都难调整，何况统一三军？想做事必时时刻刻用机心，非说一说就能领导群众。能齐家就能治军，家与你有关系的如都不能百发百中，谈何其他？做人，内圣功夫；处世，外王功夫。本身立得住，"型于寡妻"，作为太太的型，因有了正身功夫，身修了才能"御于家邦"，齐家治国。

《孟子·梁惠王上》载："《诗》云：'刑于寡妻，至于兄弟，以御于家邦。'言举斯心加诸彼而已。故推恩足以保四海，不推恩无以保妻子。古之人所以大过人者无他焉，善推其所为而已矣。"《孟子·尽心下》亦云："身不行道，不行于妻子；使人不以道，不能行于妻子。"

　　"型于寡妻"，能给太太做模范，何等的人！太太能佩服的才叫成功。

　　天下真正能成功的人很少，必在行为上使人相信你。

国民党来台湾时，曾说过一句话："五千年所未有之变局！"既是变局，每天、每件事皆值得学，成败不论。

我读报章、杂志都必用红笔圈点，必下深功夫。

《心经》云："行深般若波罗蜜多时，照见五蕴皆空，度一切苦厄。"有了深的妙智慧，五蕴皆空了，焉有苦厄？以空度苦。真理皆一也，圣者皆一也，人性皆一也，人同此心，心同此理。

火攻者，乘风纵火，藉以攻敌也。

"藉"，借也。孔明"借东风"。"借景"，为中国的园林建筑手法之一。

中国园林中的借景，有意识地把园外的景物"借"到园内视景范围中来，有收无限于有限中之妙用。一座园林的面积和空间是有限的，为了扩大景物的深度和广度，丰富游赏的内容，除了运用多样统一、迂回曲折等造园手法外，造园者还常常运用借景的手法，收无限于有限之中。借景分近借、远借、邻借、互借、仰借、俯借、应时借七类。其方法有开辟赏景透视线，去除障碍物；提升视景点高度，突破园林界限；借虚景等。借景内容包括：借山水、动植物、建筑等景物，借人为景物，借天文气象景物等。如北京颐和园的"湖山真意"，远借西山为背景，近借玉泉山，在夕阳西下、落霞满天时赏景，景象曼妙。(参考《中国大百科全书》)

火之为物，其性酷烈，伤人害物，靡有孑遗。如轻用之，恐致自焚。故于九地之后，始言及此，盖不得已而后用之；明君良将，尤当致其慎警焉。

此篇言火攻者，不得已而用之，正以戒人不可轻用也。前篇言深入敌地，绝无危词；此则言死亡所系，贵于慎警，而归其责于明主良将。见以火攻人，杀伤惨甚，然亦示人不可不知，非专恃此以取胜也。

孙子曰：凡火攻有五，一曰火人（士卒）**、二曰火积**（军需）**、三曰火辎**（衣粮器械）**、四曰火库**（库藏）**、五曰火队**（敌阵）**。**

【批】列言火攻之有五事。

【注】火人，言焚其庐舍营栅，以伤其士卒也。火积，言焚其薪刍蔬米之储畜。火辎，言焚其随军之衣粮器仗。火库，言焚其货物所贮之屋舍。火队，言于临阵之时，以火炮、火车、火牛、火燕之类，

焚其队伍。

【解】辎库有别，凡粮草器械衣装在车中，行道未至曰辎，在城垒已有止舍曰库。

行火必有因，烟火（火攻的器具）**必素具。**

【批】行火非无因，烟火贵于备，而并及用火之时日。

【注】有因，如天旱风顺，随舍茅竹，积刍聚粮，逼近草莽，及有奸细内应之类。素具，如蒿艾、荻苇、薪刍、膏油、火箭、火枪、火药、火器、火镰、火鸡、火兵、火弩之类。

有因，才有果。做事没有因就没法做，要以因作为凭借。如过河，有一木条即可以过去。

骂"老贼"，但是"老贼"就比"小浑蛋"有办法。多少老贼，坐山看狗叫！无一时代不奉老贼如上宾，连"尿儒冠"的刘邦都先请四皓。既然他们是"老贼"，那何不学刘邦，就借着"贼"功，而要自己去冒险？

在人事上要混得像样必有"素具"，即在平时就要下功夫，任何事都要有所准备，唯事事有备乃无患也。依此类推，凡事要平日就准备好，做人平时也不可以轻诺寡信。

锻炼自己身体也必须持之以恒，早晚有定课，自年轻开始培养，每天持之以恒，要不断地运动。人一旦气血衰，身体就坏，百病来；血气不衰，身体就好。不锻炼不行，生一次病，下面许多问题就接着来！

女人故意吃少对身体有害，"食不饱，力不足，才美不外现，

且欲与常马等不可得，安求其能千里哉？"（韩愈《马说》）

发火有时，起火有日。时者，天之燥也；日者，月在箕、壁、翼、轸也，凡此四宿者，风起之日也。

【注】有时有日，言勿妄发也。燥，旱也。天旱，则诸物焦干，易于燔燎也。月在，谓月之所次也。箕，水豹；壁，水狳；翼，火蛇；轸，火蚓四宿，乃风之使。当推步躔次，月宿于此，必有风起。《天官书》曰：月在箕、壁、翼、轸，不出三日，必有大风。风来十里，扬尘动叶；风来百里，吹沙飘尾；风来千里，力能走石；风来万里，力能拔木。故火必借风以张其势也。

梅尧臣曰：四时好风，月离必起。

"发火有时，起火有日"，点火时，风得如何，此必有一定的时日，不是天天都有。

"月在箕、壁、翼、轸"，二十八宿中之四宿，此四日为刮风之日，想放火必在此四日，要乘时。"圣人不能生时，时至而不失之"，因为"君子而（能）时中"。

孔明之所以能"借东风"，即因为他懂得此道。他素习天文，早知起风之日。

据气象学专家说，倘若冬季气候转暖，地处亚热带湿润季风气候带的蒲圻一带，即使在隆冬十二月是非常有可能刮几场东南风的。据《后汉书·五行志》记载，建安十三年这一年十月"日有食之"，出现了日食，天气十分反常，而且瘟疫流行，正是所谓夏季不热，冬季不冷，来自东南沿海一带的副热带高压逐渐增强北上，形成了这一年特有的冬季常刮东南风的奇观。这也是曹军不能挥得胜之师渡江南下的一个重要原因。可见人只能适应自然规律，而不能"夺天地之造化"。

凡火攻，必因五火之变而应之。火发于内，即早应之于外。火发而其兵静者，待而勿攻，极（尽）其火力，可从而从，不可从而止。火可发于外，无待于内，以时发之。火发上风（顺风，顺势），无攻下风（逆风，势逆）。昼风久（从），夜风止（勿从）。

【批】火攻当审内外，察敌情，明风势，以为从止，庶几有利，而不被其害。

【注】变，扰乱也，火发之际，敌人惊动，喧哗扰乱也。应，谓继之以兵。早，疾速也。火焚于内，兵击于外，表里齐攻，敌易溃也。兵静者，敌之弭火有法，应变有方也。时发者，谓宜乘时发火，不可迟缓也。攻下风者，必被反焚，敌兵溃出，恐遭蹂躏也。风起于昼者，延久；起于夜者，易恬。老聃云："飘风不终朝。"当因昼夜之候，而知缓急之计也。

张贲曰："久"字，"从"字之讹，即今之"从"字也。

【解】李卓吾曰："因"字从"变"字出，"应"字自"因"字来，有见可而进，知难而退之意。

杜佑曰：尽其火力，可应则应，不可应则不应，无使敌人知我所为，此亦自保全胜之策。

施子美：因其变而后应之，此之谓随宜而用机。可以因敌变化，而取胜矣。

变而应，必知五火之变，以数守之，不是死的，看哪时天燥、起风。借东风，赤壁之战火烧三军。

扎营之前，必先把左右长草除掉，否则敌人来，放把火就完了。

还没做一事前，必先把四周清了，心想办的事没人知。先把四周清理好，再做中间核心的事，则有人想破坏你，也必化些时间。

清君侧很重要。在国君面前想有专宠，必看国君身旁和你干一样事的有几个，先清之，使他在君前不被欣赏，你再到君前争专宠。以一个新进与老臣去争，能不吃亏？办任何事，在未办之前必"清君侧"在此。

施子美：必谓之"早应之"者，谓应之不可以不速也，不速则失机矣。

"早应"两字多可怕！火发于内，早应之于外，要速，如迅雷不及掩耳，因为最怕的是里应外合。放火如此，一切事皆如此。

梅尧臣曰：以时发者，谓能洞见敌情，果有可乘之机，即宜及时放火，勿容恬过也。

办事不能尽走绝路。必要谋和平，绝不可以战。双方若不沟通，如弓一旦上弦，偶一不慎，就成溃决乱发之势了！

"可从而从之，不可从则止"，伺隙乘变，以时而发。可为则为，不可为则止。"可、不可"，加重语气，不勉强应事。

不要有先入为主的成见，孔子"无可，无不可"（《论语·微子》），而必"见可"，故为"圣之时者"，要视环境、时机而定。

实力派，"留得青山在，不怕没柴烧"，储备实力，待时再举；江湖派，铤而走险，想求名，有胆。士尚志，必知自己应做什么。人各有志，但重要在不可以做伤品败德的事。

"以时发之"，因时发之。必知缓急之计。

"昼风从，夜风止"可从而从，不可从则止。白天在自然之光下，可持之以久就做事；晚上难以持久，就要止其事。人的智慧老跟不上自然，自然之妙在此。

凡兵（战争）**必知有五火之变，以数守之。故以火佐攻者明，以水**（水势猛）**佐攻者强。水可以绝**（截断敌路），**不可以夺**（夺敌城营）。

【批】用火贵于知变自防，然尤在于奖劝有功，不可不加之以谋虑，重之以修举也。

【注】变，犹迁也。数，统"时日、昼夜"而言。守，严警也，言遇燥旱之时，四宿之日，必于昼夜之间，严加警备，不徒以火攻之，尤当防人攻我也。佐，助也。明，谓知顺风，守数审变也；强，谓壅水决防，人莫能御也。绝，截断也；夺，火烬也。

【解】邓伯莹曰：火之为变甚速，其转移之机在于俄倾，必推四宿之度数，严加防范，不可徒移攻人，而自失其计。

赵克荣曰：明者，知变知数灼然可见也。强者，决水浸灌，其势莫御也。

张预曰：水能隔绝敌人，使前后不相及而已，不若火性猛烈，可以夺委积，致敌于必死之地也。火是正意，水是陪意。

施子美：物各有用，因其用以致利者，人之所同。物各有性，因其性以成功者，军之妙算。

知五火之变，以数守之。守住此一原则：时不对，潜龙亦得勿用。

火攻，尚可以夺火之势；水攻最可怕，无能以力夺水之强。水必急才有用，决堤之力则谁也挡不住。

夫战胜攻取，而不修其功（有功不赏）**者凶**（指当政者），**命曰费留**（留中不发）。**故曰：明主虑之，良将修之。**

【注】不修其功，谓不论次其功也。命曰，犹言谓之。费，赏赐之物；留，吝不与也。虑之者，审强弱，权轻重，恐有妄举，致贻后悔也；修之者，叙其功，行其赏，不敢汩没，致生怨望也。

大臣上奏折，皇帝看完了不发，即"留中"。"中"，朝廷之中主。中国文化悠久，每一东西都有固定之词。

王晳曰：战胜攻取，而不修其功赏之差，则人不劝；不劝，必致费财老师，斯为害也已。

施子美：费留者，谓费财而逗留。

"费留"，吝赏。该赏不赏，凶。人家有功，应修其功，论功行赏之外，另有赏赐。吝赏最可怕，非失败不可，损失太大，做任何事皆如此。

重赏之下必有勇夫，有功必赏，有过则罚。应给之费不给而保留了，"出入之吝，是谓有司"（《论语·尧曰》），小出纳的器质！

梅尧臣曰：始则君发其意，终则将修其功。

施子美：虑也者，谋之于未然；修者，誉之而不废。

"修其功"，修部下之功，由大将军写。有功必赏，良将得修之；有功不赏，绝对出事。

《孙子兵法》要言不烦。有时间应看《曾文正公全集》，等于政书，要时常浏览。

曾国藩去世三年后，由光绪帝亲自制定编修，是最早的《曾国藩文集》，由湖广总督李瀚章和直隶总督李鸿章挂名编撰。本书不仅是曾国藩书稿简单的搜集整理，同时也包含了原编者的超凡智慧和辛勤工作。由于曾国藩本身留下的文字卷帙浩繁，原编者对文字内容进行了精当的编辑和筛选，既保留了精华，同时也避免了大量重复，被公认为是曾国藩文集中编辑品质最高的版本。毛泽东对中国历史上大人物进行一番研究，得出"愚于近人，独服曾文正"的结论。蒋中正也时常翻阅《曾文正公全集》，他一生推崇、学习、效仿曾国藩，认为该书"是任何政治家所必读的"。梁启超称："吾党不欲澄清天下则已，苟有此志，则吾谓《曾文正集》，不可不日三复也。"

曾文正的道德、修养、智慧，皆高人一等，成就有清一代的中兴事业。上必有量，信而不疑；下必修功，才能成就中兴事业。

自己可以享受而不享受，为俭；应给人而不给人，为吝。可以修俭德，但绝不可以吝，即应该给人的就要给人。

一毛不拔，成不了大事。英雄人物有气势，做事绝对不同凡响。

"刘备摔孩子——刁买人心"，但不能泛赏，和吝赏一样，凶。赏罚必得分明。如听孩子说"爸爸喜欢谁"，必加以小心。

非利不动（但不能见利就动），**非得**（必得东西）**不用，非危不战**（不轻易作战）。

【批】火攻不可轻用，为主将者，知所敬慎戒警，斯得安全之道。

【注】利，万全之利。得，得士地。危，危急也。不动、不用、不战，戒慎之至，不轻发也。

"非利不动，非得不用"，否则便是盲动。

"非危不战"，要有忍耐力，没有危及我生命存在，我绝不战。"兵凶战危"，兵，凶器；战，危事。

高手不乱出手，因一出手必伤人。真会武功的人，不会欺负弱者。不到最后关头，不用毒辣手段，耗费太大。吾人要百发百中，不要浪费时间。

做事千万别给对方制造危机感，否则其必做困兽之斗。羞辱一个人，也要有限度。人要能团结，能相容，不要怕吃亏。做事不可以利令智昏。

主不可以怒而兴师，将不可以愠（心中不悦）**而致**（招致）**战。合于利而动，不合于利而止。怒可以复喜，愠可以复说**（悦）**，亡国不可以复存，死者不可以复生。故明主慎之，良将警之，此安国全**（保全）**军之道也。**

【注】怒，暴怒也；愠，含怒也。怒而兴师，非为民也；愠而致战，是激兵也。复喜、复悦、复存、复生，盖反复叮咛之词。道，即慎谨之道。盖能应变，善攻者也；能知变，善守者也。

【解】惟世有明哲之主，能敬慎而不易举夫火，此为安国之道；良能之将，知戒警而不妄用夫火，此为全军之道。

尉子曰：兵起非可以忿也，见胜则兴，不见胜则止。

梅尧臣曰：一时之怒，可返而喜；一己之愠，可返而悦。

施子美：怒形于色，怒已而后喜；愠形于心，愠去而后悦。苟怒而兴师，适所以亡国，乌得而再存？愠而致战，适所以死，死乌得而再生？

智者不怒！必锻炼自己的纳气，有气不出。

兴师为国之大事，不可以私人感情用事，因怒而战。要因利、因得而战。

"合于利而动，不合于利而止"，不自造是非，动止皆合于利。

要乘势，事情发生，有一情势，乘此往前发展。在势上骑马，可支配此马，此乃乘势。因势，只是马后课。

中国人最长于冷战，即斗智。

研究活学问，脑子更得活。学后，深琢磨，可得益处，"自得之，则居之安"。

《孟子·离娄下》："君子深造之以道，欲其自得之也。自得之，则居之安；居之安，则资之深；资之深，则取之左右逢其原，故君子欲其自得之也。"

"怒可以复喜，愠可以复说"，喜、怒，形之于色；愠、悦，藏之于心。

因责任之所在，必须负责，生死不计。清帝退位，因"不忍以养人者害人"，当家的换人。中国没有亡过国，亡的是政权，《廿六史》是二十六个朝代。

中国永远不会亡国。一个国家会亡，是有许多因素，自然环境为其一。

明理重要，"知所以用理"更重要。"权"的境界高于"经"。

任何事不能因人论事，因人废言，客观观念特别重要，评论一事之是非，完全有时间性。领导阶层必以客观因素决定是非，不可以主观见解决定一事，心胸必须宽大。

说"一亡于元，二亡于清"，到底是谁亡谁？制造这些是非，只有民族的仇恨。中国是个民族大熔炉，民族观不必看得太窄！

人类应往前走，民胞物与，必须大同。

张载《西铭》："民吾同胞，物吾与也。"与《孟子》的"上下与天地同流""亲亲而仁民，仁民而爱物"同一精神。《易》所谓"大哉乾元，万物资始"及"至哉坤元，万物资生"，以万物为元生，同元。所以师尊以"秉大至之要道，行礼运之至德"勉吾人，认为人类终能"世界大同，天下一家"。《礼记·礼运》云："大道之行也，天下为公。选贤与能，讲信修睦，故人不独亲其亲，不独子其子，使老有所终，壮有所用，幼有所长，鳏、寡、孤、独、废疾者皆有所养。男有分，女有归。货恶其弃于地也，不必藏于己；力恶其不出于身也，不必为己。是故谋闭而不兴，盗窃乱贼而不作，故外户而不闭，是谓大同。"

知识分子应该为人类谋幸福，必须发挥效力，野心家才能敛迹。

今天，中国百姓比以前进步太多了，以前在"愚民教育"政策下，百姓只会喊"皇帝万岁万万岁"，日后很有可为。

战时，百姓流离失所，敌人要你乱，让你四处奔波，消耗你的力量，"迁徙"正是中敌之计，消耗国力。

美国文化浅，人事上不如我们，但科学在我们之上没话说。环境不允许我们再不动脑筋了，今天中国正处于"救死犹恐不及"，哪里还有时间、心情写字、画画？环境使然也！

《孟子·梁惠王上》："此惟救死而恐不赡，奚暇治礼义哉？"

人因为感情用事才会迷信，如稍微冷静点，绝不会迷信，必须要善用智慧。

昔敕修庙主要是给皇家内廷用的，但皇家不上庙时百姓亦可去。有和尚庙，也有尼姑庙，但一个山头不能有两种庙。女庙是内堂之庙，男客必奉命陪老太太才能去。

我父母都信佛，但我每次上庙闻法、听讲经就打瞌睡，故意的，因为儿子没有不捉弄父母的。

我也读藏经，信理则可，不迷信，独断独行。人太迷，会耽误很多事的。

"贤贤易色"（《论语·学而》），娶妻要重其贤德，轻其色貌。以前皇后、夫人多半不是选美的，二太太以下则是花瓶，站着的。

坤宁宫、东西宫上族谱，其他必生小孩才能上族谱，旧社会把"生儿育女"看得很重。

人最伤心的，莫过于儿女不成才。王永庆几个儿女皆自己发展，不依靠父亲，王雪红在电子业的成就，有目共睹。人必得能干，才能走出去。

会化钱是一门大学问，不会花钱没有学问。人要有守，有多少钱也不会改变生活。但钱要会用，钱没用就变成废纸。以国家为上，必留得"清名"，富如石崇而今安在哉？不会用钱，如用到伤品败德就坏。

要有目标、有志，活着才有意思。少养毛病，好什么都是毛病。千万不能嫖，得了病不能治。讲道德、说仁义者，所行却非如是。达不到目的，制造是非，则愈描愈黑。真行仁义者，不说便做，是"由仁义行，非行仁义也"。

《孟子·离娄下》曰："人之所以异于禽兽者几希，庶民去之，君子存之。舜明于庶物，察于人伦，由仁义行，非行仁义也。"

非胆大不足以任天下事，非心细不足以处天下事。夜里怕鬼，黑天不敢走路，能任天下事？做事应先衡量，要量力而为，不能做过力的事，过力则自我牺牲。胆大必心细，成事之基。大胆，胆大；细心，心细。胆不大，就不要去任天下事，胆小不得将军做！人的心性不同，成就也不同，偶一不慎，就会毁了自己。

我没有教到领袖人物，因为你们心不细！放一东西必放得整齐，看一人送东西，就可知其人。心细的人，做事不会出纰漏。

心不细，绝不能处理天下事，天下事最难以处理的是微小的。有人看热闹时，把孩子都弄丢了！

要好好衡量自己，不要妄想。必真正认识一问题，不能识"几"的人，不能成大事。遇事愈不发牢骚的人，愈是坚强。孔子一辈子不得志，最后写一部《春秋》，终于碰到熊十力！

孔子晚年作《春秋》，《孟子·滕文公下》曰："世衰道微，邪说暴行有作。臣弑其君者有之，子弑其父者有之。孔子惧，作《春秋》。""孔子成《春秋》，而乱臣贼子惧。"司马迁《太史公自序》云："余闻董生曰：周道衰废，孔子为鲁司寇，诸侯害之，大夫壅之。孔子知言之不用，道之不行也，是非二百四十二年之中，以为天下仪表，贬天子，退诸侯，讨大夫，以达王事而已矣。子曰：'我欲载之空言，不如见之于行事之深切著明也。'"以孔子作《春秋》，意在"拨乱世，反之正"。惜后世《春秋》之义不明，熊十力先生在《原儒》中，以《大易》《礼运》《周官》与《春秋》四书，切入孔学核心，大力彰显孔子"拨乱反正"的真义。

人事关系没有用，认识自己，自己有才能最为可靠。靠认识谁，多么幼稚！

"诚于中，形于外"（《中庸》），狂妄、无知，自毁也！修养不足的，稍得便宜便乐以忘形。

必要有修养，要严格训练自己，想做什么，必往那个路训练自己，要成非泛泛之辈。聪明人一进大学，便脚踏实地，求自己之所学，出去做事了即为能手。

自一个人的行动即可知其人，"一言以为智，一言以为不智；一行以为智，一行以为不智"（《论语·子张》："君子一言以为智，一言以为不智，言不可不慎也"），应"素其位而行，不务乎其外"，按自己的本分做事。士尚志，必要知道自己应做什么。

人的智慧老跟不上自然，自然之妙在此。我年轻时代，那时最怕得肺病，难以医治；现在最怕得癌症、艾滋病。人应与自然角逐，而非与过去角逐。

刚打倒别人，别人变成历史，他自己也变成历史了！回头看是最没有出息的。

刚来台时的稻米与今日之米，已不可同日而语了！了不起的人是与自然角逐，政客则与过去角逐。研究非洲问题，即是与自然奋斗。

"行深般若波罗蜜多时"（《心经》），行深了才能妙智慧！

"五霸者，三王之罪人也；今之诸侯，五霸之罪人也；今之大夫，今之诸侯之罪人也"（《孟子·告子下》），秀才是孔子的罪人。以前秀才不值钱，都是捡粪的，相当于今天的初中生。进士如同今天的大学毕业生，以前知县一定是进士出身。

不是今天就什么都是进步的，今人没有智慧可言。必要学智慧，用智慧往前走，不要老和过去算账。

学《孙子》，必要先学会细心，慢慢地懂得心细了，把本身的事情先处理好。不要妄想，要先衡量自己。

《孙子》有几个要点：一、静如处子，动如脱兔：故为兵之事，在"顺详敌之意"。"是故始如处女，敌人开户；后如兔子，敌不及拒。"二、动于九天之上，藏于九地之下："善守者，藏于九地之下；善攻者，动于九天之上：故能自保而全胜也"。三、善用兵者，譬如"率然"：应世如"常山之蛇"，反应之快，多么活泼！如能记住《孙子》要点，无人行动超过你。

用间第十三

凡用兵必了解敌情，故无所不用间。要人给你送个情报，至少也得有百金之赏给人。

有人被利用了，还拿人家当朋友。微哉微哉！无所不用间也。

刘拱辰曰：凡战必先用间，以探知敌情，其谋不可不深，其人不可不慎，然非"圣智"则不能用之，非仁义亦不能使之。

聪明睿智，神武不杀；明仁义，使机权。

人可以侥幸成功，但没有侥幸保国的。故凡战必先用间，以了解敌情。

"谋不可不深"，深谋才能动；"人不可不慎"，用间不易，他何以要出卖其国家、祖宗？

李药师曰："用间"最为下策，故《孙子》十三篇，唯此居后。

此书生之见！

人生必得求胜，成者王侯败者贼，不能完全拿道德衡量。

《孙子》十三篇，首言"计"，终言"间"，间亦计之所出也。

间，仕计之内。

盖《始计》将以较彼己之情，而《用间》又欲探彼之情也。计所以决胜负于始，间所以取胜于终。

知兵者之言。如有敌人，不知敌之情，不仁之至也。知敌情，可减少多少的损失！

间谍外相不可以有特征。

然计定于己而易见，间用于彼而难知，故曰"非圣智不能用，非仁义不能使，非微妙不能得其实"，抑又深矣！

"非圣智不能用间"，圣智，多高的智慧！"非仁义不能使间"，仁义，何等胸襟气度！"非微妙不能得间之实"，微妙，多么隐微奥妙！

"国之将兴，求之于人；国之将亡，求之于神"（《左传·庄公三十二年》："吾闻之，国将兴，听于民；将亡，听于神"）。堂堂一个国家元首，如果发生地震在屋中祷告，一有事就背十字架，无视于国情就坏了！

孙子曰：凡兴师十万，出征千里，百姓之费、公家之奉，日费千金；内外骚动，怠于道路，不得操事者，七十万家；相守数年，以争一日之胜，而爱（看得重）爵禄百金（吝赏），不知敌之情者，不仁之至也。非人（人所需）之将也，非主之佐（助）也，非胜（胜战）之主也。

【批】兴师之众，费用之繁，为主将者，所当厚待间使，以知敌情，以希速胜也。

【注】十万，言其众也。千里，言其远也。日费千金，总上二句，言一日之间，公私两家各有千金之费也。内，国中；外，军前。骚，烦扰也。怠，疲蔽也。操，作也。事，谓农事。十万师出，则七十万家不得休息也。守数年者，持久不决也。爱百金者，不以与人也。相持既久，所费无算，乃不知恤也。非将、非佐、非主，乃谓君臣皆失，重言以伤之也。

军事之难，一切都耗费在路上，决不可以随便就兴师动众。

【解】孙子曰：大凡用兵非得已也。与敌相守数年，欲以争取一日之胜，而或吝惜夫名爵之贵，禄秩之厚，以及百金之赏，不以赐予间使，"以荣其身，以结其心"，致不知敌情之虚实以速胜者，殆不仁之甚者也。

养兵千日，用之一时。数年不用兵，但兵却要天天训练。

梅尧臣曰：相持不决至于数年之久，则七十万家供役繁多，乃忍于百金之微，不以予人，钓情取胜，是不仁之极者也，非将人成功者也，非以人佐国者也，非制胜主利者也。

赏多么重要！但赏罚一人很难，有时觉得其无功劳，也有苦劳。人各有其标准。

领导人必大公无私，凭功而赏，爵位高必多给俸禄；吝之，如有敌人，不知敌之情，不仁之至也。知敌情，可以少掉多少损失。不可吝赏，否则没有人为其作间，提供情报。

将贵知敌，不知敌者，非三军之主帅也；抑将以佐主，不知敌者，非人君之辅助也；且将贵制胜，不知敌者，非取胜之主宰也。

其浑蛋一也，就求一己之私。

故明君贤将，所以动而胜人，成功出于众者，先知也。先知者，不可取于鬼神，不可象于事，不可验于度，必取于人，而知敌之情者也。

【批】明君贤相，易于成功者，在于善用间使，以知敌情。

【注】取，谓筮卜也；象，犹比拟也。验，即推测也。人，指用间之人。

孙子之意，盖以敌情秘密不轻泄也，用兵者欲先知之，必责之于能知敌情之人，以为先知之资，以起下文"用间"之端。

一举一动能胜人，知其所以为难！不能胜人，千万不可以轻举妄动。

孔子曰"有文事者必有武备"（《史记·孔子世家》），又曰"我战必克"（《礼记·礼器》），动而胜人，多么厉害！孔子腰间佩剑，可不是装饰品。

【解】若敌人之情实，则不可取之鬼神也，不可不象之事类也，不可验之度数也，盖必索之乎腹心之人，用以为间，以探知敌人之情实者也。

先知，必有先时之智。先知，超于一般人之上，于事未行之先，就已了解敌情。

前数日我谈欧元，提出"华元"之观念。不出数日，即有人倡议此说，此即先知也。社会事有一定的轨道可循。若有华元，则可与美元、欧元三足鼎立，不使之独霸。

施子美：先知者，知微知彰，知存知亡，物未来而明，知微而断。

先知，是靠智慧推断的，"不可取于鬼神，不可象于事，不可验于度"，每件事绝不会雷同，时过则境迁。"知之为知之，不知为不知，是知也"（《论语·为政》），要求真知。

人往往事情一临到己身，就迷了。领兵时生死未卜，更易迷。乱世，人心无主宰。迷信，不迷焉会信？感情用事才会迷信，稍冷静点，绝不迷信，必须善用智慧。

读佛经，信理则可，人如太迷，会耽误很多事。不反对宗教，但不要失本。读书是要明理，为了好处，而把本失掉，那也太可怕！

【解】梅尧臣曰：主不可妄动，动必胜人；将不苟功，功必出众：所以然者，何也？在于先知敌情也。

施子美：古之明君贤将之所以制胜者，未有不本于得人以知敌人之情也。

"必取于人"，实事求是，在于知敌，用间，取得真实情报。非多求神问卜，多有智慧，何等冷静！

清（后金）用卧底，杀掉袁崇焕，战胜明朝。

做事要善用智慧，以前人智慧加上自己智慧，加上当时体验。

故用间有五：**有乡间、有内间、有反间、有死间、有生间。五间俱起**（用）**，莫知其道**（人不知其所以然）**，是谓神纪**（最神妙之纲纪）**，人君之宝也。**

【批】五间之目，而实其运用之妙，为明君贤将所郑重也。

【注】令人乘敌罅隙而入，以探知其情，故曰"用间"。《左传》谓之"谍"，今之"细作"是也。俱起，五者并用，各试其效也。神者，变化莫测之谓；纪者，井然有条之谓。宝，贵重之称。

【解】间有不同，用亦各异，其名盖有五焉。苟于此五者，错综以用之，参伍以验之，使人莫测其理，莫遁其情，是谓之神妙之纲纪，实乃为人君者之至宝也。

施子美：探敌人心腹之谋，索敌人表里之事，宁无资于间乎？

用间至不易，人何以要出卖其国家、祖宗？完全用感情，不可用武力，要共之以财。

"花瓶与鹰犬"，宁可做政治花瓶，也不做帝国主义的走狗。

梅尧臣曰：五间皆用以探敌，而莫知我所以用之之道。

施子美：五间俱起而用之，人不可得而知其道之所在，是谓神妙之本纪。

神，"圣而不可知"（《孟子·尽心下》），"民咸用之""阴阳不测""知几"（《易经·系辞上传》），莫测高深，完全没有半点迷信。

彭氏曰：乡自乡、内自内、反自反、死自死、生自生，不参错，不紊乱，是之谓纪。然又不滞于一能，不泥于一语，因机而用之，使敌不测其何由，是之谓神纪。

施子美：善于为间者，其机既不可得而测；妙于用机者，人君亦不可以不贵。五间之用，至于莫知其道而极其神，此妙于用机而不可测者也，人君之宝，非贵之乎？

用敌人做事得有一套，此为"神纪"，才是"人君之宝也"。

人精神愈用愈勇。必锻炼自己，"自试也""或跃于渊"。

《易经·乾卦·文言》：九四曰"或跃在渊，无咎"，何谓也？子曰："上下无常，非为邪也；进退无恒，非离群也。君子进德修业，欲及时也，故无咎。"又曰："或跃在渊，自试也。""或跃在渊，乾道乃革。""九四重刚而不中，上不在天，下不在田，中不在人，故或之。或之者，疑之也，故无咎。"

乡间者，因其乡人而用之。

【批】详指五间之用。用间者所当清其源流，不可忽此，或忽彼也。

【解】所谓乡间，乃因敌之乡人，而厚之以金帛，使为我用也。

用间第十三

405

杜佑曰：同乡之人，知其表里虚实之情，当重赂以啖之。

"乡间"，对地方特别熟。用间必重赏才能行，有钱能使鬼推磨。日本登台进台北城，如果没有辜显荣当前导，能那么顺利？

1895年甲午战争后，依照《马关条约》，清廷将台湾割让予日本。"台湾民主国"不敌日军，首任"总统"唐景崧仓皇内渡，多数粤籍团练与清兵抢劫艋舺；辜显荣和士绅商贾李春生、白其祥、吴文秀、李秉钧、吴联之等人迎接日军进入台北城，当时"民政局长"水野遵予以接见。6月11日日军遂得以顺利进入台北城，辜因此事开始被批为汉奸。同年8月，辜随北白川宫能久亲王率领的近卫师团南进，协助剿杀抗日台湾人民有功，以台湾绅士的名义，跟水野遵到东京，受日警界人士接见，日方赐予叙勋六等、授"单光旭日章"，蒙受破格的光荣。次年，辜被任命为台北保良局局长，同时取得台湾"总督府"所给的盐和樟脑等专卖特权，奠定辜家富裕的经济基础。

内间者，因其官人而用之。

【解】所谓内间者，乃因敌之官人，而潜通其往来，使为我用也。
梅尧臣曰：因其国人，利而使之；因其官属，结而用之。

这是最可怕的，贪官污吏之可怕在此！廉洁政治才能养忠耿之士。

"官人"，即管事的。"因管事的而用之"，最为可怕！管文房的更有用，档案者机密之所在。

团体中一个人只许管一件事，才不会泄密。炒菜的与买菜的，也不可以互通。

同门未必是同志，同门相残多得是，如孙膑与庞涓，李斯与韩非。

人什么都可以缺，就是不可以缺德，以前报在子孙，现在更快，报在己身。人想有成就，必要养气势、培器识。

"人不学，不成器"，欲成就哪种器，必先培其器识。孔子称子贡为"瑚琏"，即庙堂重器；但最高是"君子不器"。器，定型定量；不器，就无所不容，有容乃大，为宰相、元首之才。

读书人不忘自己的出身，农家子弟以耕读传家。

在中国许多古宅匾额上，常可见到"耕读传家"四个字。耕田，可以事稼穑，丰五谷，养家糊口，以立性命。读书，可以知诗书，达礼义，修身养性，以立高德。所以，"耕读传家"既学做人，又学谋生。以前的中国人就在这样平平常常的生活中，潜移默化地接受礼教熏陶和圣哲先贤教化。

有德看其子孙，曾文正公真有德，曾家子孙最没出息的还创办个大学（东海大学），曾约农（1893—1986）有抱负，但被国民党抢了，只给个终身名誉校长。

曾国藩的两个儿子：曾纪泽是著名外交家，曾纪鸿是著名数学家；孙辈中曾广钧，二十三岁即中进士；第四代孙曾约农、曾宝荪均是大学校长、著名教育家；第五代、第六代遍布海内外，大多学有所成。

俞大维以身为曾文正外曾孙而自豪，其家三代翰林，代代将军。

反间者，因其敌间而用之。

【解】所谓反间者，乃因敌之来间我者，示以伪情，而纵之使归，彼将以之具告，则反为我所用也。

张预曰：反间之用有二：或舍止之而告以虚词，或佯不知而示之以伪事，皆可为我间。

"反间"，因敌之间，买通之。必优待、培养之，最为不易！必要满足其人之欲。

蒋干盗书，中了周瑜的反间计，因为周瑜尽知其虚实。官大，但是头脑不一样！

知识分子必做时代的中流砥柱。

我每天都强调做人之道，但学生就听之藐藐，有几人身体力践了？时代太奢靡，常为欲所使，而欲令智昏。

死间者，为诳事（造谣生事）**于外，令吾间知之，而传于敌国也。**

【解】所谓死间者，乃至敌而必死者，设为诳诱之事，佯露于外，令吾间使知之，而传于敌国，则必信以为真也。

死间近乎反间。设为诳诱之事，在对方犹不知情之下，在敌国达成不可能的任务。

生间者，反报也。

【解】所谓生间者，乃托吾多能之人，使通敌亲近之臣，因以窥其虚实，而返国以报我也。

"生间"，达成任务回来。有些人埋伏了数十年，等任务结束，便回去享福了。

保密防谍，对一人无百分之百的信任，绝不可让他知自己本分以外的事。你在团体中知多少，人家便故意与你交朋友，你便什么也告诉人家了。

做事，不可以为对方是好朋友，便什么都告诉他。有许多人很有才干，能做事，但嘴绝无守，便完了！今天年轻人最弱的一项，即乱讲话，祸从口出。

故三军之事，亲莫亲于间，赏莫厚于间，事莫密（机密）于间。

【批】用间之人当重，用间之事尤难。

【注】亲者，腹心之托。厚者，优崇之至。密者，秘其机而不泄，虽偏裨之将、侍卫之人，皆不得与也。

【解】甚矣！间非难，而用间为难。

梅尧臣曰：腹心间使，入帷受辞，最为亲近。

施子美：道在于不可见，事在于不可闻，胜在于不可知。

谁真心为你做事？重赏之下才有卖祖的。强迫不行，会使你全军覆没。

重赏之下必有勇夫。"世路难行钱为马"，平时不可以乱花钱，人生必有几次非用钱不可，必懂得"存钱"的智慧，要将一分钱看成一万元一样重，才能存钱。同样，做学问"日积月累"的功夫很重要，积少成多，积沙成塔。

"事莫密于间"，间事不可预闻，这是今天年轻人最弱的一环。人都有秘密，不可窥人之隐私，不应说的话绝不要说，听到的也有危险，应快走。守密是功夫，"道听涂说，德之弃也"（《论语·阳货》）。就是父子之亲、夫妇之密，也要有所保留。不可知无不言，言无不尽，被人利用了，给人作无价的宣传。

聊天是非必多，一个能不说是非的人，得到何种境界？因为有些人知道某些情报，便将情报分别卖给三个地方了！所以能不假手于人，就不要假手于人，非自己动手不可。

非圣智不能用间，非仁义不能使间，非微妙不能得间之实。

【注】圣，则无所不通；智，则见于未然。仁，能施予，不吝赏也；义，能裁制，善决机也。微者，设意之幽深；妙者，运用之神明。实，真情也，非虚词也。

【解】郭逢原曰：圣智，是极深研几之人，于敌之虚实，了然于胸，五者之中，应用何间，即以何间赴之，故用一间可得一间之效。

陈皞曰：仁者有恩及人，义者得宜制事，主将能仁结义使，则间者尽心以觇察。

杜牧曰：间者或有利于赏禄，不得敌人情实，但以虚词副我之约者，必我能存心渊微，察人精妙，始不为其所误。

施子美：间最难知用也，将以用之，必其圣智之过人；将以使之，必其仁义之素治。然而人心难测，苟非微妙之神，亦何以得其实哉？圣智则可以知人，故能用间；仁义则可以感人，故能使间；微妙则可以穷理，故能得间之实。

"智"，有识，有智慧，明是非；"仁"，有容，无所不容，"君子不器"；"勇"，有胆，胆小不得将军做。练胆，遇事愈要冷静，看清其立场、价值，就有胆。智仁勇、胆量识，缺一不可。古时为将的，皆文武全才。天下事无能用武力解决的。

真正间谍必胆大心细，有高智慧，不能抓到。

戴笠（1897—1946），有胆有谋，人称"间谍王"。

戴笠，原名春风，字雨农。为了找寻救国救民良方，二十岁时外出闯天下，有"苏杭第一才子"美称，因其年少侠义，曾与帮会往来。后在湖州与王亚樵、胡宗南、胡抱一金兰换帖结为兄弟。二十二岁时，戴笠与许世友等人在少林寺习武，希望能以高超的武艺除暴安良，三年后回浙江开办春风武馆。二十四岁时，在上海与杜月笙义结金兰。二十七岁苏浙战争时，在故乡发起自卫团，凭借仙霞险要阻止闽军入浙，使江山县免于涂炭。三十岁改名戴笠，考入黄埔军校第六期骑兵科，被蒋介石称为"文可安邦，武能定国"，毕业后任蒋秘书、保镖兼副官。戴笠所领导之军统局（"国民党军事委员会调查统计局"简称），业务多至数十种，包括暗杀、情报、政治、经济、文化等方面，工作人员达十万以上，"诛倭锄奸、除暴安良，所捕元恶大憝以千计"。1936 年 7 月，陈济棠与李宗仁发动"两广政变"，戴笠早从海、陆、空三方面暗中部署，一夕间多名将领被他策反，两个月内兵不血刃地结束叛变。抗战时组"忠义救国军"与各地游击部队，以及战后吸收输诚中央之伪军，总数不下百万之众。为加强南亚抗日活动，戴笠两次亲赴缅甸建立情报网，在东南亚做到了"只要有华人血统的地方，就有戴笠的情报员"，并保证了战时国际物资运输，破译日军密码，不但提前转移物资，有效避开日军的轰炸，还将日本偷袭珍珠港事件提前通知美国。后来美国从戴笠那学会了破译日本海军密码，为美国赢得中途岛之战及彻底改变太平洋战事起到了决定性作用。1946 年 3 月 17 日，戴从青岛乘专机赴沪转渝，飞机在雷雨中撞上南京附近板桥镇二百米高的岱山（又称戴山），最后葬身在困雨沟，"戴机撞戴山，雨农死雨中"，年仅四十九岁。

人生就是个"伪"字，造就自己不必标榜，要打破一切偶像式的东西，培养自己的本性，"舜何？人也。予何？人也。有为者，亦若是"。

微哉微哉！无所不用间也。

【注】微哉微哉，重言以赞叹之。"无所不用"句，总结上文，言用间之微妙无穷。或乡、或内、或反、或死、或生，皆可相机而用也。

【解】夫间之为道，诚微矣哉！诚微矣哉！苟善其用，则食息起居，何殊对敌？声音笑貌，或为兵机，焉往而非用间也？

施子美：用者谋之于始，而未发之于彼之时也；使者已发之于此，而行之于彼之时也。

"微哉微哉"，尽在不言之中，没有不用间谍之处。现在年轻人不懂得怎么搞政治，你没有想到的，人家早已准备好了。

做间谍的不怕人知？微，不显，谁也不知。故意大张旗鼓，是作秀还是想成功？

做事要想成功，就不要让外面知道多少。如整个暴露在外，最后一无所成。

间事未发（动手）**而先闻**（知）**者，闻**（知道的）**与所告**（说话的）**者皆死。**

【注】未发，谓将遣之时，先闻泄露于外也。皆死，谓闻者、告者同坐以死，禁泄露之人，灭播扬之口也。

【解】虽然机事宜密，如将遣将之时，或有泄露；军中之人先闻其说者，此必有告之者，乃其闻者与所告者，法当皆坐以死，盖杀之以禁其泄，灭其口也。甚矣！用间之难也。

杜佑曰：《易》曰"机事不密则害成"，故间事最密。

施子美：事莫密于间，间欲其密。一有不密，则事发矣。事发而人知之，吾之所图者去矣。此在军法何以处之？待之以死耳。

千万不要听到别人的秘密，如果他们真正是坏人能留你吗？许多人被人利用了，至死犹不知。年轻人，大官对你一笑，你就该哭一哭。因为利用你的人，最后"说的和知道的都得死"。心必细，在事情未公布之前，闻者与告者皆死。

曾文正公人称"曾剃头"，其身旁的间谍都是最亲近的。当他下棋时，说话必加以小心。某日下棋，许多幕僚陪着下，有人来报说某降将不可靠。曾说此人造谣，推出去斩。报者先死，但得了厚赏。正因为旁有下棋者，故来报者被斩了。本来那下棋者亦得死，但曾厚道没有杀他。借奏厕（上厕所）时，立即下令将那降将斩了。

把知道的事都告诉人，以显出自己知道机密事，必招来杀身之祸。懂愈多就是卖命，非心细不足以处天下事。

看《曾文止公日记》："不应知的事绝不可知，要说话必看屋中人。"人家有小声话，你应该马上告退，避嫌！"君子防未然，不处嫌疑间。瓜田不纳履，李下不整冠"，否则一泄漏，你就被列入泄密名单中。

读完《孙子》，要特别知道活用，成事在人，必要识人。

凡军之所欲击，城之所欲攻，人之所欲杀，必先知其守将、左右、谒者、门者、舍人之姓名，令吾间必索知之。

【批】欲用间者，必先审知其一切姓名，而后可因以敷词，借以设谋，以入之也。

【注】军、地、人，皆指敌言。欲击、欲攻、欲杀，将以因间也。守将，守备之将。左右，其腹心谋主也。谒者，礼宾客之官。门者，主阍钥之吏。舍人，给使令之人。索，曲求也。言务知其人知姓名，而后吾间可入也。

【解】谈氏曰：索知其人姓名，此用间第一法也。不然，虽有忠肝赤胆之人，从何处收拾乎？

杜牧曰：不第姓名所当知也，即其人之贤愚巧拙，亦宜知也，方可因以用间，不致错乱。

施子美：兵家之事，千变万态，而间之所用，将以出入乎两军之间，一有所不知，则失事矣，又何以为间乎？

保密特别重要！不要将自己左右环境告诉人，什么都有机密。没有必要把自己的事从头至尾说给人家听，自己的事不需要叫别人知道，"括囊，无咎无誉"（《易经·坤卦》），扎紧袋口，缄口不言，无咎也无誉。

到处都有间，要练习守口如瓶。注意！连看门的也在人家的算计之内，无所不知，连左右、门人都是人家的对象啊！所以要用人，一定要先试一试，要有所用，必有所试。

必（更进一步）**索敌间之来间我者，因而利之，导而舍之，故反间可得而使也。**

【注】因，节也；利之，遗以贿赂也。导，引也；舍之，谓稽留其使也。此二者，皆所以用反间也。

施子美：因利而导之。

更进而曲求之，令敌间为我用，造就出反间人才。

识敌，还要有方法地养。愈是低级的人愈是爱利，可用利来打动其心，引导而稽留之。

会用，弊也是利；不会用，利也是弊。同一个东西，在不同的人，就有不同的用处。

做事必先往坏处想，先做几个设想，要做最坏的打算。如赚钱是目的，不是做白日梦，得先往坏处想，胜得住凶险了再去做。

反间计，乃将计就计。反间，必好好养，不能吝。

卧底，抓住的多半是假的，真的多半抓不到。

听到闲话，不可以乱讲，将有生命危险，不可以扯闲。不应该知道的事千万不要知道，知道了必有生命之忧。"谣言惑众者，斩"，因为知道了不应该知道的事。不可以"知无不言，言无不尽"，必要随时有警觉心。

人家的机密事最好不要知道，就因为听到机密事，结果把小命丢了！

因是而知之，故乡间、内间可得而使也。

【注】敌之间我者，尚可反为我用。苟利之所至，乡间、内间能不为我役使乎？反间已用，情实悉知，死间、生间有不为我驱策乎？

"因是而知之"，人皆有所好，就因其所好而用之。重赏之下必有勇夫，此为用间之不二法门。但用间不易，你用间，人亦用间！

一个人的成功完全靠了解对方，故"君子无所不用其极，无入而不自得"。一个普通人就只有役于人，被人支配了。

必储备自己，谨慎小心，"胆大任天下事，心细处天下事"。社会就是斗智，人活着就是斗智，故必天天充实自己，常识必须具备。

没有比自己再了解自己的，了解自己能做什么，就在此一途径发展，只要对国家民族有贡献，就是有成就，不要把自己浪费了，没有用上。喜好画画就好好画画，也可以对国家民族有贡献。人生必得有一样所好，才能有所成就。不是每个人都必得搞政治。喜好看书，能有系统的看也必有成就。中国人就是玩泥巴，也都玩成第一，瓷器英文称"china"。

因是而知之，故死间为诳事（伪造情报），**可使告敌。**

【注】告敌，谓以欺诳之言，往告于敌也。

"因是而知之"，为他做个假事、假情报，如周瑜以假书信赚（骗）蒋干。让人知道假的，以分散对方的注意力。

因是而知之，故生间可使如期（约定何时回来）。

【注】如期，谓取敌之消息，应期以报也。

人要不说话，就成功一半。每个人都有秘密，不可知无不言，言无不尽。"言行，君子之枢机；枢机之发，荣辱之主也。"

人无言便是德，不只是女子，多说话绝对失败。遇事，好多言者打不入一个团体的核心，就不是受重视的人。核心的机密绝对不能说。在朝廷的事回家也绝对不能和太太说，"守口如瓶"是最重要的练达。

五间之事，主必知之，知之必在于反间，故反间不可不厚（厚于利，厚遇）**也。**

【批】乡、内、死、生四间，皆由反间而用。故反间之人，当厚遇之，以为用间根柢。

【注】"必在于反间"者，言乡、内、死、生四间，皆由反间以基之。"不可不厚"者，言当隆其赏赐以相结也。

【解】故反间之人尤为吃紧者，不可不宠之以厚赂也。用间其可忽诸？

梅尧臣曰：五间之始，均由反间，故当厚之。

李药师曰：或用间以成功，或愚间以倾败，足见间之不可轻使耳。

施子美：反间，五间之本，事之要者，故当厚以待之，此反间所以不可不厚也。

"世路难行钱为马"，对反间必拼命用钱，厚遇，超过常情的。用间之不二法门：重赏之下必有勇夫。以高价买一个人，比战争好。

对任何人都得厚，因为与人交往，必有所用，不厚能为你用？找一个可用之才极为不易！将来你们必做事，任何事必有机要，如用对人，贴出的广告惊人才有人看。

明朝拼命修长城；清朝则修庙，叫聪明的都出家，愚的传种。

自有长城以来，清朝是唯一不修长城专修庙的朝代，康熙帝为中国修长城史画上句号。清初，中国藏传佛教在中国蒙、藏地区，包括青海、新疆，势力强大，教徒信仰虔诚，佛经教义是蒙、藏人民的精神支柱。喇嘛教上层人物在政治上控制着地方政权，经济上聚集大量财富，文化上掌握着经堂教院。清廷为加强对北疆的统治，巩固国家统一，对边疆各少数民族实行"怀柔"政策，对蒙、藏民族采取"因其教，不易其俗""以习俗为治"的方针，以顺应少数民族习俗，尊重蒙、藏上层人物宗教信仰的策略，来实现地方与中央政权的密切关系，巩固国家统一为目的战略思想。先后于清康熙五十二年至乾隆五年间陆续于北京、承德建四十座直属理藩院的庙宇，京城三十二座，承德八座，因承德地处北京和长城以外，故称外八庙，是以"攻心"为上，深得中原兵家文化之真传，同时体现"海纳百川"之襟怀。

昔殷之兴也，伊挚（伊尹）**在夏；周之兴也，吕牙**（姜太公）**在殷。**

【批】借殷、周之故事，以证上智之用间，非谓殷、周果用间以兴王，而伊、吕为间使以建功也。

【注】兴，谓崛起在位。孙子引此，见以上智之人为间，则能得敌情，而不受敌诈。

【解】用间之道，诚非上智不能也。彼二老者，天下之大老也，虽非间使可比，然以证之于今，则上等才智之人，诚不可一日而无也。

施子美：虽非用间之人，而知敌之情深，而得用间之实。

故明君贤将，能以上智为间者，必成大功。此兵之要，三军之所恃而动也。

【注】上智，上等才智也。要，先务也。

【解】明哲之君、贤能之将，能以上等才智为间于敌者，必致成就极大功业，此得人以用间，诚用兵之要务，而三军重任，殆藉之以举动者也。苟非其人，可轻言哉？孙子引伊、吕为喻，特借以明明主贤将用间，贵以得人为本耳。

施子美：《孙子》之十三篇，终之以《用间》者，非轻之也，盖重之也。兵之至要，在于间，故三军所赖以动者，非间不可也，何者？间可以知敌之虚实，可以知敌之动静，可以知敌之表里，夫然后吾有所用，可以足其所欲矣，此三军所赖是而动也。

间，不能尽是用卖命的。上智可为间，圣智可使间。非圣智，不能用间。

伊尹，本是有莘氏的陪嫁，到商汤那里当厨师；姜尚，当过商朝小吏，后隐居于市卖面、垂钓渭水边。当时人根本不重视他们，但最后都做了宰相。

施子美：盖有过人之能者，然后能为过人之事；有过人之事者，然后能成过人之功。上智者，过人之能也。间者，过人之事也，必成大功，过人之功也。

读《孙子》，懂了就不能骂"老贼"。必上智者才能做间谍。

开口就骂老贼，那老贼还能为这帮"小浑蛋"所用？老贼不动，忧色连在一起，就成事不足，败事有余。

智者都不怒，还会动辄打架？事事不可以冲动，愈冷静使敌方愈加考虑你。回去再多看几遍《孙子》吧！

"以能问于不能，以多问于寡；有若无，实若虚"（《论语·泰伯》），大智若愚！"知进退存亡而不失其正者"（《易经·乾卦·文言》），"苟非其人，道不虚行"（《易经·系辞下传》），多有修养！都是活活泼泼的聪明人，上智之士！

记住：你懂兵法，人亦懂兵法。要了解对方行动再动，必用间才能了解对方的底细。

用兵在先知敌情，先知敌情须是用间。间之为事，难于轻用，为间之人，又必上智。孙子结言之曰"兵之要"，又曰"三军所恃而动也"，殆以此也。

三军之动，绝不可以盲动，必恃间而动，对敌人完全了解了再动。

真正间谍什么也不说，上智之间很难防范，在什么阶层也难知。防间，必自下层就注意。

我以多年经验提醒你们，你们最大的毛病在于不能守密，则永远不能与知机要。你们不读书还自负，真是"愚者好自用，贱者好自专"！要有争平等的智慧，其他非分之想就不必了。

"民无信不立"，先立信。连立身之道都没有守住，还谈何其他？旁观者清，不可不察也。示惠、立信，这就是有术！

就是夫妇之密，也不要彼此窥探对方的秘密，伤感情。"父子之间不责善，责善则离"，何况父子以外乎？夫妻处不来，应该检讨，彼此没有尊严就糟，应相敬如宾，久能敬之，彼此都客客气气的。

"仇可解，不可结"，任何事情发生了，必稳健应对，心要细。人的智慧都差不多，但"差之毫厘，谬以千里"。心惊胆跳，我经历过，体会出，人必要胆大心细，不要怕事躲事。人到没有办法时，必找一个安慰。

学武术，不可以伤人，"止戈为武"（《左传·宣公十二年》）。懂兵法，还得懂止戈之术、不战之术，因为要全人之国，全人之师。

学《孙子》，得如常山之蛇，击其中则首尾相应，多么灵活！每天都得冷眼旁观，留心时事，不许有半点主观，"子绝四：毋意、毋必、毋固、毋我"（《论语·子罕》），多么客观！

你们如有影响力，汉奸就不能得逞，这便是爱国的力量，所以要自问：你在台湾要做什么？若奉元书院代表正义，便是吾人

用间第十三

的光荣。所以，凡是有"色彩"的同学，我都不要。

为真正做事，我曾找几个有知识的高山族人，成立"原住民研究开发计划委员会"，便可以向外募款来为谋福利，影响力不是白捡的。何以台湾少数民族都信天主教？因为以前生活苦，他们有"美援"便捷足先登了！但是一般山地服务社乃是假慈悲、作秀，去了反招惹许多麻烦，当地人都不欢迎。要知道自己应该干什么，深入人心才有作用。做事要会用脑子，用智慧便可以助己助人、活己活人。知识分子要"智周万物，道济天下"，我们是道济，教人使用钓具，不是用钱济天下。

既有不怕死的精神，何不立志当一千古人物？人顶多活百岁，合理事便去做。之所以裹足不前，便是因为怕死。人活着就好好地活一回，不为名为利，本性之所好则事半功倍。做事有目的就坏，失智慧。但性智、情智合而为一难！佛家亦讲性智。

要学智慧。智，知日，日知己所无；学而时习之，月无忘己所能。人的成就低，乃因为每天过得松散。必去掉自己的毛病，去惑、去欲，要下功夫，知行合一。人的才智都相差无几，就看有没有下"精一"的功夫，"惟精惟一，允执厥中"，非不能，是不为也。

"大明终始，时乘六龙以御天"，"大哉乾乎！刚健中正纯粹精也"！刚，无欲乃刚；健，自强不息；中，保持"喜怒哀乐未发"的本色；正，止于一，一也，元也，"元者，善之长也"，止于至善；纯，纯亦不已；粹，纯而不杂；精，"惟精惟一"，专一不二。

人人都能，"舜何？人也。予何？人也。有为者，亦若是"，人人都可成为尧舜，但得下精一功夫，贵乎行！皆非文章，必熟才能生巧，巧于成事。

·读懂中华文化　构建中国心灵·

道善书院国学新经典丛书

毓老师说论语（修订版）	爱新觉罗·毓鋆　讲述
毓老师说中庸	爱新觉罗·毓鋆　讲述
毓老师说庄子	爱新觉罗·毓鋆　讲述
毓老师说大学	爱新觉罗·毓鋆　讲述
毓老师说老子	爱新觉罗·毓鋆　讲述
毓老师说易经（全三卷）	爱新觉罗·毓鋆　讲述
毓老师说（礼元录）	爱新觉罗·毓鋆　讲述
毓老师说吴起太公兵法	爱新觉罗·毓鋆　讲述
毓老师说公羊	爱新觉罗·毓鋆　讲述
毓老师说春秋繁露（上、下册）	爱新觉罗·毓鋆　讲述
毓老师说管子	爱新觉罗·毓鋆　讲述
毓老师说孙子兵法（修订版）	爱新觉罗·毓鋆　讲述
毓老师说易传（修订版）	爱新觉罗·毓鋆　讲述
毓老师说人物志（修订版）	爱新觉罗·毓鋆　讲述
忧患：刘君祖讲易经忧患九卦	刘君祖
乾坤：刘君祖讲乾坤大智慧	刘君祖
新解论语（上、下册）	刘君祖
刘君祖完全破解易经密码（全六册）	刘君祖
四书的第一堂课	刘君祖
易经的第一堂课（全新修订版）	刘君祖
新解冰鉴	刘君祖
新解黄帝阴符经	刘君祖
老子新解	刘君祖
中国哲学史话	吴怡
禅与老庄	吴怡
逍遥的庄子	吴怡
道德经讲透彻	吴怡
哲学与人生	吴怡
中庸的智慧	吴怡

购书渠道：道善书院微信　　　　　　**手机淘宝**